Gütersloher Verlagshaus. Dem Leben vertrauen

Felizitas Muntanjohl und Michael Heymel

Auf, auf, mein Herz, mit Freuden
Gottesdienste, Gemeindearbeit und Seelsorge
mit Liedern von Paul Gerhardt

Gütersloher Verlagshaus

Bibliografische Information Der Deutschen Bibliothek
Die Deutsche Bibliothek verzeichnet diese Publikation
in der Deutschen Nationalbibliografie; detaillierte bibliografische Daten sind
im Internet über http://dnb.ddb.de abrufbar.

1. Auflage
Copyright © 2006 by Gütersloher Verlagshaus, Gütersloh,
in der Verlagsgruppe Random House GmbH, München

Dieses Werk einschließlich aller seiner Teile ist urheberrechtlich
geschützt. Jede Verwertung außerhalb der engen Grenzen des
Urheberrechtsgesetzes ist ohne Zustimmung des Verlages
unzulässig und strafbar. Das gilt insbesondere für
Vervielfältigungen, Übersetzungen, Mikroverfilmungen und die
Einspeicherung und Verarbeitung in elektronischen Systemen.

Umschlaggestaltung: Init GmbH, Bielefeld
Umschlagmotive: Paul Gerhardt © epd-bild/keystone
Notendruck © picture-alliance/akg-images
Satz: Katja Rediske, Landesbergen
Druck und Einband: Těšínská Tiskárna AG, Český Těšín
Printed in Czech Republic
ISBN-13: 978-3-579-05566-4
ISBN-10: 3-579-05566-6

www.gtvh.de

Inhalt

9 **Vorwort**

11 **Paul Gerhardt – Leben und Werk** *(Michael Heymel)*

45 **Lebensthemen in den Liedern Paul Gerhardts**
45 Das Leben ist oft schwer: Krieg, Gewalt und Feinde
(Michael Heymel)
56 Es gibt viel Grund zur Freude: Freude, Natur und Vertrauen
(Michael Heymel)
63 Ich schaue dorthin, wo Freude und Hilfe wohnen: Leiden und Trost
(Felizitas Muntanjohl)
68 Das Beste kommt noch: Ewiges Leben *(Felizitas Muntanjohl)*

75 **Singen als Heilung und Trost**
Neun Thesen
(Michael Heymel / Felizitas Muntanjohl)

77 **Praxisbeispiele zu den Liedern im EG**
78 Wie soll ich dich empfangen (EG 11)
Adventsandacht (Michael Heymel)
83 Fröhlich soll mein Herze springen (EG 36)
Predigt am 1. oder 2. Christtag (Michael Heymel)
89 Ich steh an deiner Krippen hier (EG 37)
Weihnachtsgottesdienst (Felizitas Muntanjohl)
94 Kommt und lasst uns Christus ehren (EG 39)
*Spielszenen in einem diakonischen Kontext an Weihnachten
(Felizitas Muntanjohl/Michael Heymel)*

96	Nun lasst uns gehn und treten (EG 58) *Liedpredigt zu Silvester (Michael Heymel)*
103	Ein Lämmlein geht und trägt die Schuld (EG 83) *Liedpredigt zum Karfreitag (Felizitas Muntanjohl)*
108	O Welt, sieh hier dein Leben (EG 84) *Ein Lied singt ein Bild – Gesprächsabend mit Bildbetrachtung (Felizitas Muntanjohl)*
114	O Haupt voll Blut und Wunden (EG 85) *Predigt am Karfreitag (Michael Heymel)*
121	Auf, auf, mein Herz, mit Freuden (EG 112) *Bildbetrachtung für einen Glaubenskurs mit Erwachsenen (Michael Heymel)*
126	Zieh ein zu deinen Toren (EG 133) *Kreative Bearbeitung eines Pfingstliedes im Konfirmandenunterricht (Michael Heymel/Felizitas Muntanjohl)*
128	Herr, der du vormals hast dein Land (EG 283) *Biografiearbeit mit Senioren über Kriegserfahrungen (Felizitas Muntanjohl)*
132	Du meine Seele, singe (EG 302) *Liedpredigt (Felizitas Muntanjohl)*
138	*Ein Lied überwindet die Sprachlosigkeit – Erfahrung eines Seelsorgers beim Krankenbesuch (Michael Heymel)*
140	Nun danket all und bringet Ehr (EG 322) *Meditationen zum Lebenslauf (Michael Heymel)*
145	Ich singe dir mit Herz und Mund (EG 324) *Familiengottesdienst zu Erntedank (Felizitas Muntanjohl)*
149	Sollt ich meinem Gott nicht singen (EG 325) *Liedpredigt (Felizitas Muntanjohl)*
155	Ist Gott für mich, so trete (EG 351) *Liedpredigt zum Sonntag Invokavit (Michael Heymel)*
162	*Liedpredigt zum Reformationsfest (Felizitas Muntanjohl)*

Inhaltsverzeichnis

168 Befiehl du deine Wege (EG 361)
     Liedpredigt zum Ewigkeitssonntag (Felizitas Muntanjohl)

172 Erfahrung am Krankenbett *(Felizitas Muntanjohl)*

173 Warum sollt ich mich denn grämen (EG 370)
     Liedpredigt (Felizitas Muntanjohl)

181 Friedhofsandacht zum Gedenktag an die Entschlafenen
     (Michael Heymel)

184 Gib dich zufrieden und sei stille (EG 371)
     Trostargumente für Besuchskreise (Michael Heymel)

189 Wach auf, mein Herz, und singe (EG 446)
     Morgenmeditationen (Felizitas Muntanjohl)

202 Lobet den Herren alle, die ihn ehren (EG 447)
     Morgenmeditationen (Michael Heymel)

207 Die güldne Sonne (EG 449)
     Liedpredigt (Felizitas Muntanjohl)

214 Nun ruhen alle Wälder (EG 477)
     Abendmeditationen (Felizitas Muntanjohl)

222 Ich weiß, mein Gott, dass all mein Tun (EG 497)
     Liedpredigt (Michael Heymel)

229 Geh aus, mein Herz, und suche Freud (EG 503)
     Liedpredigt (Felizitas Muntanjohl)

238 Ich bin ein Gast auf Erden (EG 529)
     Trostbriefe an eine 84-jährige Frau (Felizitas Muntanjohl)

245 **Chorkonzert mit Paul-Gerhardt-Liedern**
     mit verbindenden Texten *(Michael Heymel)*

253 **Jubiläumsgottesdienst im Paul-Gerhardt-Jahr**
     mit einem kurzen Lebenslauf von Paul Gerhardt *(Michael Heymel)*

265 **Literatur- und Musikhinweise**

Vorwort

»Mein Herze geht in Sprüngen / Und kann nicht traurig sein, / Ist voller Freud und Singen, / Sieht lauter Sonnenschein. / Die Sonne, die mir lachet, / Ist mein Herr Jesus Christ, / Das, was mich singen machet, / ist, was im Himmel ist«. So hat Paul Gerhardt gedichtet, vermutlich im Jahr 1651, und damit das Motto eines Lebens aus dem Glauben formuliert.

Was für diesen Dichter mehr als alles andere die christliche Existenz kennzeichnet, ist ein Herz voller Freude und Singen. Auch wenn der Lebensweg eines Menschen in dunkle Tiefen führt, auch wenn er in Not gerät und schweres Leid zu ertragen hat, kann die Freude, von Gott gehalten zu sein, nur gedämpft, aber nicht ein für alle Mal ausgelöscht werden. Es gibt kein Lied von Paul Gerhardt, das nicht trotz allem zur Freude oder zum Sich-Freuen und Fröhlichsein ermuntert.

Als Lieddichter deutscher Sprache wurde der lutherische Pfarrer zu einem großen Seelsorger und Tröster der evangelischen Christenheit: ein musikalischer Seelsorger, mit dem sonst nur noch Martin Luther und Johann Sebastian Bach zu vergleichen sind. Für ungezählte Menschen sind seine Lieder zu Lebensbegleitern geworden, die in schwierigen Situationen ihre tröstende Kraft entfalteten. Auch 400 Jahre nach seinem Geburtstag am 12. März 1607 werden sie gerne gesungen. Das lässt sich aus den hervorstechenden Qualitäten seines Werkes begreiflich machen – und bleibt doch erstaunlich.

Wir haben dieses Buch geschrieben, weil uns die Frage gereizt hat: Was zeichnet die Lieder Paul Gerhardts gerade für die Seelsorge aus? Worin ist die seelsorgliche Wirkung begründet, die sie – meist im Verborgenen – ausgeübt haben? Welche Hilfen haben diese Lieder aus dem 17. Jahrhundert den Menschen heute anzubieten?

Mehr als 120 geistliche Liedtexte hat Paul Gerhardt verfasst. Aus praktischen Gründen beschränken wir uns auf die Lieder, die im EG enthalten sind.

Nach einer Einführung in Leben und Werk des Dichters, Kapiteln über die Hauptthemen seines Werkes und Thesen zur Tiefenwirkung des Liedersingens zeigen wir, wie jedes einzelne Lied für die Praxis erschlossen werden kann. Dazu haben wir verschiedene Formen gewählt, in denen ein Lied jeweils in Lebenssituationen hinein ausgelegt wird: die Form der Liedpredigt oder Andacht, des Trostbriefs oder der Meditation, die Beschreibung eines Liedgebrauchs am Krankenbett oder die Umsetzung in Unterricht und Erwachsenenbildung. Spielszenen führen die Aktualität eines Liedes im diakonischen Kontext vor Augen. Zum Schluss soll der Programmentwurf eines Konzerts mit Paul-Gerhardt-Liedern Anregungen für die kirchenmusikalische Praxis geben. Angefügt ist der Vorschlag für einen Jubiläumsgottesdienst im Paul-Gerhardt-Jahr 2007.

Uns liegt vor allem daran, dass die Lieder *gesungen* werden. Unsere Erfahrung ist: Je mehr man sich in sie hineinvertieft, desto mehr werden sie zu Freunden und Begleitern, desto mehr gewinnt man sie lieb. Wer die Lieder Paul Gerhardts wieder und wieder singt und auf diese Weise zu seinem Herzen sprechen lässt, wird sich immer lieber seiner Seelsorge anvertrauen, die jeden Tag gute Gründe zum Loben und Danken findet.

In diesem Sinn möchten wir Sie, liebe Leserinnen und Leser, zu einer Begegnung mit dem Seelsorger Paul Gerhardt einladen. Wir wenden uns an Pfarrerinnen und Pfarrer, an Ehrenamtliche, die in der Alten- und Krankenseelsorge mitarbeiten, an diejenigen, die in der Gemeinde Gesprächs- oder Singkreise leiten, aber auch an alle, die bewusst mit geistlichen Liedern leben wollen.

Elgershausen,   *Felizitas Muntanjohl*   *Michael Heymel*
Sommer 2006   E-Mail: fmuntanjohl@aol.com   E-Mail: michael.heymel@gmx.de

Paul Gerhardt – Leben und Werk

Lieder als Glaubens- und Lebenshilfe

Lieder, die zum Glauben und zum Leben helfen – auf welchen Lieddichter des deutschen Protestantismus passt diese Charakteristik besser als auf ihn? Seine Liedtexte sind seit mehr als 350 Jahren in den Gesangbüchern zugänglich. Generationen konnten Lieder wie »Befiehl du deine Wege« oder »Ich singe dir mit Herz und Mund« als Ausdruck ihrer Lebenserfahrung verstehen, sich in ihnen unterbringen und zugleich von ihnen im Glauben gestärkt fühlen. Paul Gerhardt hat sich in die Herzen der Menschen gesungen, weil er wie kein anderer das Herz anzusprechen wusste: in einer Sprache, die über die Zeiten hinweg für jeden verständlich ist.

Gewiss, manches von seiner Dichtung erscheint uns heute fremd und sonderbar. Doch je mehr man sich in sie hineinliest – d. h. vor allem: hineinhört und -singt –, desto mehr findet man sich darin angesprochen und zum Leben ermutigt. Paul Gerhardt hat seine Lieder in schweren, leidvollen Zeiten geschrieben. Gerade in solchen Zeiten hat seine Seelsorge sich besonders bewährt. Beispielhaft dafür sind zwei Protestanten, beide lutherisch geprägte Theologen, die in ihren persönlichen Zeugnissen aus der Zeit der NS-Diktatur mehrfach auf Lieder von Gerhardt verweisen: Jochen Klepper (1903-1942) und Dietrich Bonhoeffer (1906-1945).

Mehrfach erwähnt Jochen Klepper in seinen Tagebüchern Lieder von Paul Gerhardt, die ihm in den Sinn kommen oder aus dem Gottesdienst in ihm nachklingen. Am 17. November 1939 notiert er: »Ein unruhiger und bedrückter Tag. […] Mir kam heut Paul Gerhardts Lied: ›Auf den Nebel folgt die Sonn‹ und das Lutherwort vor Augen: ›Wer Gottes Gnade ersehnt, muss es dulden, dass Gott wunderlich mit ihm umgeht.‹«[1] Zum zweiten Christtag desselben Jahres wird ebenso knapp vermerkt: »Das Fest der Kirche stand im Zeichen der Luther- und Paul-Gerhardt-Weihnachtslieder.«[2] Ausführlicher geht Klepper auf den Gottesdienst ein, den er am 25. Dezember 1941 mit seiner jüdischen Frau Hanni besuchte: »Es war das erschütterndste Abendmahl, dessen ich mich entsinnen kann, denn während wir unter den Weihnachtsbäumen am Altare knieten – es gingen wohl dreißig Menschen mit uns –, sang die übrige Gemeinde die Strophen von ›Fröhlich soll mein Herze springen –‹ ›Gottes Kind, das verbind't sich mit unserm Blute –‹
›Sollt uns Gott nun können hassen‹
›Sollte von uns sein gekehret, der sein Reich und zugleich sich selbst uns verehret?‹
[…] Die Weihnachtslieder gehen uns nicht aus dem Ohr, nicht aus dem Herzen. […] Das schwere Weihnachten der unterworfenen Völker.«[3] Klepper trägt sich bereits mit dem Gedanken, freiwillig aus dem Leben zu scheiden. In der Gefährdung der Existenz wird das Lied von Paul Gerhardt als seelsorglicher Zuspruch wahrgenommen, als von der Gemeinde zugesungene Tröstung der Angefochtenen, die durch ein gemeinsames Singen noch vertieft wird. In der Eintragung vom folgenden Tag (26. Dezember 1941) heißt es, am Abend, nach Weggang der Gäste, »gab's noch einmal ein großes, großes Weihnachtssingen aller, aller ›unserer‹ Weihnachtslieder.«[4]

Es ist »gut, Paul-Gerhardt-Lieder zu lesen und auswendig zu lernen, wie ich es jetzt tue«, schreibt Dietrich Bonhoeffer am 14. April 1943 in sei-

---

1. Klepper, 819.
2. Ebd. 835.
3. Ebd. 1008f.
4. Ebd. 1009.

nem ersten Brief aus der Haft in Tegel an seine Eltern.[5] An seinen Freund Eberhard Bethge: »In den ersten 12 Tagen, in denen ich hier als Schwerverbrecher abgesondert und behandelt wurde ..., hat sich mir Paul Gerhardt in ungeahnter Weise bewährt«.[6] Einen Monat später, kurz vor Weihnachten 1943: »Mir geht in den letzten Wochen immer wieder der Vers durch den Kopf: ›Lasset fahr'n, o liebe Brüder, was euch quält, was euch fehlt, ich bring alles wieder‹ [aus: Fröhlich soll mein Herze springen, EG 36,5]. ... niemand hat das so einfach und kindlich auszudrücken vermocht wie Paul Gerhardt ...«[7] Ein halbes Jahr später: »man kehrt zu den schönen Paul-Gerhardt-Liedern zurück und ist froh über diesen Besitz«.[8]

Für Bonhoeffer, daran lassen diese Zeugnisse keinen Zweifel, sind während der Haft in Tegel die Lieder von Paul Gerhardt »eine entscheidende Hilfe gewesen«.[9] Er hat für seine Seele gesorgt, indem er diese Lieder las und auswendig lernte. »Die vertrauten geistlichen Lieder sind ihm einmal zugesungen worden, und er hat sie mit anderen gesungen. Jetzt, im Gefängnis, schaffen sie einen Schutzraum um ihn, der auch ohne den Klang der menschlichen Stimme da ist«.[10]

Fragt man alte Menschen nach den Kirchenliedern, die sie am liebsten singen, werden am häufigsten Lieder von Paul Gerhardt genannt. Immer wieder stößt man darauf, dass gerade sie in der Seelsorge mit alten, kranken und sterbenden Menschen unentbehrlich sind, weil sie sich vielfach im Leben bewährt haben und noch bewähren. Was zeichnet diese Lieder für die Seelsorge aus? Was macht sie, mehr als andere alte Kirchenlieder, mehr als viele neue Lieder zu geeigneten Helfern und Begleitern, die sich noch heute, zu Beginn des 21. Jahrhunderts, im Leid als tragfähig erweisen? Was haben sie uns in seelsorglicher Hinsicht zu geben?

5. Bonhoeffer, 32.
6. Ebd. 147.
7. Ebd. 190.
8. Ebd. 401.
9. Fangmeier, 16; vgl. Bunners 1993, 309-317.
10. Heymel 2004, 276.

Wer diesen Fragen nachgeht, stößt auf die merkwürdige Tatsache, dass inzwischen zwar eine umfangreiche Literatur über Paul Gerhardt vorliegt, aber noch keine Arbeit, die sich der seelsorglichen Dimension und Wirkung seiner Lieder widmet. Denn gerade darin scheint es doch wesentlich begründet zu sein, dass sie von Generationen gelernt und singend, lesend, meditierend aufbewahrt wurden. Paul Gerhardts Lieder wurden als Glaubens- und Lebenshilfe erfahren, als treue Helfer und Tröster in schweren Zeiten. Sie wurden und werden als Medien der Seelsorge gebraucht. Deshalb sind einige von ihnen auch heute (noch) lebendiger ›Besitz‹ in den Gemeinden.

Doch zuerst soll uns die Biographie des Lieddichters beschäftigen. Da er in seinen Liedern lebendig und gegenwärtig ist, fragen wir nicht danach, wer er war. Fragen wir besser: Wer ist dieser Mann? Im zweiten Teil werden wir uns dann seine Theologie und die eigentümliche, ihm eigene Sprachform seiner Theologie ansehen. Danach werde ich im dritten Teil unter seelsorglichen Aspekten auf ausgewählte Lieder eingehen.

Zur Biographie: Wer ist Paul Gerhardt?

Am 12. März 1607 wird Paul (später: Paulus) Gerhardt in Gräfenhainichen, einem Ort von etwa 1.000 Einwohnern[11] zwischen Wittenberg und Bitterfeld, im Kurfürstentum Sachsen geboren. Sein Vater ist der begüterte Bürgermeister Christian Gerhardt, seine Mutter Dorothea die Tochter des Superintendenten Caspar Starke. Die Vorfahren väterlicherseits sind Bauern, die mütterlichen Pastoren. Später wird Paul Gerhardt beides als Person und in seinem Wirken verbinden: »akademische Bildung und Nähe zum schlichten Volk«.[12] Er hat noch einen älteren Bruder und zwei Schwestern. 1619 stirbt der Vater, zwei Jahre später die Mutter.

11. Bunners 1993, 21.
12. Ebd. 25.

Bereits in der Stadtschule von Gräfenhainichen erlernt er Latein und ist am gottesdienstlichen Gesang beteiligt.[13] »Die Schulausbildung war in dieser Zeit in starkem Maße mit musikalischer Lehre und Praxis verbunden und zeigte noch einen engen Zusammenhang von ›Kunst und Wissenschaft‹«.[14] Von April 1622 bis Dezember 1627 besucht Gerhardt die klösterliche Fürstenschule in Grimma, 30 Kilometer südöstlich von Leipzig. Die Schüler haben kuttenähnliche Gewänder zu tragen. Ihr Tagesablauf und ihr Andachtsleben sind bis ins Einzelne durch eine klösterlich strenge Ordnung geregelt.

Die orthodoxe Glaubenserziehung in Grimma »fußte auf Leonhard Hutters Compendium locorum theologicorum ex scriptura sacra et libro Concordiae Collectum (1610), nach dem noch zu Bachs Zeit in Lüneburg unterrichtet wurde«.[15] Dieses Lehrbuch, im Anschluss an die Konkordienformel zur Sicherstellung reiner lutherischer Lehre entworfen, bietet in 34 Kapiteln eine Übersicht über die wichtigsten Lehrstoffe. Um in Grimma aufgenommen zu werden, muss man die lateinische Erklärung zu Luthers Katechismus beherrschen und in der Lage sein, eine ordentliche lateinische Epistel zu schreiben. Jeder Absolvent der Schule muss den ›Hutter‹ auswendig beherrschen und ihn sich nach innerem Verständnis angeeignet haben.[16] Das Bildungskonzept ist reformatorisch und humanistisch ausgerichtet. Die Schüler werden in die Überlieferung der Bibel und der klassischen Antike hineingebildet. Sie lernen, bewährte rhetorische und poetische Regeln zu erkennen und sicher anzuwenden. Viel Zeit wird dabei auf das Auswendiglernen verwendet. Man hofft, die Persönlichkeit durch Einprägen zu prägen.

Die Musik hat an diesem lutherischen Gymnasium wie an allen sächsischen Lateinschulen eine große Bedeutung. Für Luther und Melanchthon war sie ein Mittel, singend die lateinische Sprache zu üben. Sie ordneten Musik vor allem der Frömmigkeitspraxis und dem Gottesdienst der

---

13. Vgl. ebd. 27; Grosse 2001, 15.
14. Bunners 1993, 27.
15. Blankenburg 1955, Sp.1790.
16. Vgl. Bunners 1993, 31; 34.

Gemeinde zu. Die Schüler haben Musikunterricht und Chorübungen und müssen regelmäßig »in den Gottesdiensten der Klosterkirche musikalischen Dienst ... tun«.[17]

Paul Gerhardt bekommt in dieser Zeit die Auswirkungen des 1618 ausgebrochenen Krieges zu spüren. 1625 wird auch Grimma von einer Seuche heimgesucht, 1626 bricht die Pest in der Stadt aus. Gerhardt bleibt an der Schule, während mehr als die Hälfte seiner Mitschüler aus Grimma flieht. Im Januar 1628 zieht er als Student der Theologie nach Wittenberg. Wie lange er dort studiert hat, ist nicht bekannt. In der Hochburg des orthodoxen Luthertums werden die Studenten auf die Konkordienformel vereidigt, »was eine klare Abgrenzung gegen den Calvinismus bedeutete«.[18] Über das Studium hinaus bleibt Gerhardt als Hauslehrer tätig, wohl bis 1642 in Wittenberg. Seit 1635 wird Sachsen von den Schweden verheert; es folgen Pest und Hunger. Gerhardts Heimatort Gräfenhainichen wird von den Schweden gebrandschatzt. »1640 legte ein Feuer weite Teile Wittenbergs, das schon durch den Krieg geschädigt war, in Schutt und Asche«.[19] Aus diesem Anlass entstanden, wie der Gerhardt-Forscher Hermann Petrich vermutet, Gerhardts erste Lieder.

Um 1642/43 wechselt er nach Berlin, wahrscheinlich als Hauslehrer. Er bezeichnet sich selbst als Studiosus Theologiae. Seine Wohnung nimmt er im Haus seines späteren Schwiegervaters, des Kammergerichtsadvokaten Andreas Berthold in der Spandauer Straße.[20] Das Kurfürstentum Brandenburg war seit 1641 nicht mehr kriegführende Partei. Doch die Stadt Berlin ist gezeichnet durch die Verwüstungen des Krieges. Gerhardt bekommt Kontakt zu Johann Crüger (1598-1663), dem Kantor von St. Nikolai. Crüger gab 1647 in zweiter Auflage sein Gesangbuch ›Praxis pietatis melica‹ heraus, in dem Gerhardt mit 18 Liedern[21] an die Öffentlichkeit kam. Das Buch, eines der wichtigsten in der evangelischen

17. Ebd. 35.
18. Blankenburg 1955, Sp.1790.
19. Grosse 2001, 17.
20. Vgl. Bunners 1993, 46.
21. So Bunners 1993, 55; Blankenburg 1955, Sp.1790, spricht von 15 Liedern.

Gesangbuchgeschichte, trägt genauer den Titel »Praxis Pietatis Melica. Das ist Übung der Gottseligkeit in christlichen und trostreichen Gesängen ...«. Es wird fast 100 Jahre hindurch immer wieder nachgedruckt. Bis zur 5. Auflage von 1653 steigt die Zahl der Gedichte Gerhardts bis auf 82 an.[22]

Christian Bunners schreibt in seiner maßgebenden Gerhardt-Biographie: »Wir machen uns von der damaligen Bedeutung des Liedersingens im Volke kaum noch einen Begriff. Die tragende Rolle, die das Lied für die evangelische Frömmigkeit gewonnen hatte, hing mit der von den Reformatoren angestrebten Nähe zum Volkslied zusammen. Die Verbindung von Leben und Lied wurde seit der Reformation bewusst pädagogisch genutzt. Liedworte sind leicht einprägsam. Sie verbreiteten die reformatorische Lehre auch unter Menschen, die aus sozialen Gründen des Lesens unkundig geblieben waren. Nach vorsichtigen Schätzungen ist im Berlin der Crüger-Gerhardt-Zeit mit bis zu fünfzig Prozent Analphabeten zu rechnen. Lieder dienten neben der Lehre der kultischen Kommunikation, und sie haben, gerade in den Krisen des Jahrhunderts, eine kaum zu überschätzende Bedeutung für Trost und Erbauung gehabt«.[23]

1651, mit 44 Jahren, erhält Paul Gerhardt seine erste Pfarrstelle: er wird Propst von Mittenwalde in der Mark Brandenburg und in der Berliner Nikolaikirche auf die lutherischen Bekenntnisschriften ordiniert. Im Jahre 1655 (am 11. Februar) heiratet er Anna Maria Berthold (geb. 1622), die er bereits in ihrem Berliner Elternhaus kennen gelernt hat. Von ihren fünf Kindern werden zwei Töchter und zwei Söhne bereits im Kindesalter sterben. Nur der Sohn Paul Friedrich (geb. 1662) wird seine Eltern überleben. Fünf Jahre lang, von 1652 bis 1656, übt Gerhardt sein Pfarramt in Mittenwalde aus. Er hat vor allem rituelle Pflichten, Gottesdienst und Predigt mehrmals am Sonntag und an einigen Wochentagen, Amtshandlungen, zu denen im 17. Jahrhundert noch die Einzelbeichte gehört, ferner Schulaufsicht und die Inspektion von elf Pfarr-

---

22. Blankenburg 1955, 81.
23. Bunners 1993, 55f.

stellen auszuführen.[24] Von seinen Predigten sind uns lediglich vier Leichenpredigten überliefert.

Ende Mai 1657 wird Gerhardt einstimmig zum Diakonus an der Berliner Nikolaikirche gewählt; bereits im Juli tritt er dort sein Amt an. Was ihn dazu bewogen hat, den Wechsel in die Residenzstadt so rasch zu vollziehen, kann nur vermutet werden.[25] Von jetzt an ist er jedenfalls in ständiger Arbeitsgemeinschaft mit Johann Crüger begriffen, die bis zu dessen Tod im Jahre 1662 dauert. Prediger und Kantor, Dichter und Komponist wirken zusammen an einer Kirche. Crügers Nachfolger im Kantorat wird der junge Johann Georg Ebeling (1637-1676) aus Lüneburg.

Die letzten Berliner Jahre Paul Gerhardts sind durch einen Konflikt mit dem Großen Kurfürsten überschattet. Auf Grund »seines Widerstandes gegen einen Erlass des reformierten Kurfürsten Friedrich Wilhelm, der Polemik gegen die reformierte Lehre untersagte«,[26] verlor Gerhardt 1666 sein Amt. Erst in diesem Berliner Kirchenstreit wird er zum Wortführer der Lutheraner. Aus heutiger Sicht ist der über Jahre sich hinziehende Kampf nur verständlich, »wenn man bedenkt, dass das Edikt die namentliche Widerlegung der Gegner verbot, während die Konkordienformel gerade dies zur Gewissenspflicht machte«.[27] Gerhardt hatte die lutherischen Positionen verinnerlicht und bei seiner Ordination als bindend übernommen. So versteht man, »dass es bei der vom Kurfürsten erhobenen Toleranzforderung zu schweren Gewissenskonflikten kommen konnte. [...] Konflikte entstanden umso mehr, als der Kurfürst mit seiner gleichzeitigen politischen Begünstigung der Reformierten den Verdacht nährte, die geforderte Toleranz solle ein Mittel sein, die Lutherischen kirchlich und politisch zu schwächen«.[28] Eine friedliche Annäherung der Konfessionen, so meint Christian Bunners, konnte unter dem Vorzeichen absolutistischen Machtanspruchs nicht gelingen.

24. Vgl. ebd., 61ff.
25. Vgl. ebd., 69.
26. Grosse 2001, 17.
27. Blankenburg 1955, Sp.1791.
28. Bunners 1993, 77.

Petitionen der Bürgerschaft und der adligen Ständevertreter erreichen immerhin, dass Paul Gerhardt nach anfänglichem Widerstreben des Kurfürsten 1667 wieder in sein Amt an St. Nikolai eingesetzt wurde. Das Konsistorium wird jedoch verpflichtet, die Pfarrer genau zu beobachten, ob sie dem Edikt gemäß predigen. Das bedeutet staatliche Überwachung des kirchlichen Dienstes. Gerhardt sieht dadurch die Fortsetzung seiner pfarramtlichen Tätigkeit an eine unzumutbare Bedingung geknüpft. Er könne seinen Dienst nur reinen Gewissens tun, d.h. in bleibender Bindung an die lutherischen Bekenntnisschriften. Daraufhin verliert er die Stelle erneut und nun endgültig.

Bis zum 15. August 1668 erhält er noch Bezüge aus einer Diakonatsstelle an St. Nikolai. In den Jahren 1667/68 besorgt Johann Georg Ebeling die erste Sammelausgabe der Lieder Gerhardts, die ›Geistliche[n] Andachten‹. Von den 120 Melodien, die den Gerhardt-Texten zugeordnet werden, stammen etwa 110 von Ebeling selbst. Im März 1668 stirbt Gerhardts Ehefrau 46-jährig; von seinen Kindern lebt nur noch Paul Friedrich. Im Oktober wird Paul Gerhardt auf die Pfarrstelle in Lübben gewählt, einem abgelegenen Ort in der Niederlausitz, wohin er sich 1669 zurückzieht.

Das kleine Pfarrhaus in Lübben ist in jämmerlichem Zustand. In der Stadt haben während des Krieges jahrelang die Schweden gehaust. Es dauert mehr als sieben Monate, bis Gerhardt endlich (am 16. Juni 1669) in sein Amt als Archidiakon eingeführt wird. Kleinliche Streitigkeiten mit den zuständigen Kirchenbehörden trüben seine letzten Lebensjahre. Neue Lieder sind in Lübben anscheinend nicht mehr entstanden. Das Alter und das Abnehmen der körperlichen Kräfte machen ihm zu schaffen, so dass er die Mittwochspredigten vor Buß- und Feiertagen ausfallen lässt und sich bei Bestattungen weigert, die Leichen auf dem schlecht gangbaren Weg zum Friedhof zu begleiten. Das führt wiederum zu Querelen mit der Behörde, in denen der Dichterpfarrer selbstbewusst seinen Standpunkt vertritt. Zu alledem verliert Gerhardt (1674) seine Schwägerin, die Witwe Sabina Fromm, die ihm seit dem Tod seiner Frau den Haushalt geführt hat.

Am 27. Mai 1676 ist Paul Gerhardt gestorben. Am 7. Juni wird er in der Lübbener Kirche beigesetzt.

Zeitlebens haben ihn Angst und Schwermut gequält. Er war kein so heiteres Gemüt, wie uns frühere Interpreten seiner Lieder glauben machen wollen. Es gibt manche Liedstrophe von ihm, der man entnehmen kann, dass der Dichter Erfahrungen existenzieller Traurigkeit gekannt und zu verarbeiten gesucht hat.[29] Er klagt Gott sein Leid und gesteht, wie oft ihn Todesgedanken überwältigten:

»Ach Herr, wie lange willst du mein
So ganz und gar vergessen?
Wie lange soll ich traurig sein
Und mein Leid in mich fressen?
Wie lang ergrimmt
Dein Herz und nimmt
Dein Antlitz meiner Seelen?
Wie lange soll
Ich sorgenvoll
Mein Herz im Leibe quälen?«.[30]

Oder:

»Ach, wie ofte dacht ich doch,
Da mir noch des Trübsals Joch
Auf dem Haupt und Halse saß
Und das Leid in meinem Herzen fraß:
Nun ist keine Hoffnung mehr,
Auch kein Ruhen, bis ich kehr
In das schwarze Totenmeer«.[31]

---

29. Vgl. Killy, 12.
30. CS 79,11.
31. CS 102,10.

Doch niemals bringt Gerhardt in seinen Versen die Traurigkeit zum Ausdruck, ohne dass er der betrübten Seele Mut zuspricht: »Schwing dich auf zu deinem Gott, / Du betrübte Seele! / Warum liegst du, Gott zum Spott, / In der Schwermutshöhle?«.[32] Im Selbstgespräch nimmt er die düsteren Gedanken auf wie einer, der von innen her nur allzu genau weiß, wie einem betrübten, schwermütigen Menschen zumute ist.[33] Gerade dadurch gibt er anderen, die solche Erfahrungen machen, das Gefühl: hier spricht jemand zu ihnen, der ihre seelische Not versteht, kein ›leidiger Tröster‹, sondern einer, der selber Betroffener ist, ebenso trostbedürftig wie sie.

Aus einem zeitgenössischen Bericht geht hervor, wie Paul Gerhardt für seine sterbende Frau mit Liedern Seelsorge geübt hat.[34] Am Morgen des 5. März 1668 bittet Anna Maria ihren Mann, ihr aus der ›Hauspostille‹ Luthers die Predigt vom Abendmahl vorzulesen. Dann lässt sie sich waschen und weiß kleiden. Zur weiteren Vorbereitung liest sie, im Bett sitzend, in ihrem Gebetbuch, etwa eine Stunde lang. Samuel Lorenz, ihr Schwager und Beichtvater zugleich, spendet der Schwerkranken die Absolution und das Heilige Mahl. Gegen Mittag beginnt sie, Abschied zu nehmen. Dann lässt sie ihren Mann rufen. Sie bittet ihn, wie es im Bericht heißt, mit lächelndem Mund, »er möchte Ihr doch aus Ihrem geschriebenen Gesang = Buche etwas vorlesen / hat Ihm auch selbst namhafftig gemacht alle die Stück / so er lesen sollte / welches theils Passions = Gesänge / theils Sterbe = Gesänge gewesen. Solchen Dienst hat Ihr Ihr Herr von Hertzen gern geleistet«.[35]

Welche Lieder aus dem handschriftlichen Buch Gerhardt seiner Frau vorlas, wissen wir nicht, auch nicht, wer das Buch geschrieben hat. »Nur dies geht aus dem Bericht hervor: Die von Gerhardts Frau in Liedgebeten vollzogene Sterbevorbereitung orientierte sich am Leiden und Sterben Christi«.[36] Auch in seinen Liedern hat der Dichter die Passion Christi

32. CS 81,1.
33. Vgl. CS 74,4; 83,4-5.
34. Vgl. Bunners 1993, 115f.; ders. 2003, 47ff.
35. Bunners 2003, 47f.; vgl. ders. 1993, 116.
36. Bunners 1993, 116.

mit dem eigenen Sterben verbunden, wie etwa »O Haupt voll Blut und Wunden« belegt. Nach dem liedgebundenen Beten wendet sich die Sterbende noch einmal mit Dank- und Trostworten an die Umstehenden. Sie versichert ihrem Mann, ihr Herz sei ohne Angst. Dann, »ganz sanft und stille«, tritt der Tod ein.

Zur Zeit von Paul Gerhardt übt man sich in der Kunst des Sterbens, der Ars moriendi. Der Bericht über das Sterben von Anna Maria Gerhardt, der in dem der Leichenpredigt von Samuel Lorenz beigegebenen Lebenslauf (gedruckt 1670) verzeichnet ist, mag wie viele andere Sterbeschilderungen aus jener Zeit literarisch stilisiert sein. Er zeigt ähnlich wie sie ein ritualisiertes Verhalten. Am Realgehalt des Berichteten ist aber nicht zu zweifeln.

Auch von Paul Gerhardt selbst wird berichtet, er sei mit dem Gebet eines eigenen Liedes gestorben.[37] Dabei handelt es sich nicht um eine Legende, wie noch Hermann Petrich annahm, sondern um eine Überlieferung mit hohem Wahrheitsgehalt. Johann Daniel Arcularius (1650-1710), Senior der Pfarrerschaft in Frankfurt am Main, schreibt 1693 in der Vorrede zur dortigen Neuauflage des Gesangbuchs Praxis Pietatis Melica, Gerhardt habe »sich in seiner Sterbestunde mit der Liedstrophe aus einem eigenen Lied (›Warum sollt ich mich denn grämen‹) getröstet«.[38] Arcularius überliefert: »… dem Bericht nach soll er [d. h. Gerhardt] bei seiner letzten Ohnmacht, da er sich auf einem Sessel kaum mehr halten können, sich damit ermuntert haben: ›Kann uns doch kein Tod nicht töten‹ usw. und also wohl im Gedächtnis und Herzen behalten, was er anderen zu Lehr und Trost geschrieben«.[39]

Die erwähnte Strophe lautet: »Kann uns doch kein Tod nicht töten, / Sondern reißt / Unsern Geist / Aus viel tausend Nöten; / Schleußt das Tor der bittern Leiden / Und macht Bahn, / Da man kann / Gehn zu Himmelsfreuden« (EG 370,8). Hat Gerhardt diese freudig triumphie-

---

37. Vgl. Bunners 1993, 128f.; ders. 2003, 48f.
38. Bunners 1993, 128.
39. Zit. ebd. 128f.; ders. 2003, 48.

rende Liedstrophe als persönliches Bekenntnis gesprochen, oder hat er sie gesungen? Darüber ist nichts bekannt. Arcularius hebt jedenfalls hervor, Paul Gerhardt sei gestorben, wie er gelebt und gesungen habe. Lebensart und Sterbenskunst bilden auch hier eine Einheit.

Zur Theologie:
Paul Gerhardt als poetischer Theologe

Paul Gerhardt »ist einer der großen Tröster der Christenheit«.[40] Seine Lieder sprechen wie Seelsorger zu den Menschen. Dass Johann Crüger sie zu den »trostreichen Gesängen« zählt, ist bezeichnend. Wer verstehen will, woraus sie ihre seelsorgliche Kraft gewinnen, muss sich mit ihrer Eigenart als geistlicher Liedichtung im Zeitalter der lutherischen Orthodoxie beschäftigen.

Mit dem Begriff ›Orthodoxie‹ darf man nicht tote Rechtgläubigkeit assoziieren. Er ist auch nicht gleichzusetzen mit scholastischen Lehrsystemen. Dies sind Zerrbilder aus späterer Zeit. Denn ›Orthodoxie‹ bedeutet nicht nur ›richtige Lehre‹, sondern auch ›das rechte Preisen‹. Die orthodoxen Theologen wollen die durch Luther wiederentdeckte, von der Bibel bezeugte Wahrheit über Gott, Welt und Mensch in der rechten Weise weitergeben. Ihre Theologie beruht auf der Hingabe an Bibel und Lehre und zielt auf eine Frömmigkeit, die aus Schriftmeditation, Gebet und Gotteslob lebt und durchaus auch individueller Mystik Raum bietet.

Gerhardt ist in diesem weiten Sinn orthodoxer Theologe und Liedichter. Um seine Lieder zu würdigen, muss man die Quellen kennen, die für seine theologische, rhetorische und poetische Bildung prägend wurden.[41]

---

40. Bunners 1993, 216; ähnlich W. Zeller, vgl. Bunners 2004, 10.
41. Vgl. Grosse 2001, 22-27.

Zum orthodoxen Theologen gebildet wurde Gerhardt von Grund auf durch das bereits erwähnte Kompendium von Leonhard Hutter (1563-1616). Mit ihm als Pflichtlektüre übte man sich darin ein, »das, was man zu einem bestimmten Thema (locus) zu sagen hatte, gegen mögliche oder tatsächliche Einwände zu verteidigen«.[42] Praktisch theologisch war für Gerhardt wohl Johann Arndt (1555-1621) – vor Johann Gerhard und Martin Moller – der wichtigste Autor. Dessen Gebetbuch ›Paradiesgärtlein‹ (1612) trug er stets bei sich. Gerhardts rhetorische Bildung lässt sich aus dem an Gymnasien im lutherischen Deutschland am weitesten verbreiteten Schulbuch für Rhetorik, den ›Rhetorices contractae‹ (1606) von Gerhard Johannes Vossius, und dem ›Methodus concionandi‹, der Predigtlehre seines Wittenberger Lehrers Johann Hülsemann (1602-1661) erschließen. Poetik wurde zu Gerhardts Zeit in Wittenberg von August Buchner (1591-1661) gelehrt. »Buchner schloss sich – mit Modifikationen – in seiner Poetik Martin Opitz an, der 1624 in seinem ›Buch von der deutschen Poeterey‹ die deutsche Dichtkunst auf neue Wege geleitet ... hatte«.[43]

Ich werde zunächst auf die theologischen Lehren von der Vorsehung (Providenzlehre) und von Leiden und Trost eingehen und dann etwas über die Merkmale der Poesie sagen, die sich an Gerhardts geistlicher Dichtung aufweisen lassen. In seiner Dichtung zieht er die praktischen Konsequenzen aus Hutters Theologie. Er transformiert theologische Lehre in Poesie.

Zur Providenzlehre:[44] Hutter definiert providentia als väterliche Fürsorge Gottes für seine Schöpfung (cura paterna). Dann muss er sich sogleich mit dem Problem des Übels auseinander setzen. Die Existenz des Übels stellt die Existenz einer Vorsehung in Frage. Es muss bedacht werden, warum Gott das Übel nicht aufhebt. Hutter denkt nun, ähnlich wie Johann Gerhard, Gottes Allmacht zusammen mit seiner Bereitschaft, Gutes zu tun. Er lehrt, dass Gott in seiner Vorsehung sowohl mit Üblem

---

42. Ebd. 24.
43. Ebd. 26.
44. Vgl. ebd., 30ff.

wie mit Gutem umgeht, jedoch nicht auf gleiche Weise. Er verbietet das Böse, und er verabscheut es. Sofern es aber existiert, bestimmt er es zu einem guten Ende und bestraft es. In seiner Allwirksamkeit lässt Gott also eine zeitliche Existenz des Übels zu.»Und seine Allgüte richtet sich letztlich nur auf die von ihm Erwählten: Er gibt ihnen das, was sie nötig haben, um in der Ewigkeit zur höchsten Seligkeit zu gelangen, und richtet zu ihrem Zweck die gesamte Schöpfung mit ihrem gesamten Weltverlauf für sie ein«.[45]

Nach Hutter übt Gott seine Allmacht in seinem Vorsehungswirken so aus, dass dabei ständig Gottes Ursachen und die jeweiligen geschöpflichen Ursachen ineinander wirken. Dieses Miteinander-Wirken wird als concursus bezeichnet. Konkret sind die Werke (opera) Gottes, die unter diesem Oberbegriff gefasst werden, sein Erhalten (conservatio) und sein Lenken (gubernatio). Die Lehre von der göttlichen Providenz wird dann im Hinblick auf die Willensfreiheit des Menschen weiter entfaltet. Der Mensch kann Kontingentes bewirken, d. h. etwas, was auch nicht sein kann. Er kann Böses tun, indem er von seinem freien Willen einen Gebrauch macht, der Gottes Gebot widerspricht. Das Böse ist aber kein Sein, sondern ein Mangel, genauer: eine Beraubung (privatio) an Sein. Es ist Mangel an Gutem. Ziel des Handelns Gottes kann nur die Aufhebung des Übels im Eschaton sein. Allein der Glaube an Jesus Christus eröffnet den Blick auf das Ziel, auf das Gottes Vorsehung ausgerichtet ist.

Diese Lehre von der Providenz, die hier nur im Ansatz skizziert werden kann, begründet Hutter durchgehend aus der Heiligen Schrift. Für »die Lösung des Problems, wie sich Gottes Weltregierung und das böse Wirken des Menschen zueinander verhalten, nennt Hutter besonders gerne die Josephsgeschichte mit ihrem Resümee Gen 50,20: ›Ihr gedachtet es böse mit mir zu machen, aber Gott gedachte es gut zu machen, um zu tun, was jetzt am Tage ist, nämlich am Leben zu erhalten ein großes Volk.‹ und die Geschichte der Passion Jesu, erhellt vor allem durch das Wort des Petrus Act 2,23: ›Diesen Mann, der durch Gottes Ratschluss

---

45. Ebd. 33.

und Vorsehung dahingegeben war, habt ihr durch die Hand der Heiden ans Kreuz geschlagen und umgebracht.‹«.[46]

Zur Lehre vom Leiden und vom Trost:[47] Diese Lehre entfaltet Hutter im Locus XXIV seines Kompendiums: De cruce et consolationibus [Vom Kreuz und den Tröstungen]. Zunächst geht er auf die Grundfrage ein, warum der Mensch von so vielen Leidensereignissen (calamitates) heimgesucht wird. Hier ist besonders die Ursache des Leids der Frommen zu bedenken. Leid ist für die orthodoxe Lehre grundsätzlich malum poenae, d. h. Übel infolge der Sünde, aufgrund von Adams Fall. Warum aber lässt Gott die Christen leiden? Hutter zählt vier Ursachen auf: »1. wegen des Restes der Sünde, der sich in ihnen befindet. Durch das Leiden treibt er sie zur Buße, zu Glauben, Gebet und Erneuerung ihres Lebens, gemäß Jes 28,19 [...]; 2. weil Gott will, dass die Gläubigen schon in diesem Leben dem Ebenbild seines Sohnes gleichgestaltet werden, Röm 8,29; 3. weil Gott, gerade indem er die Seinen ins Leiden fallen lässt, ihnen, wenn er sie daraus herausreißt, seine Gegenwart, seine Liebe und Allmacht beweisen kann, Jes 37,20; 4. weil die Gläubigen im Leiden dazu gelangen, ein wahrhaftiges Zeugnis ihres Glaubens zu geben«.[48]

Sodann charakterisiert er die Haltung, in der ein Christ sein Leiden tragen soll: »1. in wahrer Demut, welche in ernster und brennender Anerkenntnis der Sünden besteht; 2. in wahrem Glauben an Christus, durch den allein wir von Gott eine Linderung des Leidens erbitten; 3. in wahrer Geduld, welche allein in Gottes Willen Ruhe findet; 4. in festen Tröstungen, durch die wir uns unterm Kreuz aufrichten«.[49] Nach einer Reihe von philosophischen Trostgründen werden mehrere christliche Trostgründe angeführt. Sie sind der Heiligen Schrift entnommen und können allein, wie Hutter überzeugt ist, in schweren Anfechtungen Trost bringen: »1. der gute Wille Gottes: sich zu trösten, dass das Leid von diesem kommt und nicht durch Zufall, Mt 10,29f.; 2. der gute Endzweck allen

---

46. Ebd. 45.
47. Vgl. ebd., 58ff.
48. Ebd. 60.
49. Ebd. 64.

Leids, denn ›wir wissen, dass alles denen, die Gott lieben, zum Guten zusammenwirkt.‹, Röm 8,28; 3. dass Gott seine Hilfe und seine Gegenwart verheißen hat in allen Anfechtungen, Ps 91,15; 4. das Bewusstsein eines guten Gewissens, II Kor 1,12 [bona conscientia wird auch als 3. philosophischer Trostgrund angeführt]; 5. das gewisse Vertrauen auf die Vergebung der Sünden in Christus, welches macht, dass wir in Gottes Gnade sind, von welchen Anfechtungen wir auch gequält werden; Röm 8,33-39«.[50] Der Christ findet Trost letztlich, gemäß dem, was durch die Loci ›De providentia‹ und ›De praedestinatione‹ erläutert wurde, »in dem Bewusstsein, dass alles, auch das Leid, dazu dient, dass er das Heil erlangt, zu dem er erwählt ist. Das Mittel, von dem er selbst dabei … Gebrauch machen kann, ist das Bittgebet, in dem er Gottes Wirken für sich in Anspruch nimmt«.[51]

Hutter erörtert anschließend Möglichkeiten der Selbsthilfe, die dazu führen, Leid zu vermeiden, aufzuheben oder zu lindern. Alle Anwendung von Mitteln zur Selbsthilfe ist für ihn aber keine Alternative zum Gebet. Sie muss vielmehr in das Gebet eingebettet sein. Auf die Lehre von Leid und Trost folgt daher im Kompendium diejenige von der Anrufung Gottes. Denn das Gebet (invocatio) sei eben der beste Trost, den man in Anfechtungen haben kann.

Wir sehen aus diesen Darlegungen, wie Hutters theologische Lehre auf konkrete Anwendung in der Praxis des Glaubens ausgerichtet ist. Das Modell, dem Paul Gerhardt bei der Übertragung des Theoretischen ins Praktische folgt, ist die Lehre von den fünf genera dicendi, den fünf Sprechweisen der geistlichen Rede. Nach Hülsemann sind diese Sprechweisen aus biblischen Bestimmungen in 2 Tim 3,16 und Röm 15,4 abzuleiten:

 didascalium / demonstrativum (belehrend / hinweisend)
 elenchticum / refutatorium (widerlegend)
 paideuticum / instructorium (erziehend / unterweisend)
 epanorthoticum / correctorium (zurechtweisend)

50. Ebd. 65.
51. Ebd. 69.

paracleticum / consolatorium (tröstend), welches er so erläutert: »Aufrichtung des Hörers gegen alle denkbaren Übel der Bestrafung, der Schuld und der Prüfung«.[52]

Nach dem bisherigen Durchgang durch die orthodoxe Dogmatik ist anzunehmen, dass die Lieder Paul Gerhardts gerade durch die Transformation theologischer Lehre in poetische Sprachform ihre seelsorgliche Qualität gewinnen. Frömmigkeit und Wissen gehören für die altprotestantische Orthodoxie zusammen. Theologisches Wissen ist nichts, wenn es nicht den Nutzen der Frömmigkeit (utilitas pietatis) hat (Hutter), und das Gebet »ist das Studium der Theologie selbst« (Oratio est ipsum studium Theologicum) (Hülsemann). Gerhardts Lieder setzen diese Einsicht seiner theologischen Lehrer nicht nur voraus, sie setzen sie in Kraft und wenden sie praktisch an. Das heißt nicht, dass sie die lehrhafte, ›dogmatische‹ Theologie lediglich wiederholten. Vielmehr machen sie von ihr ›Gebrauch‹ (usus) in Ermahnungen, Warnungen und Tröstungen und wenden sie auf einen Hörer in seiner jeweiligen Situation an.[53] In diesem Sinn wird die lehrhafte Theologie in Paul Gerhardts Liedern ›transformiert‹, in Rede ›umgesetzt‹. Die Rede soll die Affekte bewegen (movere) und den Hörer erfreuen (delectare). Dazu bedarf es der Poesie, die »mit der wahren Lehre und der Kraft, das Gemüt zu bewegen, auch die Schönheit vereint«.[54]

Dies soll nun an den Liedern selbst gezeigt werden.

---

52. Nach Grosse 2001, 84f.
53. Vgl. ebd., 89.
54. Ebd. 193.

Ausgewählte Lieder unter seelsorglichen Aspekten

Vom Werk des Lieddichters sind 139[55] deutsche Lieder und Gedichte erhalten, ferner 15 lateinische Gedichte, vier Leichenpredigten, mehrere Briefe, sein »Testament«, das vor allem Lebensregeln für seinen Sohn enthält, schriftliche Äußerungen im Streit mit dem Kurfürsten Friedrich Wilhelm und vier so genannte Meditationen, exegetisch-liturgische Erörterungen.

Sämtliche Texte der Lieder und Gedichte sind aufgeführt in der von Eberhard von Cranach-Sichart (1957, Neuaufl. 2004) herausgegebenen Sammlung; eine Teilausgabe, die Gerhard Rödding (1991) besorgt hat, ist ebenfalls greifbar.

Zur Ordnung der Lieder: Man kann die Lieder in zwei Gruppen einteilen: die erste Gruppe umfasst Lieder zu Festen des Kirchenjahres, die zweite enthält Lieder, die auf bestimmte Anlässe bezogen sind, die das Leben des Christen mit sich bringt (Kasual-Lieder). Den breitesten Raum nehmen diejenigen Lieder ein, die von Kreuz und Trost handeln. Der große Anteil von Liedern zu diesem Thema ist sicher durch die Zeitsituation des Dreißigjährigen Krieges bedingt. An zweiter Stelle stehen die Lieder zu Lob und Dank, an dritter die zu Tod und Ewigkeit.[56] Unter den Liedern zu Festen des Kirchenjahres sind die Passionslieder mit Abstand die zahlreichste Gruppe. Auffällig ist, was fehlt: es gibt kein Lied Paul Gerhardts von der christlichen Kirche! Seine drei Pfingstlieder – nur eines davon (»Zeuch ein zu deinen Toren« [CS Nr.29]) steht bei uns im Gesangbuch (EG 133) – verstehen Pfingsten als Fest des gläubigen Einzelnen, der den Heiligen Geist für Herz und Gemüt erbittet, aber nicht als Geburtstag der Kirche.[57] Das erklärt sich wohl daraus, dass bei Gerhardt das »christliche Subjekt« (K. Barth)[58] mit seinen Glaubenser-

---
55. So Bunners 2004, 9; Grosse 2001, 18, rechnet noch mit 137.
56. Vgl. CS Einleitung, 22.
57. Vgl. Smend 1925, 103.
58. Barth, KD III/3, 18.

fahrungen sich äußert.[59] Seine Lieder sind der Form nach subjektive Erbauungslieder.

Von den Liedern wurden 26 ins Evangelische Gesangbuch (EG) aufgenommen; das Evangelische Kirchengesangbuch (EKG) enthielt sogar 30. Von den 26 Liedern im EG ist die Mehrzahl (14) in erheblich gekürzter, teilweise auch sprachlich veränderter Form abgedruckt; 12 Lieder sind vollständig wiedergegeben.

Ich wähle daraus »Befiehl du deine Wege« (EG 361) und das Sommerlied »Geh aus mein Herz und suche Freud« (EG 503), vermutlich die beiden bekanntesten Lieder Gerhardts. Sie stehen ungekürzt im EG. Daneben will ich noch auf ein Lied eingehen, das nicht in unserem Gesangbuch steht (auch im EKG fehlt es): »Nicht so traurig, nicht so sehr, meine Seele, sei betrübet«.[60] Dabei wird zum einen deutlich, welche Lebensthemen Gerhardt in seiner Dichtung aufnimmt; zum anderen soll auf das Verhältnis von theologischer Lehre und poetisch gebundener Rede geachtet werden; zum dritten wird kurz etwas zur Melodie des Liedes gesagt.

»Befiehl du deine Wege«

»Befiehl du deine Wege« (EG 361/CS 84) gehört zu jenen Liedern, in denen das Leben als Wanderschaft, als Unterwegssein begriffen wird.[61] Das Bild des Weges hat der Dichter der Bibel entnommen. An den Anfang der Liedstrophen stellt er ein Bibelwort, Vers 5 aus Ps 37: »Befiehl dem Herrn deine Wege und hoffe auf ihn; er wird's wohl machen«. Das Lied ist als Akrostrophe gebaut, d. h., die jeweils ersten Worte der Strophen ergeben, nacheinander gelesen, diesen biblischen Spitzensatz, der den Gedanken die Richtung gibt.

---

59. Ähnlich spricht schon Palmer, 562, vom »subjektiveren Charakter« dieser »geistliche[n] Dichtung«.
60. CS 72.
61. Vgl. Bunners 1993, 134ff.; Grosse 2001, 111; Axmacher 1989, 98ff.

Befiehl du deine Wege! Dieses biblische Leitwort wird hier durch das Lied dem Hörer persönlich zugesprochen. »Der Singende«, schreibt Christian Bunners, »darf seine Lebenswege als Gottes Wege erkennen ... Wer singt, befiehlt sich Gott an und macht sich zugleich bereit für eigenes Handeln. Singen ist eine Praxis des Glaubens. Singend begibt sich der Glaubende auf den Weg Gottes, singend lässt er biblische Wegweisheit für sich wahr sein. Das Singen selbst ist schon ein Wandern. Lieder sind ein Weg«.[62]

Das Verbum »lenken« in Strophe 1,4 zeigt an, dass Gerhardt in diesem Lied die Lehre von der Vorsehung als Lenkung ›umsetzt‹. Wie sich schon an den ersten beiden Strophen aufweisen lässt, wird hier der Locus De providentia verhandelt. Auf die Erkenntnis von Gottes Providenz hin soll der Mensch die Verheißung annehmen, dass Gott ihn mit allem fürs Leben Notwendigen versorgen wird. Diese Verheißung wird Strophe 1,5-8 im genus consolatorium zugesagt, nachdem Gerhardt im genus paideuticum den Menschen aufgefordert hat, Gottes Weltregiment, seine gubernatio, anzuerkennen, die gemeinsam mit der conservatio die Gestalt seiner Providenz ausmacht. »Gerhardt vollzieht hier einen Schluss von der providentia generalis auf die providentia particuliaris, die derjenige, den er anspricht, für sich persönlich in Anspruch nehmen soll«.[63]

Wie Gott zugunsten der Menschen lenkend und erhaltend wirkt, führt der Lieddichter dann im genus didascalium in Strophe 3 und 4 weiter aus. Strophe 2 zielt darauf, die Führung des eigenen Lebens Gott zu überlassen – ein Gedanke, der dann in Strophe 7 und 8 bekräftigt wird. Strophe 2 beginnt mit einer pädagogischen Ermahnung: »Dem Herren musst du trauen, / wenn dir's soll wohl ergehen; / auf sein Werk musst du schauen, / wenn dein Werk soll bestehn« (Strophe 2, 1-4). In der zweiten Strophenhälfte wechselt Gerhardt ins genus epanorthoticum: »Mit Sorgen und mit Grämen / und mit selbsteigner Pein / lässt Gott sich gar nichts nehmen, / es muss erbeten sein« (Strophe 2, 5-8). In Strophe 7 gelangt das Lied zu seiner Kernaussage, die im Übergang von zurechtweisender

62. Bunners 1993, 135.
63. Grosse 2001, 111.

zu belehrender Rede entfaltet wird. Prosaisch gesprochen: »Gott führt alles, auch dein Leben – überlass ihm deine Lebensführung!«[64] Im Lied heißt es: »Bist du doch nicht Regente, / der alles führen soll; / Gott sitzt im Regimente / und führet alles wohl« (Strophe 7, 5-8).

Die Strophen 9 bis 11 sprechen dem Einzelnen tröstend die Verheißung des zuvor angeratenen Verhaltens zu. Doch ist in Strophe 7 auch eine andere Möglichkeit der Lebensführung genannt worden, von der Gerhardt abrät: die Möglichkeit, dass der Mensch absolut – als »Regente« – sein Leben selber führt. Mit diesem Streben menschlicher Autonomie, vollständig und letztgültig für das eigene Leben Sorge zu tragen, setzt der Dichter sich in seinem Lied »Du bist ein Mensch, das weißt du wohl«[65] auseinander.

»Befiehl du deine Wege« verweist also demonstrativ auf Gottes gubernatio und ruft dazu auf, sich ihr zu überlassen. Vertrauen (Treue) und Sorgen sind Leitworte, die zugleich auch Lebensthemen anzeigen. Das Lied will dazu bewegen, sich Gottes Führung anzuvertrauen und den Sorgen »gute Nacht« zu sagen. Wie das gelingt, wird deutlich, wenn wir uns noch die Merkmale poetischer Redeweise ansehen.

Gerhardt verwendet das dreihebige Versmaß des Nibelungenliedes, bei dem jeweils eine 7-silbige mit einer 6-silbigen Zeile wechselt:

$$u - u - u - -$$
$$u - u - u -$$
$$u - u - u - -$$
$$u - u - u -$$
$$u - u - u - -$$
$$u - u - u -$$
$$u - u - u - -$$
$$u - u - u -$$

64. Ebd.
65. CS 75.

Dieses Versmaß passt zum Epos, zur Großerzählung eines überpersönlichen Schicksals. Der Reim der achtzeiligen Strophen ist kreuzförmig: a – b – a – b – c – d – c – d. Buchner schreibt wie Opitz in seiner Poetik vor, dass die Worte sich dem gegebenen Versmaß nach den Betonungen einfügen müssen, die sie in der gewöhnlichen Sprache haben. Die Kunst Paul Gerhardts, dieser Betonungsregel zu genügen, ohne Worte umstellen oder Füllwörter einsetzen zu müssen, lässt sich an »Befiehl du deine Wege« studieren. Die Sprache dieses Liedes klingt schön, ungezwungen, ohne jede Künstlichkeit. Prosaische Wendungen fügen sich dem (jambischen) Rhythmus der Verse ein.

Die Poesie soll wie die Rede belehren und erfreuen. Sie soll vornehmlich durch sprachliche Gestaltung gefallen, d. h. durch Schönheit oder Lieblichkeit der Rede. Ein wichtiger Begriff der Poetik ist in diesem Zusammenhang die »Süßigkeit« (dulcedo). August Buchner begreift die Dichtung als versüßte Arzenei, wenn er von den Dichtern schreibt, sie seien »Denen Medicis gleich / welche die Artzeneyen / so etwan den Patienten zuwider seyn möchten / überzuckern / oder von aussen süsse zu machen pflegen / damit Er solche desto lieber annehmen / und zu seinem besten gebrauchen möge.«[66] Im Lied spricht Gerhardt von der Providenz und von der Gestaltung der menschlichen Handlungen im concursus göttlichen Handelns mit ihnen, indem er an Stelle der Fachbegriffe anschauliche Ausdrücke verwendet: Gottes Wirken wird ebenso wie das des Menschen bildhaft und vereinfacht dargestellt, die heilsame Lehre nicht nur ›süß‹ gemacht, sondern auch geklärt, damit der Mensch sie desto lieber annimmt.

Erst seit dem 18. Jh. (vermittelt durch Georg Philipp Telemann, 1730) wird das Lied nach der Melodie von Bartholomäus Gesius gesungen, die heute üblich ist. Sie steht im ersten Psalmton (d-a) und entspricht mit ihrer gleichförmigen Bewegung (4/4-Takt) am ehesten dem gegebenen Versmaß. Die ursprüngliche Melodie von Johann Gerhard Ebeling in c-moll findet sich z. B. im EKG bei einem Lied von Rudolf Alexander Schröder.[67] Sie ist bedeutend unruhiger und rhythmischer als die Weise

---

66. Zit. nach Grosse 2001, 198.
67. EKG 307; nach Bautz 1990, Sp.1441.

von Gesius, folgt einem anderen Metrum (6/4-9/4-Takt) und dürfte für die Gemeinde schwer singbar sein. Für den Liedvortrag durch Solostimme oder Chor eignet sie sich aber durchaus. Eine dritte Version verbindet den Text mit der Volksliedmelodie des Liedes »Herzlich tut mich erfreuen« (EG 148).

Zusammenfassend lässt sich sagen: Das Lied »Befiehl du deine Wege« ist poetisch-musikalische Seelsorge, weil es aus der Providenzlehre geschöpfte Trostgründe in belehrender, mahnender und tröstender Redeweise zueignet und in einer schönen Sprachform dem Einzelnen annehmbar macht. Es entfaltet seine seelsorgliche Wirkung, wenn man es laut vorliest oder – noch besser – wenn man es singt.

»Nicht so traurig, nicht so sehr«

Auch dieses Lied gehört zum Typus der Vertrauenslieder unter der Rubrik »Kreuz und Trost«. Ähnlich wie »Befiehl du deine Wege« ruft es dazu auf, sich in allem der Führung Gottes zu überlassen: »Nimm vorlieb mit deinem Gott! / Hast du Gott, so hats nicht not«.[68] Die letzte Strophe fasst die Lehre des ganzen Liedes in eine prägnante Mahnung (genus paideuticum), die mit einer Verheißung verbunden wird (genus consolatorium): »Führe deines Lebens Lauf / Allzeit Gottes eingedenk. / Wie es kommt, nimm alles auf / Als ein wohlbedacht Geschenk. / Geht dirs widrig, lass es gehn! / Gott und Himmel bleibt dir stehn« (Strophe 15). Das Lied ist angeregt durch 1 Tim 6,6-12: »Die Frömmigkeit aber ist ein großer Gewinn für den, der sich genügen lässt« (V. 6). Wie in dieser pastoralen Mahnrede spricht das Lied dem Einzelnen zu, der sich darüber betrübt, dass ihm nicht so viel Glück, Güter und Ehre zuteil wird wie anderen. Es richtet seinen Blick auf den »Himmel über dir« (Strophe 3,3) und die ewigen Güter, die unverlierbar sind: »Aber was die Seele nährt, / Gottes Huld und Christi Blut, / Wird von keiner Zeit verzehrt, / Ist und bleibt allzeit gut; / Erdengut zerfällt und bricht; / Seelengut das schwindet nicht« (Strophe 6).

68. CS 72,1,5-6.

Das Lied ist weniger kunstvoll gebaut als »Befiehl du deine Wege«. An seinem Versmaß (einem dreihebigen Trochäus) ist bemängelt worden, dass »die völlige Gleichheit der vier ersten Zeilen in Zahl und Wert der Silben ermüdend wirkt«.[69] Gleichwohl scheint es mir wegen seines seelsorglichen Zuspruchs hilfreich zu sein. Die zahlreichen Melodien, mit denen es in seiner Überlieferungsgeschichte verbunden wurde, deuten jedenfalls auf eine intensive Rezeption des Liedes in den Gemeinden hin.

»Geh aus, mein Herz, und suche Freud«

»Der Sommer-Gesang gehört zwar zu den beliebtesten Liedern Paul Gerhardts, aber er darf sich selten als ein Ganzes in 15 Strophen entfalten. Im kirchlichen Umfeld beschränkt man sich meist auf das gottesdienstlich für zumutbar gehaltene Maß (häufig sind das die Strophen 1-3 und 8), und die auch außerhalb der Kirche weithin anzutreffende Wertschätzung des Liedes gilt im Allgemeinen vor allem der ersten Texthälfte«.[70] Mit diesen Sätzen beginnt die Mainzer Hymnologin Christa Reich ihre Interpretation von »Geh aus, mein Herz«.[71] Sie weist sofort auf das Rezeptionsproblem, das gerade mit diesem Lied verbunden ist, das mit der Volksweise August Harders (vor 1813) volkstümlich wurde. Man kennt und singt meist nur die Strophen 1-8.

Mit dieser Teilrezeption verbindet sich ein Paul-Gerhardt-Bild, das dem Lieddichter gern »Sonnigkeit des Gemütes«[72] zuschreibt. Schon im 19. Jahrhundert wurde an Gerhardt die »Heiterkeit des Gemütes«[73] gerühmt. Im Blick auf das Gesamtwerk der Lieder lässt sich diese Einschätzung kaum aufrechterhalten; sie beruht vor allem auf dem Ein-

---

69. Palmer, 562.
70. Reich, 264.
71. Vgl. CS 40.
72. Smend 1925, 101.
73. Scherer, 340. Populäre Darstellungen des Lieddichters wie z.B. das mehrfach nachgedruckte Buch des badischen Pfarrers und Volksschriftstellers Karl Hesselbacher: Paul Gerhardt, der Sänger des fröhlichen Glaubens, Leipzig 1936, verbreiteten dieses Bild.

druck von Liedern wie »Geh aus, mein Herz« (EG 503), dem Morgenlied »Die güldne Sonne« (EG 449) und dem Abendlied »Nun ruhen alle Wälder« (EG 477). Die Wurzeln des Bildes vom ›sonnigen‹ und ›heiteren‹ Gerhardt dürften in der Romantik liegen.[74]

Das Lied »Geh aus, mein Herz, und suche Freud« will als Ganzes gewürdigt sein. Dazu betrachten wir wieder seine theologische Lehre sowie seine rhetorische und poetische Sprachgestalt und achten darauf, wie sich die erste Hälfte des Liedes zu der (oft vernachlässigten) zweiten Hälfte (Strophe 9-15) verhält.

Paul Gerhardt verfolgt in diesem Lied »wie auch in seinen anderen geistlichen Liedern ein theologisch-didaktisches Ziel: Das ist die Vermittlung und die Stärkung des Glaubens und der Heilsgewissheit«.[75] Hier ist es zunächst der Glaube an die Wirklichkeit Gottes als des Schöpfers. In den ersten sieben Strophen malt Gerhardt mit poetischen Mitteln ein Bild des Sommers. Es stellt die Schönheit der Schöpfung sinnfällig dar. Um den Glauben an den Schöpfer im Sinne von notitia (Kenntnisnahme) zu vermitteln und zu stärken, spricht der Dichter, wie in der Sprache der Psalmen üblich, das Herz an; er wendet sich an Affekte und Sinne (suche Freud, schau an, siehe). Die Lehre, dass es einen Schöpfer gibt, wird also nicht in Lehrsätzen formuliert, sondern das Herz soll die Gaben des Schöpfers »schauen«, um über ihnen den Geber als »seinen Gott« und sich selbst als beschenkt zu erfassen.

Die ganze Natur erscheint als schöner Garten. Bei der Beschreibung fließen antik-mittelalterliche (vom locus amoenus = reizend gelegenen Ort) und biblische Tradition zusammen. Seine Gesamtschau der Natur hat Gerhardt aus der biblischen Schöpfungsgeschichte (Gen 2) gewonnen. »Der Pflanzen, Tieren und Menschen gemeinsame fruchtbare Lebensraum ist von Anfang an Garten. Gott ist ein Gärtner«.[76] Die Schönheit

---

74. Vgl. seine Aufnahme in ›Des Knaben Wunderhorn‹ (1805ff.) mit den Strophen 1-6, 8, 9 und 11.
75. Reich, 264.
76. Ebd. 268.

des Natürlichen, die sich in der Beschreibung der Natur als Gottes Garten zeigt, weist aber über sich hinaus. Die vordergründigen Naturbilder (Strophe 2-7), angefangen mit dem Bild des Sommers, »sind beladen mit religiöser Symbolik und Emblematik ...«.[77] Sie sollen weiterleiten, nicht zur Freude am Sommer selbst, sondern zur Freude bzw. Vorfreude an »Christi Garten« (Strophe 10,2). Die entscheidende Wendung nimmt das Lied in Strophe 9: »Ach, denk ich, bist du hier so schön / Und lässt du uns so lieblich gehn / Auf dieser armen Erden, / Was will doch wohl nach dieser Welt / Dort, in dem festen Himmelszelt / Und güldnen Schlosse werden!« Die spannungsvolle Einheit von Hier und Dort kennzeichnet die Strophen 9-12; hinzu kommt die Spannung von Jetzt und Dann, Außen und Innen.

Jetzt wird deutlich, dass das mit Worten entworfene Bild des Sommers als Sinnbild, d. h. emblematisch zu verstehen ist. Es dient dem Erlernen einer Einsicht, die mittels einer Schlussfolgerung vom Kleineren zum Größeren gewonnen wird. »Gott gönnt uns in seiner providentia generalis den irdischen Garten – also gönnt er seinen Erwählten in seiner providentia peculiaris erst recht den himmlischen Garten«.[78] Das Lied verbindet also in seinen beiden Texthälften die Schöpfungslehre mit der Lehre von den letzten Dingen (De novissimis). Wiederum muss man sehen, dass Gerhardt auf der Linie biblischer Tradition denkt, wenn er das Bild des Sommers eschatologisch deutet: »An dem Feigenbaum lernt ein Gleichnis: Wenn sein Zweig jetzt saftig wird und Blätter gewinnt, so wisst ihr, dass der Sommer nah ist« (Mt 24,32). Auch das Kirchenlied vor Gerhardt hat das Bild des blühenden Sommers aufgenommen, um die zukünftige Vollendung zu besingen (z.B. Johann Walter in: »Herzlich tut mich erfreuen die liebe Sommerzeit«, EG 148). »So schaut das Herz mehr, als das Auge sieht. Alles Weltliche kann geistliche Bedeutung gewinnen, und das Geistliche kann in weltlichen Bildern den Sinnen zugänglich werden«.[79]

77. Ebd.
78. Grosse 2001, 202.
79. Reich, 268.

Die letzten drei Strophen (Strophen 13-15) malen einen inneren Garten und das Paradies. Gerhardt nimmt hier zentrale Worte reformatorischer Frömmigkeit (Geist, Gnade, Glauben, bleiben) auf und verbindet sie mit den Bildern aus der Gartenwelt des ersten Teils. Er zeigt, wie irdische Existenz, die von dem ›anderen Sommer‹ berührt wird, von innen her (Geist, Seele: Strophe 14,1; 13,5) zum schönen Garten wird. Sie ist ganz und gar Existenz in Beziehung: dir blühen, dir ein guter Baum werden (Strophe 13,3; 14,2) will der Singende. An dieser Stelle ist der Einfluss des Erbauungsschriftstellers Johann Arndt besonders deutlich, der immer wieder auf einen Psalmtext zurückgreift, dessen Bilder auch die letzten Strophen des Sommer-Gesangs aufnehmen:

»Der Gerechte wird grünen wie ein Palmbaum;
er wird wachsen wie eine Zeder auf dem Libanon.
Die gepflanzt sind im Hause des HERRN,
werden in den Vorhöfen unseres Gottes grünen.
Und wenn sie gleich alt werden,
werden sie dennoch blühen, fruchtbar und frisch sein«
(Ps 92,13-15).

Die letzten drei Strophen sind von Bitten bestimmt (hilf, segne, gib, mach ...). Hier führt das Lob Gottes ins Gebet, in die Bitte um »Segen, der vom Himmel fließt«. Solcher Segen ermöglicht, dass in meiner Seele »viel Glaubensfrüchte« wachsen. »Am Ende werde ich selber wieder ein Stück Schöpfung, ein ›guter Baum‹, eine ›schöne Blume‹ für Gott«.[80] So ist das »Paradeis« dem Menschen nicht ewig verloren; der schmerzliche Abstand zwischen irdischem Garten und Paradies, der jetzt noch besteht, wird überwunden.

Die Sprache des Liedes vermittelt »den Eindruck ständiger Bewegung«, ihr Klang vermittelt »den Eindruck von lebensvoller Fülle, Vielfalt und Schönheit«.[81] Gerhardt arbeitet mit Alliterationen, Assonanzen, Aufzählungen und variierten Wiederholungen und wendet überdies viel-

---

80. Möller, 271.
81. Reich, 266.

fältige rhetorische Mittel an wie z. B. Anrede, Beschreibung, Ich-Aussage, Ausruf, rhetorische Frage, lauter Sprechformen, die zur Beteiligung einladen. »Jede Strophe besteht aus zwei Versterzetten, von denen jeweils die ersten beiden (vierhebigen, auf betonte Silbe endenden) im Gleichmaß des jambischen Metrums klingen, während der dritte und sechste (dreihebige, weiblich endende) Vers im Schweifreim zur Ruhe finden«.[82]

$$u-u-u-u-\,(a)$$
$$u-u-u-u-\,(a)$$
$$u-u-u--\,(b)$$
$$u-u-u-u-\,(c)$$
$$u-u-u-u-\,(c)$$
$$u-u-u--\,(b)$$

Die poetischen Kunstregeln, denen die Sprache des geistlichen Liedes folgt, hat August Buchner so formuliert: »Ein Poet aber / wie wol er gleichfalls dahin zu sehen / dass seine Rede verständlich sey / so hat er doch über dieses sich zu bemühen / wie er schön / lieblich / und scheinbar mache / damit er das Gemüth des Lesers bewegen / und in demselben eine Lust und Verwunderung ob den Sachen / davon er handelt / erwecken möge / zu welchem Zweck er allzeit zielen muss«.[83]

Exkurs: Süßigkeit und Schönheit (dulcedo et beatitudo) sollen insbesondere die geistliche Poesie auszeichnen. Dies sind Qualitäten, die nicht nur poetologische, sondern zugleich auch theologische Bedeutung haben. Vieles in der Schöpfung Gottes nennt Paul Gerhardt süß und schön. »All diese Schönheit wird aber übertroffen von derjenigen Gottes und Jesu. Gott ist derjenige, der in der Schönheit der Schöpfung schön ist, wie es im Sommergesang heißt. Seine Schönheit ist an sich selbst also am größten, und sehr oft spricht Gerhardt von der Schönheit und Süßigkeit Gottes in Superlativen ...«:[84] »Gott ist das Größte, / Das Schöns-

---

82. Ebd.
83. Zit. nach Reich, 266.
84. Grosse 2001, 210.

te und Beste, Gott ist das Süßte, / Und Allergewisste, / Aus allen Schätzen der edelste Hort«.[85]

Das Schöne und Süße ist verwandt mit dem Lieblichen, das liebenswert ist und Liebe erregt. Das Heil, das Endziel menschlicher Existenz, ist darum süß, weil es die Vereinigung mit dem geliebten Gott ist. Wenn Paul Gerhardt in seinem Sommer-Gesang Gott als ›schön‹ und ›süß‹ anspricht, nimmt er die Sprache des Hohenliedes und der Mystik auf, die seit Bonaventura mit dulcedo das verzückte Überwältigtsein durch die göttliche Liebe bezeichnet. Die der Süßigkeit verwandte Lieblichkeit (suavitas) ist nach Ansicht der Kirchenväter eine hervorragende Qualität des Psalmengesangs.[86]

Kann schon das poetische Sprechen des Menschen zu Gott an der Schönheit und Süßigkeit Gottes und seines Sprechens teilhaben, so gilt das in ausgezeichneter Weise, wenn der Mensch die Schönheit und Süßigkeit Gottes rühmt. ›Gottes großes Tun‹ erwecke alle Sinne und bewege zum Singen, heißt es im Sommer-Gesang (Strophe 8). Dieser hat sein Ziel darin, zu nutzen und zu erfreuen (prodesse et delectare). Wird nun der Gläubige dadurch zum Singen bewegt, kann das Lob Gottes selber als schön und süß bezeichnet werden: »Du, meine Seele, singe, / Wohlauf, und singe schön / ... Ich will den Herren droben / Hier preisen auf der Erd«.[87]

Das Lied ist seit seinem Erscheinen mit ungezählten Melodien verbunden worden. Seine erste Melodie erhielt es 1666/67 von Johann Georg Ebeling.[88] Sie gehört zu einem vierstimmigen Satz mit zwei Singstimmen und zwei instrumentalen Oberstimmen und ist heute nicht mehr gebräuchlich. Im EKG ist zu »Geh aus, mein Herz« die Weise von »Heut singt die liebe Christenheit« (16. Jh.) abgedruckt. Dazu wird vorgeschlagen, die Strophen abwechselnd nach dieser Weise und der Volksweise von Harder zu singen. Das ist aber kaum je praktiziert worden. Eine

---

85. CS 37,10, 6-10 = EG 449,10.
86. Vgl. Heymel 1998, 291.
87. CS 108,1.
88. Vgl. Reich, 262.

tänzerisch-beschwingte Melodie von Michael Praetorius[89] wird gelegentlich von Chören gesungen.

Die heute so beliebte Melodie von Harder war ursprünglich für ein Frühlingslied bestimmt. Sie wurde dem Text von Gerhardt dadurch angepasst, dass sich die vierte Melodiezeile wiederholte. Dadurch wird die Strophenform aus der Balance geworfen. Mit ihrer fröhlichen Beschwingtheit passt die Melodie eher zur ersten Liedhälfte; der zweiten Hälfte erscheint sie wenig angemessen. Zudem wirkt sie durch ihre gleichbleibende Harmonisierung auf die Dauer ermüdend. Ich stimme daher Christa Reich zu, die zu dem Ergebnis kommt, dem Lied sei mit einer einzigen Melodie »offenbar nicht beizukommen, zu groß ist das Spannungsfeld, in dem es sich entfaltet: zwischen Volkslied und Spiritualität, zwischen Bewegung und Kontemplation, zwischen einer Lebensfreude, die eher zum Mitsingen einlädt, und einer Himmelssehnsucht, die eher den Bereich des sehr Persönlichen berührt«.[90]

Gerade in dieser Spannung liegt m. E. der Reiz des Liedes für die Seelsorge. »Paul Gerhardt hat es für seine Frau gedichtet, als sie eines ihrer Kinder verloren hatte. Sie sollte sich in ihrer Trauer an diesem Lied wieder aufrichten. […] Wenn man das weiß, liest man auch die ersten Zeilen dieses Liedes ganz anders: Geh aus dir heraus, mein Herz, und bleib nicht in deinem Kummer über dein verlorenes Kind stecken«.[91] Durch seine Verknüpfung von Lebensfreude und Himmelssehnsucht kann das Lied ein beschwertes Herz dazu bewegen, aus sich herauszugehen. Es kann Sehnsucht wecken nach jenem ›anderen Garten‹, der nicht von Stimmen der Tiere und Menschen, sondern von ganz anderen Stimmen erfüllt ist (vgl. Strophe 10, 4-6). Das Singen selbst verbindet den »schönen Garten« hier mit »Christi Garten«, es lässt göttliche Wirklichkeit vorwegnehmend aufklingen.[92]

---

89. Im vierstimmigen Satz aus dessen ›Musae Sioniae‹, Teil VII, 1609; dort zu einem anderen Text.
90. Reich, 274; Hervorh. von M. H.
91. Möller, 267.
92. Vgl. Reich, 270.

Lieder, die den Horizont des leidenden Menschen weiten

Was ist es, das die Lieder von Paul Gerhardt für die Seelsorge auszeichnet?

Sie vermögen zu trösten! Das ist das Erste. Der Trost, den sie vermitteln, beschränkt sich nicht auf gefühlsmäßige Besänftigung. Er verändert nicht nur die Stimmung, sondern die Lebenssituation des Menschen im umfassenden Sinn: seine Situation vor Gott, das Grundverhältnis zum Leben, zu anderen Menschen und zu sich selbst. Dieser Trost wirkt nur in Beziehung zu einem göttlichen Du, »im Wechselspiel von Gottes Gnade und menschlichem Vertrauen.« Er schließt »die menschliche Eigenständigkeit im Sinn autonomer Selbstverwirklichung und Problemlösungen [aus]«.[93] Damit wird die Handlungsfähigkeit des Menschen zwar relativiert. Der Trost, der in der göttlichen Providenz gründet, kann ihn aber auch ganz neu zum Handeln befähigen! Solcher Trost bewährt sich gerade in ausweglosen Lebenssituationen oder Grenzsituationen. Denken wir an Bonhoeffer in seiner Gefängniszelle und an die Sterbevorbereitung von Anna Maria und Paul Gerhardt!

Zweitens: Die Lieder sind Ausdruck einer Frömmigkeit, die geübt sein will durch das geistliche Singen.[94] Paul Gerhardts Lieder wirken auf ein trostbedürftiges Gemüt am tiefsten, wenn sie ›andächtig‹ gesungen (oder wenigstens laut gelesen) werden, denn in der Andacht wird der ichbezogene affektgeladene Gehalt der Lehre angeeignet. Überlass es Gott, dein Leben zu führen! Geh aus dir heraus, mein Herz, und freue dich an der Schönheit der Schöpfung, in der dir Gott selber begegnet und die noch größere Schönheit der Ewigkeit aufleuchtet! Durch den Gesang, so hat es Johann Crüger gesehen, wird »die seligmachende Lehr gleichsam eingeflösset / und so starck in das hertz gebildet / dass es so leichtlich nicht darauß zu bringen ...«.[95] Solches Singen vergegenwärtigt göttliche Wirklichkeit, während eine rein verbale, auf das gespro-

---

93. Sauer-Geppert 1976, 62.
94. Vgl. Bunners 1980.
95. Vorrede zur Frankfurter ›Praxis pietatis melica‹ von 1666, zit. nach Grosse 2001, 236.

chene Wort setzende Seelsorge nur auf sie hindeuten kann oder von ihr schweigen muss.

Und drittens: »Die meisten Gerhardt-Lieder schließen mit Ausblicken auf die ewige Welt«.[96] Die Ewigkeit, auf die die Sinnbilder der »lieben Sommerzeit« und des Gartens verweisen, ist vor allem durch Schönheit und Lobgesang gekennzeichnet. Zu Gerhardts Zeit »wurde die ewige göttliche Welt als eine singende und klingende vorgestellt«.[97] Die Glaubenden singen sich gleichsam ein auf ihre Zukunft, sie üben im Voraus das Lobsingen in der Ewigkeit. Gerhardts Lieder stimmen schon durch ihre musikalisierte, gesangliche Sprache darauf ein. Sie weiten meinen Horizont, indem sie mich über das, was ich jetzt höre und sehe, hinausführen: in einen Himmel, der Inbegriff von Kommunikation ist, erfüllt von unerhörtem Singen und Klingen.

---

96. Bunners 2004, 61.
97. Ebd.

Lebensthemen in den Liedern Paul Gerhardts

Das Leben ist oft schwer: Krieg, Gewalt und Feinde

Jeder Mensch hat irgendwelche Schwierigkeiten. Nur ein Idiot hat keine Probleme. Jeder muss sich mit Hindernissen oder widerwärtigen Lebenssituationen auseinander setzen, jeder muss irgendwann Belastungen ertragen, die er sich nicht ausgesucht hat. In einer Familie und zwischen Ehepartnern gibt es Probleme, die das Zusammenleben schwer belasten können. Es kann schwer sein, mit einem Nachbarn oder einem Arbeitskollegen zurechtzukommen, wenn immer wieder Reibereien oder Streit entstehen. Es kann schwer sein, mit einer bedrückenden Lebenslage – z. B. Krankheit, Verlust eines nahe stehenden Menschen oder Arbeitslosigkeit – fertig zu werden.

Was jeweils als eine das Leben erschwerende Not empfunden wird, hängt allerdings von den äußeren Umständen, kulturellen und sozialen Bedingungen, der Mentalität der Menschen und dem, was sie als normal ansehen, ab. Die meisten Menschen bei uns in Deutschland leben auf einem Niveau, auf dem die Grundversorgung der täglichen Lebensbedürfnisse gesichert ist. Wir stöhnen zwar über steigende Benzinpreise oder über den Autobahnstau während der Urlaubsreise. Aber dies sind keine die Existenz gefährdenden Schwierigkeiten. Wir erleben wirtschaftlichen Erfolg oder Misserfolg als Schicksal, wir sorgen uns – angesichts der Bevölkerungsentwicklung mit Recht – darum, ob unsere Rente reichen wird. Wir haben im täglichen Leben mit vielerlei Problemen zu tun. Doch im

Vergleich mit anderen Ländern der Erde haben diese Probleme ein anderes Gewicht.

Während Mitteleuropa seit 60 Jahren keinen Krieg mehr erlebt hat, sind andere Regionen der Erde von Kriegen, Hungersnöten, Epidemien, Naturkatastrophen, Gewalt und Chaos betroffen. Solche Ereignisse können jäh in eine friedliche Welt einbrechen und rasch wieder vergehen oder sie lange Zeit in Atem halten. Manchmal sehen wir mit Erstaunen, dass Menschen in den armen Ländern glücklich und zufrieden erscheinen, obwohl sie für uns schwer erträglichen Härten ausgesetzt sind und ihr Leben nur mit großen Mühen meistern können. Vielleicht hat diese Zufriedenheit inmitten und trotz erbarmungswürdiger Verhältnisse auch etwas mit frommer Leidensfähigkeit zu tun.

Paul Gerhardt lebte in einer Zeit, die von Krieg und Gewalt gezeichnet war. Die meisten Menschen lebten in Armut und waren in einem uns kaum vorstellbaren Maß von Hunger, Krankheit und frühem Tod bedroht. Der große Umbruch der Reformation lag gerade erst drei Generationen zurück. Zum Elend und zu den religiösen und politischen Erschütterungen jener Zeit kam noch die Abhängigkeit von Witterung und Naturgewalten: das Klima im 17. Jahrhundert war schlecht, man hatte viel Kälte und Dunkelheit zu ertragen.[98]

Es überrascht daher nicht, dass in Gerhardts Liedern häufig von Mühe und Not, Kummer und Sorgen, Angst und Verfolgung, Hass und Neid die Rede ist. Solche Stichworte verweisen auf Jammer, Elend und Bosheit, auf vielfache leidvolle Erfahrung: Das Leben ist oft schwer. Der Themenkreis kommt nur in wenigen Liedern des EG vor.[99] Bei Paul Gerhardt hat er dagegen, bedingt durch die Erfahrungen in der Zeit des 30-jährigen Krieges, weit größeres Gewicht. Die Städte, in denen er wirkte, wurden weithin zerstört und niedergebrannt, ein Großteil ihrer Einwohner wurde getötet, ihr Wohlstand vernichtet. Alle Schrecken und alles Leid des Krieges hat er als Augenzeuge miterlebt.

---

98. Vgl. Lehmann, in: LebensArt, 27.
99. In der Hauptsache EG 351, 371 und 529.

Wie konnte der Lieddichter gerade in einer solchen Zeit zu einem großen Tröster werden, der Worte fand, die viele Menschen in schwierigen Lebenslagen gesungen und gebetet haben? Es waren sein Glaube und seine theologische Grundhaltung, die ihn dazu befähigten. Das ist aus der modernen Perspektive von heute nicht leicht zu verstehen. Denn nach einer Grundüberzeugung der Moderne hat jeder Mensch ein Recht auf Glück. Mit diesem seit der Aufklärung erhobenen Anspruch verbindet sich das Gefühl, unter allen Umständen glücklich sein (oder werden) zu müssen. Für den Philosophen Pascal Bruckner zeigt sich darin der »Fluch der Moderne«:[100] dieses Glücksideal sei nur von Titanen zu verwirklichen, kein Mensch könne ihm genügen. Gerade dann, wenn Menschen Leere empfinden, deprimiert sind, unabänderliches Leiden erfahren, stoßen sie an ihre irdischen Grenzen. Es kennzeichnet ihre Menschlichkeit, dass sie von Unglück, Schmerz und Leid betroffen und herausgefordert werden, solche Widerfahrnisse zu bewältigen.

Paul Gerhardt tritt dem aufgeklärten Anspruch auf allgemeines Menschenglück entgegen, indem er erklärt, kein Mensch könne vor Gott in dieser Welt Glück einfordern: »Du noch einzig Menschenkind / Habt ein Recht in dieser Welt«.[101] Die Begründung dafür folgt aus der Einsicht in unsere Kreatürlichkeit. »Alle, die geschaffen sind, / Sind nur Gäst im fremden Zelt; / Gott ist Herr in seinem Haus, / Wie er will, so teilt er aus«.[102] Ähnlich wird in einem anderen Lied argumentiert: »Du bist ein Mensch, das weißt du wohl, / Was strebst du denn nach Dingen, / Die Gott, der Höchst, alleine soll / Und kann zu Werke bringen?«[103]

So kann Gerhardt sich inmitten von Kriegsnot und Leid vertrauensvoll zu Gott wenden und seine Hilfe erwarten.[104] Ja, im Vertrauen auf Gottes Vatergüte kann er sich sogar ins Leiden schicken: »Willst du mir geben Sonnenschein, / So nehm ichs an mit Freuden, / Solls aber Kreuz und

---

100. Pascal Bruckner, Verdammt zum Glück. Der Fluch der Moderne, Berlin 2001.
101. CS 72,2.
102. Ebd.
103. CS 75,1.
104. CS 71,5-7.

Unglück sein, / Will ichs geduldig leiden«.[105] Dabei hilft ihm der Glaube, dass Gottes Herz jederzeit das Beste eines Menschen will und kein Leiden ewig währt. Die Aussicht auf die Freude des Himmels verleiht dem Gläubigen Kraft, hier auf Erden das Schwere zu ertragen. »Hie ist nur Qual und Pein, / Dort, dort wird Freude sein! / Dahin, wenn es dein Wille, / Ich fröhlich, sanft und stille / Aus diesen Jammerjahren / Zur Ruhe will abfahren«.[106]

Ein besonders bewegendes Beispiel, wie beredt der Lieddichter der Sehnsucht nach Frieden vor Gott Ausdruck gibt, findet sich in dem Pfingstlied »Zeuch ein zu deinen Toren«.[107] Darin wird nicht nur die Not des Krieges anschaulich beschrieben. Man erkennt auch, dass für Gerhardt die innere Läuterung des Menschen durch echte Sündenerkenntnis und Buße und die Erneuerung der äußeren ›Wohlfahrt‹ der Christengemeinde (›Herde‹) in dieser Reihenfolge zusammengehören:

»Ach, edle Friedensquelle,
Schleuß deinen Abgrund auf
Und gib dem Frieden schnelle
Hier wieder seinen Lauf.
Halt ein die große Flut,
Die Flut, die eingerissen
So, dass man siehet fließen,
Wie Wasser, Menschenblut.

Lass deinen Volk erkennen
Die Vielheit seiner Sünd,
Auch Gottes Grimm so brennen,
Dass er bei uns entzünd
Den ernsten bittern Schmerz
Und Buße, die bereuet,

---

105. CS 73,11.
106. CS 114,16.
107. CS 29 = EG 133; urspr. Zeuch ein zu meinen Toren (Rödding, 103).

Des sich zuerst gefreuet
Ein weltergebnes Herz.

Auf Buße folgt der Gnaden,
Auf Reu der Freuden Blick,
Sich bessern heilt den Schaden,
Fromm werden bringet Glück.
Herr, tus zu deiner Ehr,
Erweiche Stahl und Steine,
Auf dass das Herze weine,
Das böse sich bekehr.

Erhebe dich und steure
Dem Herzeleid auf Erd,
Bring wieder und erneure
Die Wohlfahrt deiner Herd!
Lass blühen wie zuvorn
Die Länder, so verheeret,
Die Kirchen, so zerstöret
Durch Krieg und Feuerszorn«.[108]

Bezeichnenderweise hat man nur die letzte der zitierten Strophen ins EG übernommen, die Bitte um Sündenerkenntnis und Buße jedoch ausgelassen, so als ob es eine Erneuerung des Volkes zum Frieden ohne Reue und Umkehr geben könnte. Paul Gerhardt weiß es besser: es kann nur dann wirklich besser werden, wenn Gott die verhärteten Menschen erweicht, »auf dass das Herze weine, / Das böse sich bekehr«.

In Zeiten allgemeinen Unglücks wird das Lumpenpack nach oben gespült, die Bosheit erscheint in Rotten übermächtig (Während ich dies schreibe, Anfang September 2005, denke ich an die Nachrichten aus der überfluteten Stadt New Orleans in den USA, wo Zehntausende obdachlos geworden sind. Dort treiben bewaffnete Banden ihr Unwesen. Sie plündern, vergewaltigen, morden ...). In solcher Bosheit, in Listen und

---

108. CS 29,9-12.

Lügen, in Hass, Neid und Zerstörung ist der Teufel am Werk, zugleich aber auch die Menschen, die sich der Sünde hingeben. Gerhardt weiß, wie Satan die Menschen verführt. An Jesus gewandt, sagt er in einem Lied:

»Nun weißt du meine Plagen
Und Satans, meines Feindes, List.
Wenn meinen Geist zu nagen,
Er emsig und bemühet ist,
Da hat er tausend Künste,
Von dir mich abzuziehn:
Bald treibt er mir die Dünste
Des Zweifels in den Sinn,
Bald nimmt er mir dein Meinen
Und Wollen aus der Acht
Und lehrt mich ganz verneinen,
Was du doch fest gemacht«.[109]

Aufgrund seiner theologischen Grundhaltung vermag Paul Gerhardt die Bosheit der Welt realistisch zu sehen, ohne dass er sich von ihr beeindrucken lässt. Ein frommer Christ soll sich vom Bösen nicht einschüchtern lassen und das gottlose Reden nicht ernst nehmen. Denn wer Gott zum Freund hat, braucht keinen Feind zu fürchten:

»Nimm nicht zu Herzen, was die Rotten
Deiner Feinde von dir dichten,
Lass sie nur immer weidlich spotten,
Gott wirds hören und recht richten.
Ist Gott dein Freund
Und deiner Sachen,
Was kann dein Feind,
Der Mensch, groß machen!
Gib dich zufrieden!

---

[109]. CS 34,2.

Hat er doch selbst auch wohl das Seine,
Wenn ers sehen könnt und wollte.
Wo ist ein Glück so klar und reine,
Dem nicht etwas fehlen sollte?
Wo ist ein Haus,
Das könnte sagen:
Ich weiß durchaus
Von keinen Plagen?
Gib dich zufrieden!

Es kann und mag nicht anders werden,
Alle Menschen müssen leiden;
Was webt und lebet auf der Erden,
Kann das Unglück nicht vermeiden.
Des Kreuzes Stab
Schlägt unsre Lenden
Bis in das Grab
Da wird sichs enden.
Gib dich zufrieden«.[110]

Hier zeigt sich, welche befreiende und tröstende Kraft daraus erwächst, dass Gerhardt nicht dem Menschen das übermenschliche Gesetz auflädt, koste es, was es wolle, glücklich zu sein und dafür die Bedingungen auf Erden zu schaffen. Er rechnet vielmehr damit, dass alle Menschen leiden müssen. »Was webt und lebet auf der Erden, / Kann das Unglück nicht vermeiden«. Das ist kein Masochismus, kein selbstquälerisch ins Leiden verliebtes Denken, sondern nüchterne Einsicht in die Wirklichkeit. Kreuz und Leiden gehören aus christlicher Glaubensperspektive zum Menschsein; es geht darum, sie zu tragen, nicht sie zu vermeiden oder abzuschaffen.

Befreiend ist diese Sicht, weil nun das Glück nicht mehr als Lebensziel angestrebt werden muss. Wenn es sich fügt, kann es empfangen werden. Glücklich sein kann am ehesten, wer sich keine Sorgen mehr macht, ob

110. CS 94,11-13.

er nun glücklich ist oder nicht. (Darin berührt sich Paul Gerhardt mit dem Philosophen Pascal Bruckner, der vorschlägt, Momente des Glücks einfach als solche hinzunehmen, ohne sie festhalten zu wollen. Im Unterschied zu dem frommen Dichter weiß der Philosoph aber nicht, was das Ziel des Lebens ist.)

Freilich muss jeweils gefragt werden: Wie lässt sich das Leid lindern? Welches Leid ist unabänderlich, welches kann man überwinden? Für leidende Menschen stellt sich vor allem die Frage nach dem Sinn des Leidens. Der Lieddichter folgt hier der lutherisch-orthodoxen Lehre, wenn er antwortet, das Leid der Menschen sei generell durch Adams Fall verursacht. Alle Warum-Fragen führen letztlich darauf zurück. Umso wichtiger wird die Frage nach dem Wozu des Leidens. Christen dürfen zwar versuchen, sich selbst zu helfen. Doch im Bewusstsein, dass sie ohne Gott nichts Gutes vermögen, sollen sie kein Mittel zur Selbsthilfe ohne das Gebet anwenden.

Paul Gerhardts Weltsicht ist von der Sündenerkenntnis bestimmt und darin derjenigen Luthers verwandt: Die Menschen im Allgemeinen sind falsch, die Welt ist »schnöde« und schlecht, überall lauert der Teufel als der große böse Feind.[111] Fromme Christen wollen aus diesem Jammertal möglichst bald erlöst werden. Es fordert Gottes Zorn heraus, dass die Menschen in Sünde leben. Daher ist Gott als ein gütiger und strenger Vater gezwungen, sie zu strafen.

Dieser Weltsicht korrespondiert bei Gerhardt die Aussicht auf die Erlösung: Gott hat versprochen, die Menschen zu retten, und Jesus hat dieses Versprechen durch seinen Tod am Kreuz besiegelt. Jesus ist der Sieger über den Tod und der Erlöser.

In dem Lied »Ich bin ein Gast auf Erden«[112] spricht der Dichter, belehrt von biblischer Weisheit (vgl. Ps 90,5-12; Pred 1,3; 2,23) und eigener Erfahrung, über das menschliche Leben in einer Weise, wie sie wohl eher

---

111. Vgl. Lehmann, a. a. O., 23ff.
112. CS 128 = EG 529.

älteren Menschen einleuchtet, die bereits einen langen Lebensweg hinter sich haben:

»Was ist mein ganzes Wesen
Von meiner Jugend an,
Als Müh und Not gewesen?
So lang ich denken kann,
Hab ich so manchen Morgen,
So manche liebe Nacht
Mit Kummer und mit Sorgen
Des Herzens zugebracht.

Mich hat auf meinen Wegen
Manch harter Sturm erschreckt.
Blitz, Donner, Wind und Regen
Hat mir manch Angst erweckt,
Verfolgung, Hass und Neiden,
Ob ichs gleich nicht verschuldt,
Hab ich doch müssen leiden
Und tragen mit Geduld«.[113]

Auch die Weltmüdigkeit der folgenden Strophen dürfte mehr dem Alter als der Jugend gemäß sein:

»Die Welt bin ich durchgangen,
Dass ichs fast müde bin.
Je länger ich hier walle,
Je wen'ger find ich Lust,
Die meinem Geist gefalle;
Das meist ist Stank und Wust.

Die Herberg ist zu böse,
Der Trübsal ist zu viel:

---

113. CS 128,2-3.

Ach komm, mein Gott, und löse
Mein Herz, wann dein Herz will;
Komm, mach ein seligs Ende
An meiner Wanderschaft,
Und was mich kränkt, das wende
Durch deinen Arm und Kraft«.[114]

Aber diese Sicht des Lebens führt nicht etwa in pessimistische Absage an das Leben hinein. Sie ruht vielmehr in dem Glauben, der sich am Anfang und am Ende des Liedes ausspricht: dass wir nur Gäste auf Erden sind, die ihr Vaterland im Himmel haben (vgl. Strophe 1) und unterwegs sind zum »Haus der ewigen Wonne« (Strophe 13).

Es ist diese Ausrichtung auf die Ewigkeit,[115] die es Paul Gerhardt ermöglicht, die Gräuel des Krieges wahrzunehmen, ohne an der Bosheit der Menschen zu verzweifeln. Durch Jesus Christus weiß sich der Gläubige untrennbar mit Gott verbunden und allen weltlichen und überweltlichen Mächten, allen erdenklichen Gefahren enthoben:

»Nichts, nichts kann mich verdammen,
Nichts nimmet mir mein Herz,
Die Höll und ihre Flammen,
Die sind mir nur ein Scherz.
Kein Urteil mich erschrecket,
Kein Unheil mich betrübt,
Weil mich mit Flügeln decket
Mein Heiland, der mich liebt.

Die Welt, die mag zerbrechen,
Du stehst mir ewiglich,
Kein Brennen, Hauen, Stechen
Soll trennen mich und dich,
Kein Hunger und kein Dürsten,

---

114. CS 128,10-11.
115. Vgl. dazu auch unten: Das Beste kommt noch. Ewiges Leben.

Kein Armut, keine Pein,
Kein Zorn der großen Fürsten
Soll mir ein Hindrung sein.

Kein Engel, keine Freuden,
Kein Thron, kein Herrlichkeit,
Kein Lieben und kein Leiden,
Kein Angst und Fährlichkeit,
Was man nur kann erdenken,
Es sei klein oder groß,
Der keines soll mich lenken
Aus deinem Arm und Schoß«.[116]

So sieht Paul Gerhardt das Elend seiner Zeit – und über dieses Elend hinaus. Er nimmt wahr, was das Leben oft schwer macht, und lässt sich davon doch nicht niederdrücken. Krieg, Gewalt und Feinde sind bedrängende Realität, Symptome für die Welt-Macht der Sünde. Man kann sie nur in dem Glauben ertragen, dass sie im Letzten überwunden werden. Der ›Heldenmut‹ eines Christen (ein, zugegeben, erläuterungsbedürftiges und kritisch zu gebrauchendes Wort) entspringt der Zugehörigkeit zu Christus. Er zeigt sich darin, dass einen nichts auf der Welt – auch nicht der »Zorn der großen Fürsten« – aus dieser Liebesbeziehung herausreißen kann.

Wie und wo man das Unrecht bekämpfen und das Leid unter Krieg und Gewalt lindern kann, sagt der Lieddichter nicht. Aber er eröffnet allen, die unter der Schwere des Lebens leiden, eine tröstliche Hoffnung.

Anregungen zum Gespräch:

- Paul Gerhardt hat zu einer Zeit gelebt und gewirkt, in der größeres Elend herrschte, als wir es gegenwärtig in unserem Land kennen. Was können uns seine Lieder über das Leben heute lehren?

116. CS 82,6.13-14.

- Welcher modernen Denkweise widerspricht seine Sicht des menschlichen Lebens von Grund auf? Worin besteht Ihrer Meinung nach der Hauptkonflikt?
- Der Lieddichter sagt, am Elend der Welt sei der Teufel schuld, aber auch die Menschen, die sich der Sünde hingeben. Welche Konsequenzen sind daraus zu ziehen?
- Helfen uns Gerhardts Lieder, mit Unglück und Leiden besser zurechtzukommen? Wenn ja, in welcher Hinsicht?
- Für wen sind diese Lieder in Zeiten von Krieg und Gewalt ein Trost?
- Auf welche Fragen geben sie keine Antwort?

Es gibt viel Grund zur Freude: Freude, Natur und Vertrauen

Gott ist des Menschen bester Freund – ein Gedanke, der bei Gerhardt immer wiederkehrt. In seiner väterlichen Güte und Treue schenkt Gott dem Menschen vielfachen Grund zur Freude. Es kommt also darauf an, zu erkennen, wie er zu uns steht, und Gründe zu finden, weshalb Gott zu loben ist. Wahre, tiefe Freude erwächst daraus, dass ein Mensch im Herzen glaubt und mit allen Sinnen gewahr wird, wie gut Gott es mit ihm meint: »Sollt ich meinem Gott nicht singen / Sollt ich ihm nicht dankbar [urspr.: fröhlich] sein? / Denn ich seh in allen Dingen / Wie so gut er's mit mir mein«.[117]

Wir neigen dazu, ausgiebig zu bedenken, wie schlecht es uns geht. Im Kummer kreisen die sorgenvollen Gedanken unaufhörlich um uns selbst: wir zählen die Gründe auf, warum wir so bekümmert und übel dran sind, dass Kummer und Sorgen dadurch immer größeres Gewicht erhalten.

Als biblisch gegründeter Seelsorger kennt Gerhardt die Seele des Menschen und ihren Hang zu endlos klagenden Selbstgesprächen. Die Kla-

---

117. CS 99,1.

gelieder sind schon in der Bibel ausführlicher als die Loblieder. So verschließt sich die »arme Seele« aber nur immer fester in ihrem Kummer wie in einer Höhle.[118] Aus einer solchen Haltung – der Lieddichter umschreibt sie mit ›Sorgen‹ und ›Grämen‹ – kann keine Freude kommen. Herz und Seele versinken dabei in immer tiefere Traurigkeit. Deshalb liegt alles daran, aufwärts zu sehen. Statt sich in ihrem Kummer zu verkriechen, soll die Seele sich aufschwingen zu Gott.[119]

An seinen Taten wird Gott selbst erkennbar. Mit der Fülle seiner Wohltaten hat er »sein Gemüte / Und unerschöpfte Güte / Mir klar gezeiget an«.[120] Am Anfang und am Ende des Tages kann der Gläubige sich dies bewusst machen, indem er singend Gott lobt. Paul Gerhardts Morgen- und Abendlieder, allgemein seine Loblieder, laden dazu in unterschiedlichen Lebenslagen ein. In vielen Dank- und Lobliedern fordert der Sänger sich selbst oder die Gemeinde direkt zum Lobpreis auf: »Du meine Seele, singe / Wohlauf und singe schön / Dem, welchem alle Dinge / Zu Dienst und Willen stehn«.[121] Oder: »Lobet den Herren / Alle, die ihn fürchten! / Lasst uns mit Freuden seinem Namen singen / Und Preis und Dank zu seinem Altar bringen!«.[122]

In diesem Morgenlied verbindet sich Freude damit, dass wir dem Namen Gottes singen und ihn für das loben, was er uns gegeben und zugute getan hat:

»Der unser Leben,
Das er uns gegeben,
In dieser Nacht so väterlich bedecket
Und aus dem Schlaf uns fröhlich auferwecket.
Lobet den Herren!

---

118. Vgl. CS 84,6; 81,1.
119. Vgl. CS 81.
120. CS 39,2.
121. CS 108,1.
122. CS 36,1.

Dass unsre Sinnen
Wir noch brauchen können
Und Händ und Füße, Zung und Lippen regen,
Das haben wir zu danken seinem Segen.
Lobet den Herren!«.[123]

Freude erwächst aus der Erkenntnis: das scheinbar Selbstverständliche versteht sich nicht von selbst. Dass unser Leben in der Nacht behütet wurde, dass wir aus dem Schlaf erwachen, unsere Sinne gebrauchen und unsere Glieder bewegen können, haben wir nicht unserer Geschicklichkeit und Tüchtigkeit zu verdanken. Es ist uns ›gegeben‹, im Erwachen und in der gesunden Lebendigkeit unseres Körpers wird uns Gottes Segen zuteil. In einem anderen Morgenlied ist es die Sonne, die mit ihrem Schein in unseren Umkreis ein »herzquickendes liebliches Licht« bringt. Beglänzt von der Sonne, werden wir angeregt, uns zu erheben, »munter und fröhlich« zu stehen und den Himmel mit unserem Gesicht zu schauen.[124] Fällt nicht jedem morgens das Aufstehen leichter, wenn der Tag mit Sonnenschein beginnt? Jeder Morgen ist eine neue Gelegenheit, den Himmel zu schauen, d.h. den Blick nach oben und in eine Weite zu richten, die meinen irdisch begrenzten Gesichtskreis zu erweitern:

»Mein Auge schauet,
Was Gott gebauet
Zu seinen Ehren
Und uns zu lehren,
Wie sein Vermögen sei mächtig und groß,
Und wo die Frommen
Dann sollen hinkommen,
Wenn sie mit Frieden
Von hinnen geschieden
Aus dieser Erden vergänglichem Schoß«.[125]

---

123. CS 36,2-3.
124. CS 37,1.
125. CS 37,2.

Der Aufblick weist über mich, über das Menschenmögliche hinaus – dorthin, wo die frommen Verstorbenen ›hinkommen‹. So macht das Schauen des Himmels am Morgen bereits aufmerksam auf die Zukunft bei Gott. Der sichtbare Himmel verweist darauf, dass mehr wirklich ist, als wir jetzt sehen. Wenn der Tag endet, kann alles zur Ruhe kommen. Am Abend kann sich das Herz zu Gott wenden, der Tag und Nacht geschaffen hat. Der Lobende denkt an das Gute, was ihm von Gott widerfährt: es ist viel mehr, als man zählen kann.

Freude stellt sich nicht ohne Weiteres ein; sie will gesucht werden. Dazu fordert Gerhardt das Herz in seinem wohl bekanntesten Lied auf: »Geh aus, mein Herz, und suche Freud / In dieser lieben Sommerzeit / An deines Gottes Gaben ...«[126] Wer sich dann umschaut, findet in der Natur viel Erfreuliches. Der Lieddichter sieht und beschreibt die Lebewesen als Kreaturen eines Schöpfers, der die Welt schön gemacht und ›ausgeschmückt‹ hat. Er sieht das Lebendige um sich herum nicht unter dem Gesichtspunkt der Nützlichkeit und Verfügbarkeit, sondern zweckfrei wie ein großes, vielgestaltiges Kunstwerk, das beim Betrachter Staunen hervorruft. Man kann es nicht wahrnehmen, ohne von ihm ergriffen und innerlich bewegt zu werden:

»Ich selbsten kann und mag nicht ruhn;
Des großen Gottes großes Tun
Erweckt mir alle Sinnen;
Ich singe mit, wenn alles singt,
Und lasse, was dem Höchsten klingt,
Aus meinem Herzen rinnen«.[127]

Die Welt als Schöpfung, in der sich Gottes großes Tun zeigt, erweckt alle Sinne zum Leben. Ihr Klang findet im Menschen solche Resonanz, dass er in ihren Gesang einstimmt. Ganz frei und von innen heraus fließt seine Antwort. Lobgesang kommt aus dem Bewegtsein durch Gottes Tun und dem Einstimmen in den Gesang alles Lebendigen. Die Größe Got-

---

126. CS 40,1.
127. CS 40,8.

tes kann niemals genug gelobt werden, und seine Schönheit kann man nur in immer neuen Variationen besingen.

Besonderen Grund zur Freude findet der Lieddichter in der Liebesbeziehung von Mann und Frau.[128] Mann und Frau, die einander in Treue verbunden sind, erfahren ein Glück, an dem sogar die Engel im Himmel sich freuen und das keine irdische Macht ihnen zerstören kann. »Kein Sturm / Kein Wurm / Kann zerschlagen, / Kann zernagen / Was Gott gibet / Dem Paar, das in ihm sich liebet«.[129] Ausführlicher als der Mann wird die Frau gelobt, weil sie ›gleich einem Reben‹ lebendige Früchte hervorbringt. Sie ist des »Mannes Sonne, / Hauses Wonne, / Ehrenkrone!«[130]

Im gesungenen Lobpreis findet der Gläubige nicht nur immer neuen Grund zur Freude, sondern er realisiert, wer eigentlich Grund und Quelle aller Freude ist:

»Wohlauf, mein Herze, sing und spring
Und habe guten Mut,
Dein Gott, der Ursprung aller Ding,
Ist selbst und bleibt dein Gut«.[131]

Die Gottesbeziehung wird im Singen wahrgenommen. Sie drückt sich in leibhaftiger Freude aus, die bei Gerhardt mehrfach mit dem sich reimenden Wortpaar ›Singen und Springen‹ sinnfällig dargestellt wird, besonders eindrücklich in dieser Schlussstrophe:

»Mein Herze geht in Springen (EG: Sprüngen)
Und kann nicht traurig sein,
Ist voller Freud und Singen,
Sieht lauter Sonnenschein.

---

128. Sein ›Trostgesang christlicher Eheleute‹ (CS 47) ist leider nicht mehr ins EG aufgenommen worden.
129. CS 47,2.
130. CS 47,4.
131. CS 101,13.

Die Sonne, die mir lachet,
Ist mein Herr Jesu Christ,
Das, was mich singen machet,
Ist, was im Himmel ist«.[132]

Die Freude eines Christen kommt nicht von dieser Welt. Sie gründet in der Liebe Gottes, die uns in Jesus Christus zugeeignet wird. Daher können wir die Welt in einem anderen Licht sehen. Paul Gerhardt weiß nur zu gut, wie leidvoll das Leben sein kann. Aber: »Mein Jesus und sein Leuchten / Durchsüßet alles Leid«.[133] Weil seine Freude in der Auferstehung Jesu Christi von den Toten gründet, kann ein Christ der Welt in innerer Unabhängigkeit und Freiheit begegnen. Was ihn auch immer in der Welt ängstigt und betrübt, was immer Glück oder Unglück verursacht, der Glaube macht ihn der Welt überlegen:

»Auf, auf, mein Herz, mit Freuden
Nimm wahr, was heut geschicht!
Wie kommt nach großem Leiden
Nun ein so großes Licht! [...]

Die Welt ist mir ein Lachen
Mit ihrem großen Zorn.
Sie zürnt und kann nichts machen,
All Arbeit ist verlorn.
Die Trübsal trübt mir nicht
Mein Herz und Angesicht,
Das Unglück ist mein Glück,
Die Nacht mein Sonnenblick«.[134]

Mit solchen Liedstrophen legt Gerhardt in poetischer Form aus, was im Neuen Testament von Jesus und vom Glauben an ihn bezeugt wird:

132. CS 82,15.
133. CS 82,10.
134. CS 26,1+6.

»Tod, wo ist dein Sieg? Hölle, wo ist dein Stachel? ... Gott aber sei Dank, der uns den Sieg gibt durch unsern Herrn Jesus Christus!« (1 Kor 15,55.57).
»Ich bin gewiss, dass weder Tod noch Leben, weder Engel noch Mächte noch Gewalten, weder Gegenwärtiges noch Zukünftiges, weder Hohes noch Tiefes noch eine andere Kreatur uns scheiden kann von der Liebe Gottes, die in Christus Jesus ist, unserm Herrn« (Röm 8,38-39).
»Unser Glaube ist der Sieg, der die Welt überwunden hat« (1 Joh 5,4).

Anregungen zum Gespräch:

- Paul Gerhardts Sicht des Lebens ist bestimmt von der Glaubensüberzeugung, dass Gott es gut mit uns meint und uns unaufhörlich Gutes tut.
Wieso fällt es uns oft schwer, diese Sicht zu teilen?
Versuchen Sie doch einmal nur für einen Tag oder für längere Zeit, in allen Dingen Fingerzeige der Güte zu sehen! Was ändert sich?
- Die Loblieder Paul Gerhardts öffnen uns die Sinne für alles Lebendige. Erzählen Sie von dem, woran Sie in der Natur Freude haben und was Sie dort zum Lobgesang bewegen kann!
- Wodurch können Mann und Frau einander Freude bereiten?
Was erfreut die Frau an ihrem Mann und den Mann an seiner Frau?
- Was erfüllt Ihr Herz mit anhaltender Freude?
- Für Paul Gerhardt ist die Quelle aller Freude in Jesus Christus zu finden.
Wo haben Sie schon etwas davon gespürt?
Wie kann Jesus auch für Sie Quelle der Freude sein, die die Traurigkeit vertreibt?

Ich schaue dorthin, wo Freude und Hilfe wohnen: Leiden und Trost

Leiden als Herausforderung des Glaubens

Die Erfahrung von Leiden erleben wir als die größte Herausforderung des Glaubens. Sei es bei uns selbst oder im Gespräch mit anderen Menschen, so gilt das Leiden uns heute als die entscheidende Infragestellung Gottes. Kann es Gott geben, wenn wir unheilbare Krankheiten, gewaltsame Überfälle oder Naturkatastrophen durchleiden oder im Fernsehen miterleben? Die Frage des Glaubens entscheidet sich weniger im Denken als vielmehr im Umgang mit dem Leiden.

Die Faszination der Paul-Gerhardt-Lieder liegt gerade auch darin, dass die Auseinandersetzung mit dem Leiden eine so große Rolle spielt, und dass darin auf einen Trost hingewirkt wird, der uns fasziniert in seiner Unmittelbarkeit, aber auch befremden oder befreien kann.

Wir gehen in unserem neuzeitlichen aufgeklärten Denken davon aus, dass jeder Mensch ein Recht auf Freiheit und Glück hat. Das ist politisch-gesellschaftlich gesehen auch ein sehr wichtiges Ziel. Wir sind als Gesellschaft verantwortlich, jeder und jedem einen weitgehenden Zugang zu Freiheit und Wohlergehen zu ermöglichen.
Problematisch wird es aber dann, wenn wir meinen, für uns selber ein dauerhaftes Glück beanspruchen zu können, dieses sich aber nicht erfüllt, sei es durch körperliche oder seelische Erkrankungen, durch zerfallende Familienstrukturen oder durch gewaltsame Zerstörungen über Mensch oder Natur.
Dann bewirkt dieses Erleben bei uns zweierlei Verunsicherungen:
a) Wie sollen wir mit dem Leben konkret weiter umgehen können?
b) Geht mir durch diese Erfahrung der Sinn verloren?
In der Sprache der Religion ist dies die »doppelte Anfechtung«. Der Glaube gerät durch die konkrete Ebene wie durch die geistliche Ebene ins Schwanken.

Wie geht Paul Gerhardt mit dieser Situation um?

Wir haben keinen Rechtsanspruch auf Glück

Zum einen ist schon die Grundeinstellung dem Glück gegenüber eine andere: Es gibt vor Gott keinen Rechtsanspruch auf Glück. »Du noch einzig Menschenkind (d. h. Weder du noch irgendein Mensch ... Anm. d. Verf.) habt ein Recht in dieser Welt; Alle, die geschaffen sind, sind nur Gäst im fremden Zelt.«[135] Mangel an weltlichem Glück ist also kein Grund, betrauert zu werden.[136] Auf was wir keinen Anspruch haben, können wir auch nicht als Verlust beklagen. Viel Anlass unseres Klagens heute gibt also unsere Vorstellung, es anders haben zu müssen, weil wir meinen, es verdient zu haben. Niemand von uns würde aber ernsthaft darüber sich beschweren, dass wir etwa keine Privatrakete zum Mond besitzen, weil wir auch nicht meinen, dass sie uns gehören müsse. Darüber erwarten wir also auch keinen Trost.

Unser Leiden entsteht vor allem dann, wenn wir unsere Situation als Unrecht uns gegenüber ansehen. Wir leiden an unseren Krankheiten vermehrt, wenn es kein Medikament dagegen gibt, weil wir davon ausgehen, das müsste es geben; wir leiden an zurückgehenden Löhnen, weil wir sehen, dass es anderen aber besser geht usw.

Wenn wir keinen Anspruch auf etwas sehen, leiden wir auch nicht so sehr an seinem Fehlen.

Aber natürlich gibt es auch dann noch genügend Anlass, zu leiden. Vor allem dann, wenn wir an der Situation nichts ändern können: Andere Menschen machen uns das Leben schwer, Krankheit verursacht Schmerzen und Behinderungen, Verluste lassen unser gewohntes Leben einstürzen usw.

Wie können wir solches Leiden begreifen? Was kann das für einen Sinn haben?

---

135. CS 72,2. Aus dem nicht ins EG aufgenommenen Lied »Nicht so traurig, nicht so sehr«.
136. Grosse, 117.

Das Verständnis des Leidens

Paul Gerhardt bietet in seinen Liedern ganz verschiedene Zugänge des Verständnisses an. Bezeichnend ist dabei, dass es weniger um die Frage nach dem Warum geht, als vielmehr um die Frage nach dem Wozu. Die Frage nach dem Warum ist recht schnell beantwortet: So ist das in der Welt; der Teufel, die Welt und ihre Rotten versuchen uns fertig zu machen. Sie können das nicht leiden, wenn wir uns im Glauben an Gott halten, und wollen uns das Leben schwer machen und davon abbringen. Es ist ihnen ein Dorn im Auge, dass wir zufrieden sind.

Es gibt in der Welt eben solche negativen Kräfte. Jede Zeit hat ihre eigenen »Teufel«: Mächte, Zeitgeisterscheinungen und Interessen, die keineswegs wollen, dass Gottes Wille sich in der Welt durchsetze, sondern eigene Interessen, Machtphantasien und Überzeugungen.

Solche Erfahrungen sind für Paul Gerhardt so offensichtlich und unabweisbar, dass er auch ganz selbstverständlich von der »Sünde« und Schuld der Menschen reden kann, die das (Zusammen-)Leben auf der Welt manchmal schwer erträglich macht.[137] Die Frage nach dem Warum des Leidens wird also mit dem Angriff des Teufels bzw. der Schuld der Menschen erklärt, die mit ihren Interessen gegen eine friedliche und von Gottes Willen geprägte Welt stehen.

Leiden ist also selbstverursacht (»selbst« nicht unbedingt im individuell-personalen Sinn, sondern als von den Menschen selbst), entweder direkt oder als Grund für ein strafendes, »züchtigendes« Eingreifen Gottes. Ein guter Vater kann nicht zusehen, wie seine Kinder ungehorsam und zerstörerisch handeln. Er muss irgendwann als liebender Vater auch streng durchgreifen und auf den rechten Weg zurückweisen. Es ist aber stets der liebende Vater, der darin handelt, auch im Zorn. Denn Gott hat ein Ziel mit uns vor Augen.

Darum widmet Paul Gerhardt seine Aufmerksamkeit vor allem der Frage nach dem Wozu. Denn darin liegt der Blick nach vorne und der Ansatz für einen sinnvollen Umgang mit dem Leiden in der Welt.

---

137. Davon war ja bereits auf den Seiten 45-56 die Rede, darum führe ich das hier nicht weiter aus.

Ein entscheidender Ansatz für die Antwort nach dem Wozu liegt in der Orientierungsfrage: **Wir sollen die Blickrichtung ändern.** Wird nicht in unserem Leiden deutlich, dass wir mal wieder viel zu sehr auf anderes als auf Gott geschaut hatten? Haben wir uns nicht gedankenlos auf das verlassen, was wir uns verschaffen können, was uns geschenkt ist – was uns aber niemals gehört? Haben wir uns eingerichtet, als seien wir endlos Besitzer der Welt, und haben vergessen, dass wir nur Gäste sind? Der Gedanke des kurzen Lebens als Gast auf Erden spielt bei Paul Gerhardt eine große Rolle. Kein Wunder – hatte er doch in den Jahren des 30-jährigen Krieges durch Gewalt, Hunger und Seuchen immer wieder sehr direkt vor Augen, wie kurz und unverlässlich das Leben sein kann! Es war eine Gegebenheit, schmerzvoll und erschreckend; und es half nichts, sich dagegen zu sträuben. Vielmehr danach auszuschauen, wo denn Verlässliches zu finden ist, wenn es offenbar nicht in Besitz und Leben liegt.

Darum ist das Leiden – so die zweite Antwort auf das Wozu – ein **Ruf zu Buße und Umkehr,** »Rückkehr« nennt es Paul Gerhardt. Denn wir werden zurückgerufen aus der Gottesferne in seine Nähe. Es gibt doch eine Gemeinschaft zwischen Gott und dem Menschen, »seinem Kind«, die unverbrüchlich steht. Im Leiden merken wir, dass wir uns davon gelöst hatten, an anderes, Unverlässliches gebunden hatten. Das Leiden macht uns deutlich, wie kurzlebig das war. Die Rückkehr zur Gotteskindschaft, zum Vertrauen auf einen liebenden Vater führt zur Verwandlung des Leidens in Freude. Oder, wie Paul Gerhardt sehr sinnlich sagen kann: zum »Durchsüßen« des Leidens durch den väterlichen Trost.

Natürlich verschwindet damit noch nicht das Leiden. Aber das Vertrauen lässt die Verwandlung erwarten.
Die dritte Antwort auf die Frage nach dem Wozu lautet darum: **Wir sollen Geduld lernen.** Wir können uns auf die Liebe des göttlichen Vaters verlassen. Aber es kann auch eine mehr oder weniger lange Zeit dauern, bis er das durch eine Verbesserung der Umstände wieder spürbar werden lässt. Glaube erfordert die Geduld, am Vertrauen festzuhalten, bis sich die Verheißungen erfüllen.

Es kann aber auch sein, dass das Leiden dauerhaft bleibt. Es gibt eben auch unheilbare Krankheiten, unwiederbringlichen Verlust. Die Blickrichtung ändern, heißt dann: auf Christus blicken, der auch Leid und Tod ertragen hat um Gottes und der Menschen willen.

Die vierte Antwort nach dem Wozu lautet also: **dem Vorbild Jesu entsprechend Leidensbereitschaft entwickeln.** In diesem Zusammenhang kann Paul Gerhardt sogar davon reden, »fröhlich« das Kreuz zu tragen. Das mag uns fremd sein. Es ist aber nicht in dem Sinn der begeisterten Märtyrerschaft gemeint, wie wir es von den frühen Christen in Verfolgungszeit kennen, sondern eine Fröhlichkeit, die in dem kindlichen Vertrauen gründet, dass nichts uns von Gott trennen kann – und dass wir dennoch und noch immer viel Grund zum Danken haben.

Womit kann man sich trösten?

Damit kommen wir auf die Frage, worin denn der Trost besteht, mit dem Paul Gerhardt dem Leiden entgegentritt.

Eine immer wiederkehrende Grundvoraussetzung ist die Überzeugung: Es besteht ja schon längst und bleibend eine (Seins-)Gemeinschaft mit Gott. Wir sind so selbstverständlich mit ihm als Vater verbunden, dass wir aus seiner Liebe gar nicht herausfallen können. Wir können uns immer wieder in seinen Schoß betten, wir können zu ihm vertrauensvoll rufen und bitten, wir können immer wieder zu ihm zurückkehren. Hier ist die unverbrüchliche Verlässlichkeit zu finden.

Woran wird mir das deutlich? Zum Beispiel im Betrachten der Natur. In unzähligen Liedern beschreibt Paul Gerhardt die Schönheit und weise Gestaltung der Natur, um damit dem Menschen vor Augen zu führen, in welch großartigem Schöpfungsgebilde wir eingebunden sind.

Auch der Lauf der Geschichte – diese Beschreibung der Heilsgeschichte verwendet ja auch das Alte und Neue Testament – ist ein Hinweis auf die unendliche Gestaltungs- und Verwandlungskraft Gottes. Schon immer hat sich Gottes Liebe durch und trotz der menschlichen Geschichte seinen Weg gebahnt.

Gerade dies führt zu einem praktischen Trost: dem Lobpreis Gottes. Über unzählige Generationen findet dieser Lobpreis Gottes statt. Wer schon einmal erlebt hat, wie wohltuend es ist, in einer tiefen Leidenssituation, die einen selbst sprachlos macht, im Hören und schließlich auch Mitbeten der Psalmen in Stundengebeten einstimmen zu können in jahrhundertealte Glaubens- und Lobesworte, der kann verstehen, dass gerade das Einstimmen in das Lob der Christen aller Jahrhunderte einen selbst zum neuen Loben erwecken kann.

Für Paul Gerhardt findet das Lob aber nicht nur im Raum der Kirche statt, sondern ebenso in der reichen Lebendigkeit der Natur, in der Lebensfreude der Tiere und der prächtigen Schönheit der Pflanze. Sie alle stimmen auf ihre Weise in das Lob Gottes mit ein.

Und auch die Engel gehören in dieses umfassende Geschehen des Lobpreisens Gottes – sie singen von Anbeginn und bis in Ewigkeit Gottes Lob – und wir dürfen einstimmen mit ihnen allen!

Darum spielt der Gesang bei Paul Gerhardt eine so große Rolle. Der Gesang ist selber schon Trost. Paul Gerhardts Lieder sind weithin Trostlieder, die einen hineinnehmen in das Vertrauen und das Loben und darum den Blick weiten vom persönlichen Leid in die große Gemeinschaft der Glaubenden, Leidenden und Lobenden.

Das Beste kommt noch: Ewiges Leben

»Was der Pfarrer zum Versöhnen gesagt hat, fand ich ja ganz gut. Aber was das mit der Auferstehung soll, weiß ich nicht. Da kann ich mir gar nichts drunter vorstellen!«, sagte meine Tochter nach dem Besuch eines Gottesdienstes.

So geht es wohl den meisten Menschen heute. Die Aussagen des christlichen Glaubens zu Nächstenliebe und einem werteorientierten Zusammenleben erscheinen (wieder zunehmend) sinnvoll, aber die Aussagen zu einem ewigen Leben sind weitgehend verdrängt worden von den Modellen des Naturkreislaufs, der Wiedergeburt oder des selbstverständlichen Nichts.

Umso größer ist die Erwartung an das Gelingen des persönlichen Lebens geworden.[138] Wir müssen es schaffen, das Mögliche aus unserem Leben herauszuholen, denn die Zeit ist kurz, und es gibt viel zu verpassen. Wer nicht mithalten kann, ist ein Looser.
Es ist das Kennzeichen einer Zeit, die davon überzeugt ist, alles erkennen, nutzbar machen und sich besorgen zu können.

Umso verzweifelter ist die Lage für denjenigen, der in diesem Rennen um das Verschaffbare nicht mithalten kann. Wer unheilbar erkrankt, am Zerbrechen der Liebe scheitert und aus der Arbeitswelt hinauskatapultiert wird, der steht hoffnungslos vor einer schwarzen Zukunftswand. Bei meiner Arbeit im Altenheim begegnet mir immer wieder der Satz: »Das Leben ist nicht schön. Ich möchte nur noch tot sein!« Das Leben ist nur schön für den, der jung und gesund und solvent ist.

Kann die Ewigkeitshoffnung Paul Gerhardts uns einen neuen Blickwinkel eröffnen?

Sicherlich war der Glaube an ein ewiges Leben zu seiner Zeit konsensfähiger in der Gesellschaft als heute. Die Herausforderung des Glaubens durch ein schweres und gefährdetes Leben war allerdings weit größer. Das Leben war von klein auf großen Gefahren ausgesetzt, der frühe Tod war ein Teil der Existenznot jeder Hausgemeinschaft. Was lässt sich den Einbrüchen des Lebensweges als Trost gegenüberstellen?

Wie wir sahen, weist Paul Gerhardt einerseits immer wieder auf das Erleben der schönen Natur, auf die große Gabe alles Geschaffenen hin. Wir sollen die Freude, die uns geschenkt wird, genießen.
Zugleich aber ist gerade das, was uns hier so sehr erfreut, ein Hinweis auf Gottes große, umfassende Güte – und ein zartes Abbild der Ewigkeit, also des Lebens bei Gott, befreit von der Vergänglichkeit:

> Ach, denk ich, bist du hier so schön
> Und lässt du's uns so lieblich gehen

---

138. S. dazu auch S. 45-56.

Auf dieser armen Erden,
Was will doch wohl nach dieser Welt
Dort in dem festen Himmelszelt
Und güldnen Schlosse werden![139]

Vier Aspekte drücken sich alleine in dieser Liedstrophe schon sehr schön aus:
1. Das Erleben der Schönheit dieser Welt ist nicht ein Wert in sich, sondern ein Hinweis auf das größere Ganze, in dem unser Leben aufgehoben und sinnvoll gedacht ist.
2. Die Schönheit der Welt ist zugleich Gottes Schönheit: »... bist *du* hier so schön.« Und diese göttliche Schönheit ist so groß, dass es uns auch »auf dieser armen Erden« »lieblich gehen« kann. Selbst die Armut und Begrenztheit der Welt ist doch ein Ort, wo wir Gott in seiner Schönheit erfahren können.
3. Das Leben in der Welt ist nicht nur individuell begrenzt, sondern steht insgesamt in einer zeitlichen Abfolge: Es gibt ein »Auf dieser Welt« und ein »Nach dieser Welt«. Gottes Geschichte ist nicht durch die Zeit der Welt, weder unserer persönlichen noch unserer menschheitlichen Zeit, begrenzt.
4. In vielen Bildern wird dies »Nach dieser Welt« beschrieben, Bilder, die das uns als schönstes bekanntes oder vorstellbares Gebilde darstellen, hier also etwa das »feste Himmelszelt« oder das goldene Schloss.

Auch andere Bilder verwendet Paul Gerhardt, um das uns Erwartende zu beschreiben: in dem goldenen Schloss gibt es einen Himmelssaal[140], einen Freudensaal[141] oder einen Ehrensaal[142]. Einem verstorbenen Bürgermeister verheißt er eine »schöne neue Stadt«[143]. Wir werden in einem

---

139. CS 40 = EG 503,9 Geh aus, mein Herz.
140. CS 129,14 Was trauerst du.
141. CS 1= EG 11,10 Wie soll ich dich empfangen.
142. CS 3,20 Wir singen dir, Immanuel.
143. CS 118 Nun du lebest.

»Haus der ewgen Wonne«[144] wohnen, können uns in einem himmlischen Garten aufhalten[145], oder werden vom guten Hirten auf eine immergrüne Weide geführt[146].
Das wird sein, wie wenn nach dem Winter endlich wieder der Sommer kommt[147] oder wenn wir die Heimat finden. Nach allem überstandenen Schweren werden wir Gott »im Schoße sitzen« und damit allen Kummer los sein[148].

In der Beschreibung dessen, was dies für uns bedeuten wird, ist er auch sehr konkret in seinen Vorstellungen: dort wird Gott unsere Tränen abwischen und den Tränenfluss stillen;[149] das Licht Gottes wird uns nicht nur in ewige Wonne versetzen[150], sondern sogar selber leuchten lassen wie die Sonne[151]; wir werden keine Sehnsucht mehr fühlen, weil alles erfüllt ist[152]. Die Vergangenheit, die uns quälte, wird nicht ausgelöscht sein, aber sie wird im Rückblick nur noch in Freude erwähnt werden.[153] Wir werden nicht mehr belastet von der Vergänglichkeit, denn endlich werden wir ein festes Zelt haben und dort wohnen, nicht mehr nur als Gast, sondern für immer.[154] Wir werden von Christus empfangen werden wie eine Braut und werden von ihm gekrönt werden mit einer »Freudenkrone« (das Bestimmende ist also nicht die Herrschaft, sondern die Freude!).[155]
Wir werden »springen« vor lauter Erleichterung und Freude[156], wir werden »loben und lieben in Ewigkeit«[157], vor allem aber: Wir werden singen! Das ist für Paul Gerhardt der weitaus häufigste Ausdruck für die

---

144. CS 128 = EG 529,13 Ich bin ein Gast auf Erden.
145. CS 37 = EG 449,12 Die güldne Sonne / CS 40 = EG 503 Geh aus, mein Herz.
146. CS 129,19.
147. CS 99 = EG 325,12 Sollt ich meinem Gott nicht singen.
148. CS 116 Mein herzer Vater, weint ihr noch?
149. CS 118 / CS 129,14.
150. CS 1,10 = EG 11 / CS 128 = EG 529.
151. CS 128,13 = EG 529.
152. CS 118.
153. CS 129,14.
154. CS 128,14.
155. CS 129,12f.
156. CS 118.
157. CS 99,12 = EG 325 Sollt ich meinem Gott nicht singen.

Freude der Erlösung und für alles in einem neuen Licht erscheinen lassende Erkenntnis. Gott loben zu können, ist zugleich die Frucht davon, das Schwere überwunden zu haben, als auch Ergebnis der umfassenden Erkenntnis der Geschichte Gottes mit uns, gerade auch mit unserem persönlichen Leben. Und der unmittelbarste und schönste Ausdruck des Lobes Gottes ist der Gesang. Er wird aus uns selbst entspringen, aber er wird zugleich auch einstimmen in den Gesang, der schon im Himmel erklingt, ein »noch schönerer Gesang« als hier.[158]

In dieser Hoffnung kann auch das Leid dieses Lebens relativiert werden. Unser Leben ist ein Übergang, mehr oder weniger lang und eigentlich immer (auch) schwer. Aber mit dem Blickpunkt auf die Ewigkeit relativiert sich nicht nur die Zeit, sondern auch das Gewicht der Last. Die Sorge, was aus dem Leben werden wird, ist schon in dieser Hoffnung beantwortet: »Es geht zuletzt in Freuden aus: Im Himmel ist ein schönes Haus.«[159]

Wie sehr diese hoffnungsvolle Erwartung Grund für Trost sein kann, drückt sich besonders in dem Umgang mit der wohl schwersten Situation aus, die einen Menschen treffen kann: dem Tod eines geliebten Kindes. Es gibt mehrere Kindertotenlieder von Paul Gerhardt[160]. Er beschreibt sehr verständnisvoll, wie das Kind der Augenstern, der Lichtblick und die Hoffnung der Eltern war und wie schwer es ist, das Kind hergeben zu müssen. Dann aber lässt er sie das Leben anschauen und sagt: Was wäre alles auf das Kind zugekommen? Es hätte immer schwerere Erlebnisse und Versuchungen erleben müssen; es hätte seine jetzige Freude verloren, unter den menschlichen Bosheiten zu leiden gehabt und das Leben wäre immer kummervoller geworden. Von all dem blieb es nun verschont. »Du bist ungleich besser dran, als die Welt hier sinnen kann; Du hast mehr, als wir dir gönnen, mehr auch, als wir wünschen können.«[161] Dem Kind blieb viel erspart und es ist nun nicht nur glückli-

---

158. CS 40 = EG 503 Geh aus, mein Herz.
159. CS 74,16 Ich hab oft bei mir selbst gedacht.
160. CS 116/117/121/123/131.
161. CS 123,10 Liebes Kind, wenn ich bedenke.

cher, sondern auch klüger als wir: Es »weiß alle Weisheit aus dem Grund«, also direkt aus der Nähe Gottes.[162] Paul Gerhardt geht sogar so weit, zu sagen: Unsere menschliche Vaterliebe möchte das Kind hier bei sich haben und das gemeinsame Glück genießen. Aber zeigt es nicht noch größere Vaterliebe, wenn Gott das Kind zu sich holt und ihm damit das schwere Los erspart?

Freilich ist das noch immer kein leichter Trost, aber kann es den überhaupt geben? Entscheidender ist, dass in diesem Denken der Blick weiter reicht als in dem heutigen rein weltimmanenten.
Paul Gerhardt benutzt fröhliche, schöne Bilder, um die Schönheit des Ewigen Lebens zu umschreiben. Das ist im Grunde die gleiche Sprache der Seele, die auch kulturübergreifend in Märchen verwendet wird. Auch die Beschreibung der Wirkung ist ganz elementar: Es ist das Bedürfnis nach Geborgenheit, nach Liebe und nach vitaler Freude, das dort erfüllt wird. Was sonst sollte Himmel sein?

Wir haben uns der konkreten Sprache beschnitten, weil sie uns zu naiv festlegend erschien. Das mag stimmen. Wir können keine »objektiven« Aussagen über den Himmel und die Ewigkeit machen, weil niemand dort war und uns Beweise dafür mitgebracht hätte. Wir können nichts *wissen* von der Ewigkeit. Aber trotz allem Erzählen wissen wir auch nichts von der Liebe, bis sie uns erwischt; wir haben von dem Prozess des Trauerns gehört, aber dennoch packt er uns ungeschützt und mit voller Wucht, wenn ein Verlust uns trifft. Von den elementaren Dingen des Lebens wissen wir nichts, sondern erleben sie und können dann doch nicht direkt, sondern nur in Bildern davon reden: ein Abschied stürzt uns in den Abgrund, in Dunkelheit und ein Meer von Tränen; die Liebe lässt alles in einem hellen Licht erscheinen, lässt uns im 7. Himmel schweben und macht uns singen oder schwärmen. Und gerade diese – objektiv doch eigentlich falschen! – Bilder drücken am genauesten die Wahrheit des Erlebens aus!

---

162. CS 117,9 Du bist zwar mein.

Wir brauchen, um die elementaren Wahrheiten des Erlebens ausdrücken zu können, Bilder und Vorstellungen, die unserer begrenzten Sprache aufhelfen. Es mag sein, dass sich manche Bilder im Lauf der Geschichte und mit der Veränderung der Kultur ändern (müssen), neue Bilder entstehen. Das betrifft sowohl das Erleben als auch das Hoffen. Wenn wir uns Hoffnungsbilder nicht mehr erlauben, verkümmert auch die Hoffnung. Eine Liebe, die wir nur abstrakt als die Begegnung zweier weitgehend ähnlicher Menschen mit entsprechenden Lebenszielen beschreiben, bleibt blutleer. Ein Beruf, der genügend Geld abwirft, wird nicht wirklich Freude machen. Wir suchen uns auch kein Reiseziel aus, von dem wir kein Bild haben, was uns dort erwartet.

Eine über das Leben hinausgehende Hoffnung braucht auch Bilder. Und heimlich haben wir sie vielleicht sogar alle, selbst wenn es nur noch eine schmerzfreie Stille ist. Aber vielleicht kann uns Paul Gerhardt ja Mut machen, unsere eigenen Hoffnungsbilder zu entdecken, gemeinsame und eigene, alte und neue?
Wie sähe der Himmel nach unserem Herzen aus?

Anregungen für ein Gruppengespräch:

- Welche Bilder vom Himmel fallen Ihnen ein?
- Welche Vorstellung hatten Sie als Kind vom Himmel?
- Welche Vorstellungen haben Sie aufgegeben und warum?
- Stellen Sie sich die schönste für Sie denkbare Situation vor! Wie wäre die?
- Wenn Sie malen könnten, wie würden Sie diese Situation malen?
- Meinen Sie, wir werden die Verstorbenen wieder sehen? Wie werden wir einander dann begegnen?
- Was könnte das für ein *Gefühl* sein, Gott zu begegnen?
- Ist Gott für Sie eher als Person vorstellbar oder als Licht oder als Zustand – oder wie sonst?
- Könnte das Traumerleben ein Hinweis sein, dass wir anders wahrnehmen und uns bewegen können als im Wachzustand?
- Wie würden Sie einem Kind die Frage beantworten: Wie ist das im Himmel?

Singen als Heilung und Trost

Neun Thesen

Immer wieder haben Menschen in den Liedern Paul Gerhardts Trost gefunden. In der folgenden Thesenreihe werden einige Gesichtspunkte genannt, die Ihnen helfen sollen, seine Lieder so zu gebrauchen, dass Sie selber ihre heilende und tröstende Tiefenwirkung spüren können.

1. Die Lieder Paul Gerhardts wollen dem Lob Gottes und der geistlichen Erbauung (»Recreation des Gemüts«, so Johann Crüger und Johann Sebastian Bach) dienen. Dies erfordert, dass sie geistlich und seelsorglich wahrgenommen werden.

2. Sie entfalten ihre tröstende und heilende Kraft am schönsten, wenn man aufmerksam hört auf das, was sie mitteilen, und sich selbst in ihnen zu verstehen sucht.

3. Schon beim stillen Lesen und Meditieren kann man die wohltuende Wirkung der Lieder auf die Seele spüren. Diese Wirkung wird noch stärker erfahrbar durch lautes Vorlesen. Wenn sich Paul Gerhardts Poesie mit Musik verbindet und die Lieder gesungen werden, ereignet sich musikalische Seelsorge in ihrer schönsten Form (»unserer Seelen und Sinnen Erlustigung«, wie sein Kantor Johann Georg Ebeling es ausdrückt).

4. Nach der lutherischen Musiktheologie ist das Singen als geistliche Übung zu verstehen. Geistliche Übung heißt, sich singend in einer lebendigen Gottesbeziehung einzuüben. Singen »verweist nicht nur auf göttliche Wirklichkeit – es vergegenwärtigt sie auch und lässt an ihr teilhaben« (Chr. Bunners). Durch das Singen wird die Gemeinschaft mit Gott vollzogen, und zwar auf eine leibhafte und sinnenhafte Weise (ganzheitlich).

5. Die Lieder Paul Gerhardts sind eine Hilfe, Gott mit unserem alltäglichen Leben zusammenzubringen. Sie wurden zu einer Zeit gedichtet, in der man sowohl im öffentlichen Gottesdienst wie auch in der privaten häuslichen Andacht gesungen hat. In beiden Formen wurde das Liedersingen als geistliche Praxis geübt.

6. Übung bedeutet folglich ein Singen in gewisser Regelmäßigkeit. Es genügt nicht, einmal im Jahr »Geh aus, mein Herz« zu singen, sondern es ist nötig, das Singen der geistlichen Lieder wie eine Begleitmelodie des täglichen Lebens zu gestalten und damit in sie mehr und mehr hineinzuwachsen.

7. So kommt es zu einer Erfahrung der Gottesgemeinschaft im Singen, die es dem Menschen ermöglicht, Gott, dem Leben und sich selbst anders zu begegnen. Diese Veränderung hat mit dem Singen als Klanggeschehen zu tun. Der Mensch, der sich selbstvergessen in den Gesang hinein gibt, macht eine Transzendenzerfahrung: er ist im Lied und in einem umfassenderen Ganzen aufgehoben.

8. Singend erfährt der Mensch sich von einem Klangraum umgeben, den er selbst mit Atem und Stimme erzeugt hat und der in ihm wieder klingt. In diesem Resonanzgeschehen lösen sich seine inneren Verspannungen und die blockierten Energien kommen in einen Fluss. (Die moderne Musiktherapie nutzt eben diese heilende Wirkung des Singens.)

9. Tröstend und heilend wirkt der Gesang vor allem auf den, der mit ganzem Herzen Gott zugewandt ist. Dies prägt den Menschen so stark, dass dann die heilende Kraft des Singens auch auf andere ausstrahlt.

Praxisbeispiele
zu den Liedern im EG

Wie soll ich dich empfangen (EG 11)

Adventsandacht

[Die Strophen 1-2 werden gesungen.]

Liebe Gemeinde!

Advent ist die Zeit des Trostes. Man kann fragen, wo dieser Trost bleibt. Man kann ein Leben lang darauf warten. Man kann in der Heiligen Schrift danach suchen. Man kann aber auch ein sehnsüchtiges Liebeslied singen für den, der da kommen soll, wie es Paul Gerhardt getan hat.

»Wie soll ich dich empfangen« (EG 11) beginnt mit der Frage eines Menschen, der Christus liebt: »Wie soll ich dich empfangen / und wie begegn ich dir, / o aller Welt Verlangen, / o meiner Seelen Zier?« (Strophe 1). Kann das jemand singen oder sagen, der Jesus nicht liebt? Kann man die Worte des Liedes ohne emotionale Beteiligung in den Mund nehmen, ohne Beziehung zu dem, der da angesprochen wird? Das ist kaum vorstellbar. Aber es ist andererseits auch kaum möglich, innige Liebe zu Christus zu einer Bedingung zu machen, die erfüllen soll, wer dieses Lied singt.

Sehr oft geben uns Kirchenlieder mehr zu singen auf, als wir jetzt glauben. Wenn wir in dieses Lied einstimmen und auf das, was wir singen, hören, kann es geschehen, dass wir uns unversehens in einer Rolle vorfinden, die vielleicht neu und ungewohnt ist, die wir aber durchaus spielen können: ich meine die Rolle eines Liebhabers oder einer Liebhaberin.

Das Lied trägt uns diese Rolle an. Und erst indem wir singend ausprobieren, wie sie uns steht, wie es uns in ihr geht, können wir in Erfahrung bringen, dass das etwas Wunderschönes ist: sich als Liebhaber oder Liebhaberin Jesu zu gebärden. Dann ergibt sich auch die Bitte, mit der die erste Liedstrophe fortfährt, ganz ungezwungen aus dieser Rolle: »O Jesu,

Jesu, setze / mir selbst die Fackel bei, / damit, was dich ergötze, / mir kund und wissend sei«.

Wenn ich Jesus liebe, mich als Liebender gebärde, dann legt es sich nahe, den Geliebten zu bitten, dass er mir selbst mitteilt, was ihn erfreut. Das Bild der »Fackel« ist eine Anspielung auf das Gleichnis von den zehn Jungfrauen (Mt 25). Der Dichter trägt mir also ein Brautverhältnis zu Christus an. Nun brauche ich nur noch in die Rolle der liebenden Braut zu schlüpfen, die es nicht erwarten kann, dass ihr Bräutigam endlich zu ihr kommt.

Das ist die Jesusliebe, die Paul Gerhardt im Sinn hat: hoch emotional und herzbewegend, sinnlich und leidenschaftlich. Nichts anderes hat Martin Luther im Sinn gehabt, als er erklärte, der Glaube vereine die Seele mit Christus wie die Braut mit dem Bräutigam. Wodurch Jesus solche Liebe erweckt und für sich gewonnen hat, wird erst in der fünften Liedstrophe deutlich. In den Strophen 1 bis 5 bin ich jedenfalls, wenn ich mir dieses Lied zu eigen mache, in ein liebevolles Gespräch mit Jesus vertieft. Strophe 6 wechselt vom »Du« in das »Ihr«. Von nun an wird bis zu Strophe 10 der Gemeinde Trost zugesungen. Aber bleiben wir noch eine Weile bei der ersten Liedhälfte!

Strophe 2 gibt eine Antwort auf die Eingangsfrage: Wie soll ich dich empfangen?, indem sie an das Evangelium des ersten Adventssonntages (Mt 21,1-9) erinnert. Wie damals das Volk mit »Palmen«, so zeige ich jetzt mit »Psalmen«, also mit Liedern und Hymnen, dass mein Herz Jesus »grün« ist und ich für ihn leben will. Die Liebesbeziehung zu ihm, d. h. den Glauben, kann ich, so zeigt mir das Lied, nicht nur im seelischen Innenraum leben. Sie will sinnlich ausgedrückt, sie will in Gesten und Gebärden leibhaftig werden. Das ist das eigentliche Motiv geistlichen Singens: dass ich Christus diene, mich liebend ihm hingebe in Gesang und auf diese Weise »sein Zion« werde.

Singen wir die Strophen 3 bis 5!

In der Liebesbeziehung zu Jesus kann der Mensch sich aussprechen, sich von der Seele reden, was ihn bekümmert: Leid, Entbehren, Gebundenheit, Schande, alle Plagen und allen Jammer. Das geschieht in den Strophen 3 bis 5. In alledem hat Jesus sich als wahrer Tröster erwiesen: er hat »mich froh gemacht« und befreit, er hat mich groß gemacht und mir ein unerschöpflich »großes Gut« geschenkt. Und du staunst, was er alles für dich getan hat, ohne dass du es bemerktest. Allmählich geht dir auf, dass es kein Zufall und mehr als Glück war, wie viel Gutes dir durch ihn widerfuhr. Bis du erkennst, was ihn dazu »getrieben« hat, und endlich weißt, weshalb du bei ihm ganz geborgen bist: »Nichts, nichts hat dich getrieben / zu mir vom Himmelszelt / als das geliebte Lieben, / damit du alle Welt / mit ihren tausend Plagen / und großen Jammerlast, / die kein Mund kann aussagen, / so fest umfangen hast« (Strophe 5).

In der liebenden Umarmung Jesu ist die ganze Welt mit all ihren Leiden aufgehoben. Ich bin von ihm »umfangen«. In unbegreiflicher Güte, in überströmendem Erbarmen nimmt er sich meiner an und tritt an meine Stelle. Alle Menschen »umfängt« er auf diese Weise, jeden Einzelnen zieht er liebend zu sich. Das soll sich auch die »hochbetrübte« Gemeinde sagen lassen. Wer im Advent für Jesus singt, lässt sich seine Umarmung gefallen und erwidert sie. Paul Gerhardt kann nicht anders, als ihn gleichsam mit seinem Lied zu umarmen. Hören wir, wie er daraufhin der Gemeinde Trost zuspricht!

[Die Strophen 6-9 werden vorgelesen.]

Nun wird in der zweiten Liedhälfte die Gemeinde der Glaubenden angesprochen. Wie verhält sie sich zu dieser alles umfassenden Bewegung göttlicher Liebe? Hier prägt sich vor allem der tröstende Zuspruch ein: »seid unverzagt, ihr habet / die Hilfe vor der Tür; / der eure Herzen labet / und tröstet, steht allhier« (Strophe 6). Und dann wiederholt der Lieddichter in jeder weiteren Strophe, von der siebten bis zur zehnten, den Ruf: »Er kommt, er kommt«, um in der letzten Strophe mit dem Gebetsruf »Ach komm, ach komm« den Schluss der Bibel (Offb 22,20) anklingen zu lassen. In diesen Gebetsruf der Gemeinde kann ich als Einzelner mit einstimmen: »Ach komm, ach komm, o Sonne, / und hol uns allzumal / zum ewgen Licht und Wonne / in deinen Freudensaal« (Strophe 10).

Singen wir die Strophen 6 bis 9!

[Die Gemeinde singt die Strophen 6 bis 9.]

Weit greift das Lied aus, bis zum Ende der Zeit, bis zum »Weltgerichte«, um uns der Ankunft Jesu, des »Herrn« und »Königs«, zu vergewissern. Wie sehr ist Gerhardt seelsorglich darum bemüht, alle Sorge und Angst des Herzens zu zerstreuen! Es gibt nichts, so hält er der Gemeinde entgegen, was Jesus von euch abbringen könnte, weder »eurer Sünden Schuld« (Str. 8), noch lautstarke und heimtückische Feinde (Strophe 9).

O ja, dieser Lieddichter weiß, wie man tröstet! Und die Melodie, die Johann Crüger komponiert hat, weiß diesen Trost mit ihrem warmen Freudenton zum Klingen zu bringen. Zweimal steigt sie vom Grundton bis zur Quinte hinauf und kehrt wieder zu ihm zurück. Doch nach der Wiederholung schwingt sie sich bei dem Ruf »O Jesu« (Strophe 1) in zwei Sprüngen bis zur Oktave des Anfangstons auf.

[Die Orgel spielt die Melodie des Liedes. Es kann auch ein anderes Instrument sein, z. B. eine Violine oder eine Flöte.]

Wenn ich darauf höre, wie das Lied uns gut zuredet, wie es uns wieder und wieder das Kommen Jesu zuruft, wird mir warm ums Herz. Es weckt in mir die Sehnsucht, er, von dem wir singen, möge endlich kommen. Ich beginne, etwas von der unaussprechlichen Freude zu spüren, in die er uns hineinholen will. Je mehr ich im Lied bin, hörend und singend, desto mehr macht es mich zu einem Menschen, der Jesus »liebt und sucht«. Mit dem Charme seiner Poesie und seiner Melodie verlockt mich das Lied dazu, ein Liebhaber Jesu zu werden. Ja, euch alle, die ganze Gemeinde verlockt es dazu, sich mit seiner Liebe zu trösten.

So wäre das Singen im Advent Ausdruck der Liebesbeziehung zu Jesus? Ja, gerade so ist das Lied gemeint. Darum widmete Johann Crüger, der

Berliner Kantor und Freund Paul Gerhardts, das erste Gesangbuch, das er 1640 herausgab, ausdrücklich »Jesu Christo, meinem und aller gläubigen Seelen ... herzlich geliebten Bräutigam, wie auch der auserwählten, mit ihm in Ewigkeit verlobten und ... vertrauten liebsten Braut, der christlichen Kirchen ...«. In der Vorrede zu diesem Gesangbuch leitet er zu einem Singen an, mit dem die Gemeinde wie eine Braut auf die Liebe Christi antwortet. Christus sagt: »Stehe auf, meine Freundin, und komme, meine Schöne, komm her ... und lass mich hören deine Stimme, denn deine Stimme ist süße«. Darauf setzt Crüger, ihn ansprechend, fort: »Und zeigest damit an, wie dir unter andern höchlich und herzlich wohlgefalle, wenn du hörest, wie sie ihren Mund auftut, ihre Stimme erhebet und ein andächtiges Gebet oder Dankliedlein intonieret und singet ...«

Vielleicht ist das die schönste Tröstung des Advent: für Jesus singen, einzig darum, weil er nichts lieber hört als die Stimme seiner Freundin. Ich kann mir nichts Schöneres vorstellen, nichts, das mehr das Herz bewegt, als dem Menschen zuzusingen, der mich liebt, und seine Liebe im Gesang zu erwidern. Amen.

Fröhlich soll mein Herze springen (EG 36)

Predigt am 1. oder 2. Christtag

Ev.: Lk 2,15-20 / Epistel: 1 Joh 3,1-6

[Gemeinde singt Strophen 1 und 2.]

Liebe Gemeinde!

Was für ein durch und durch weihnachtliches Lied ist dieses »Fröhlich soll mein Herze springen«! Es ist eines der wenigen Lieder von Paul Gerhardt, die heute noch mit der ursprünglichen Melodie gesungen werden. Hören wir sie uns noch einmal an:

[Die Orgel spielt die Melodie.]

Die Melodie zeichnet die Bewegung des Springens nach: die drei langen ersten Töne sind der Anlauf, dann folgen drei schnelle und zwei lange Tonschritte. Deswegen entsteht beim Singen das Gefühl, dass man selber zu springen anfängt.

Wie eine Predigt ist dieses Lied aufgebaut. Es ist eine gesungene Predigt in poetischer Form.

In den Strophen 1 und 2 wird die Geburt Christi besungen, mit deutlichen Anklängen an das Weihnachtsevangelium: alle Engel singen vor Freude. Und wie die Engel spricht der Dichter sich selbst, dem Einzelnen und der Gemeinde persönlich zu, was in »dieser Zeit« geschieht. »*Euch* ist heute der Heiland geboren!« (Lk 2,11), heißt es im Evangelium. »Gott wird Mensch *dir*, Mensch, zugute, / Gottes Kind, / das verbindt / sich mit unserm Blute«, so sagt das Lied.

Diesen Vers liebe ich besonders: »Gott wird Mensch dir, Mensch, zugute«. Genau das feiere ich an Weihnachten. Gott meint es so gut mit mir, dass

Er Mensch wird. Er verbindet Sein Leben mit meinem, mit dem Leben eines jeden Menschen. Deswegen ist die ganze Welt vom Widerhall der Freude erfüllt. Eindringlich werden wir auf das Unerhörte aufmerksam gemacht: »Hört, hört, wie mit vollen Chören / alle Luft / laute ruft: / Christus ist geboren«.

Was für eine eigenartige Wendung: die Luft »ruft«! Aber teilt sich nicht durch Schwingungen der Luft mit, was uns am tiefsten anrühren kann? Der Klang von Stimmen, die Töne der Musik erreichen uns nur durch die Luft. Geheimnisvolle atmosphärische Kräfte, die Bewegungen der Gestirne und der Gezeiten, beeinflussen unser Fühlen. Es liegt in der Luft, sagen wir, wenn überraschend Neues sich ankündigt.

Gott wird Mensch, Er verbindet sich mit uns Menschen! Das ist die wunderbare Neuigkeit, von der die Atmosphäre so sehr erfüllt ist, dass die Luft »laute ruft«, also Laute und Töne mitteilt. Nur sind wir oft von so viel Lärm und Krach umgeben, dass wir feine Schwingungen gar nicht mehr wahrnehmen. Dabei geschieht das Unerhörte; es wird uns nicht zugeschrien, sondern auf's Allerfeinste zugesungen: der die Welt aus allem Jammer herausreißt, kommt als Kind zur Welt.

»Heute geht aus seiner Kammer / Gottes Held«. Das ist keiner, der hoch über uns und weit entfernt bleibt wie ein Superstar, sondern ein Held ohne Staralluren, der ganz klein anfängt und als Menschenkind von einer Mutter geboren wird. In den folgenden Strophen wird dieses Weihnachtsgeschehen näher betrachtet. Wir sollen wissen, wer »Gottes Held« ist, und seinen Weg von der Geburt bis zu Leiden und Sterben vor Augen haben.

Singen wir die Strophen 3 bis 5!

Hier spricht das Lied von dem, was Gott für uns Menschen tut, jedem Einzelnen zugute. Und wie fein weiß Paul Gerhardt dabei herauszustellen, was der tiefste Grund weihnachtlicher Freude ist! Gott gibt – dies vor allem. Er gibt uns, was Er am meisten liebt. Er gibt Seinen Sohn. Er »gibt sich dran«. Er gibt – Er gibt – Er gibt. Um »unserm Leid zu wehren«, tritt Er an unsere Stelle, »nimmt auf sich, was auf Erden wir getan«, und wird »unser Lamm«.

Davon wollen manche nichts mehr hören, weil es nach Opfer klingt. Opfer stehen bei aufgeklärten Menschen im Generalverdacht, sie seien lebensfeindlich. Was für eine Verwirrung! Das Liebste von sich geben, sich drangeben, die Schuld des anderen auf sich nehmen und tragen, das kann nur die unbedingte Liebe. Der Sinn des Opfers liegt nicht darin, dass man etwas hergeben muss. Er liegt im Sich-Geben. Es geht nicht darum, Opfer zu *bringen*. Opfer zu *sein*, sich selbst drangeben an Stelle des anderen: das ist der Sinn.

Gott selber tut das zuerst: Er »gibt sich dran, unser Lamm zu werden«, wird selber das Opfertier, »das für uns stirbet / und bei Gott / für den Tod / Gnad und Fried erwirbet«. Allzu schnell denken wir an das Kreuz und meinen, erst dort habe Gottes Sohn sich für uns dahingegeben. Doch das Leben Jesu ist von Anfang an Hingabe. Schon im Kind in der Krippe gibt sich Gott in die Hände der Menschen. Er lässt sich berühren, angreifen, kann verletzt werden, leiden und sterben.

Ein Mensch aus Fleisch und Blut wird Gott – und wozu? Damit wir die verlorene Verbindung zu Ihm wiederfinden! Unsere Gotteskindschaft ist nicht bloß eine schöne Idee. Sie ist wirklich. Wir nehmen sie nur nicht wahr, weil sie unkenntlich geworden und entstellt ist. Jeder, der zum Kind in der Krippe Zugang findet, begegnet dem Christus, der alles Verlorene wiederbringt.

»Was euch fehlt, / ich bring alles wieder«, spricht das Kind zu uns. Dietrich Bonhoeffer hat diese Zeile in einem Brief so erklärt: »Es geht nichts verloren, in Christus ist alles aufgehoben, aufbewahrt, allerdings in verwandelter Gestalt, durchsichtig, klar, befreit von der Qual des selbstsüchtigen Begehrens. Christus bringt alles wieder, und zwar so, wie es von Gott ursprünglich gemeint war, ohne die Entstellung durch unsere Sünde ...«

Wir brauchen seinem Ruf nur zu folgen. Bei dem Kind in der Krippe können wir alles loslassen, was uns quält. Hier dürfen wir einfach Mensch sein, so wie Gott uns gemeint hat.

Das Lied spricht jetzt die Gemeinde an und lädt alle ein, zur Krippe zu kommen. Singen wir die Strophen 6 bis 9!

In diesem Teil des Liedes hören wir lauter seelsorgliche Einladungen: Liebt – schaut – fasst – sei getrost! Im Kind in der Krippe sehen wir den, »der vor Liebe brennet«. Er ist »die Tür / zu den wahren Freuden« und führt uns dorthin, wo uns »kein Kreuz wird rühren«.

Der Seelsorger Paul Gerhardt weiß, wie haltlos sich Menschen im Leid fühlen. Deswegen spricht er diejenigen an, die in großem Leiden ›schweben‹, die also keinen festen Boden mehr unter den Füßen haben. Wer zu Christus kommt, sagt er, soll ihn nur richtig fassen. Dann wird ein Mensch in die ewige Freude hineingeführt, dorthin, wo man dem Leid entzogen ist. Christus eröffnet neuen Lebensraum. Er führt den, der mit ihm lebt, in ein anderes Leben, wo einem alles leicht wird und man auf andere Weise, nämlich »voller Freud«, »endlich schweben« (Strophe 12) wird.

Christus handelt wie ein heilender Arzt. Er heilt von Sünde und Gewissensschmerzen. Bei ihm können alle sich des »Glaubens Hände« mit guten Gaben füllen. Ob jemand leidet, sich im Herzen beschwert fühlt oder arm und elend ist: das Lied lädt dazu an, zu Christus zu kommen, dem wahren Befreier, Arzt und Heiland.

Einen solchen Befreier, Arzt und Heiland suchen viele, gerade in unserer Zeit. Aber entweder suchen sie die Hilfe überall, nur nicht bei dem, der die »Mühseligen und Beladenen« (Mt 11,28) zu sich gerufen hat. Oder sie erwarten, dass er ihnen auf Abstand hilft, ohne in ihr Leben einzugreifen.

Im einen wie im andern Fall ist da keine persönliche Lebensbeziehung. Die Menschen suchen zwar Hilfe. Sie leiden. Es ist ihnen schwer ums Herz. Sie sind elend dran. Aber es fällt ihnen nicht ein, sich mit Christus einzulassen, oder sie lassen sich nur mit ihm ein bis zu einem gewissen Grad.

Würde ich nur darauf schauen, wem Menschen in ihrer Haltlosigkeit Glauben schenken und bei wem sie Hilfe suchen, müsste ich mutlos werden. Doch das Lied lehrt mich, mit dem anzufangen, was *Gott* tut: ER lässt sich ein auf unser Menschsein. ER gibt sich für mich dran, damit ich erkenne, wie viel Ihm an der Verbindung zu jedem Einzelnen liegt.

Daher die Festigkeit, mit der Paul Gerhardt die Leidenden einlädt, zu Christus zu kommen. Die eigene Beziehung zu ihm lässt er dabei nicht im Ungefähren. Er redet nicht nur *über* ihn, sondern spricht ihn im abschließenden Teil des Liedes *direkt an*. Die Anrede ist Ausdruck des Gebets: wir, die Singenden, sollen uns dem Christuskind zuwenden und mit ihm leben.

Dadurch gewinnt nicht nur das Lied an Deutlichkeit. Auch wir selber werden deutlich, sobald wir uns dem Christuskind zuwenden, d.h. im Gebet eine Beziehung zu ihm aufnehmen.

Diese Beziehung wird bei Paul Gerhardt ganz körperlich und gefühlvoll als eine Liebesbeziehung beschrieben. Christ sein heißt, an Christus hängen, ihn umfangen, an ihm genug haben, in der Beziehung zu ihm Lebenszufriedenheit und Erfüllung finden. Ein Glaubender entdeckt, wie er selber von Christus geehrt und geschmückt ist. Er gelobt, ihn in sein Herz zu schließen.

Es ist sehr bezeichnend, dass das Lied mit Gelöbnissen schließt. An Christus *glauben* und ihm die Treue *geloben* sind zwei Seiten ein und desselben Vorgangs. Die Lebensbeziehung zum Christuskind umfasst sowohl Genuss wie auch Arbeit. Ein glaubender Mensch genießt Christus wie die Schönheit einer edlen Blume; er öffnet seine Sinne für das, was das Leben erst wahrhaft lebenswert und schön macht. Aber er arbeitet auch daran, ihn »mit Fleiß [zu] bewahren«, um mit Christus leben und sterben zu können.

Wir machen uns vom christlichen Leben eine falsche Vorstellung, wenn wir aus der Beziehung zu Christus alles Genießen und alle Freude ausschließen. Genauso verfehlt ist es aber, wenn wir annehmen, ein solches Leben sei möglich, ohne dass wir an unserer Christusbeziehung arbeiten müssten. Bei der ersten Haltung verkümmert und vertrocknet der Glaube, bei der zweiten findet keine Reifung statt.

Zu einem reifen Glauben gehört, dass wir daran arbeiten, Christus unser ganzes Leben anzuvertrauen, mit all seinen ungelösten Fragen, mit allen Ungereimtheiten, um auch dann mit ihm verbunden zu bleiben, wenn wir sterben müssen. Paul Gerhardt sagt für das Sterben übrigens »abfahren«, nicht »hinfahren«, wie in unsern Gesangbüchern steht. Er betont also den Abschied von diesem Leben, zugleich aber auch, dass damit die Beziehung zu Christus nicht aufhört. Das Ziel des Lebens mit ihm ist nämlich, unaufhörlich an jener Freude teilzuhaben, die jetzt schon alles durchdringt: der Freude, dass Gott sich mit uns Menschen verbündet hat. Amen.

Ich steh an deiner Krippen hier (EG 37)
Weihnachtsgottesdienst

Von Paul Gerhardt 1653, ohne zusätzliche Originalverse

Predigtlied: EG 37, 1-2

Predigt

Liebe Gemeinde!

Dieses Lied begleitet mich seit meiner Kindheit und ist immer schon mein liebstes Weihnachtslied gewesen.
Vielleicht hängt das auch damit zusammen, dass dies Lied einen vom ersten Satz an mitten in die Weihnachtsgeschichte hineinholt; es wird nicht von einem grundsätzlichen Standpunkt aus die Menschwerdung Gottes betrachtet mit dem Aufruf etwa »Nun freut euch, ihr Christen«, oder von einem symbolischen Ausdruck aus das Weihnachtsgeschehen bedacht wie bei »Es ist ein Ros entsprungen«, sondern man ist eingeladen, sich sofort zur Krippe dazuzustellen, als seien wir Zeitgenossen dieses Geschehens. Wir sollen uns in diese Geschichte hineinbegeben und schauen und staunen und fühlen, was da für uns und mit uns geschieht.

Sie haben hier (und vielleicht auch zu Hause) eine Krippe aufgebaut und können sich die Szene anschauen. Das Lied aber geht gleich noch einen Schritt weiter. Der Dichter schaut vor allem anderen dieses Kind an, dieses kleine Menschenkind, in dem doch schon das große Geschenk Gottes anschaubar geworden ist: dies Kind, das die Gottesnähe schenkt, das auf mein Leben ein anderes Licht wirft.

Wenn wir eine Familie mit einem neugeborenen Kind besuchen, bringen wir ein Geschenk mit. Das war damals so und ist bis heute so. Wir bringen etwas Praktisches: Kleidung oder Decken gegen die Kälte, Wertvolles zum Ansparen für später.

Dies Kind aber ist anders. Es ist uns ein so großes Geschenk, dass es nicht unsere Fürsorge braucht, denn es sorgt ja selber schon für uns, sondern es verdient unsern Dank.

Was können wir diesem Kind als Dank bringen? Im Grunde können wir nur das schenken, was wir selber längst von ihm bekommen haben: Geist und Sinn, Herz, Seele und Mut.
Längst beschenkt mit dem, was unserer Person Wesen und Würde gibt, können wir eben dies als unsere wertvollste Gabe einsetzen:
Unser Geist versucht zu begreifen, wie großartig die Schöpfung ist, wie viel uns zu erkennen möglich ist, wie Sinnvolles wir schaffen und weitergeben können.
Unsere Sinne können die Schönheit und den Reichtum des Lebens wahrnehmen, wir können sehen und schmecken, riechen und tasten, hören und fühlen, wie vieles uns zum Genuss gegeben ist.
Unser Herz kann staunen und lieben, mitleiden und Sehnsucht haben, weil so vieles uns bewegt, was nicht fassbar und begreifbar ist, und doch Zauber und Schmerz bedeuten kann.
Unsere Seele ahnt den Zusammenhang im Leben aller Geschöpfe, die Unermesslichkeit von Raum und Zeit und die Zugehörigkeit zu allem Leben und sogar zu Gott selbst.
Und unser Mut wagt es, der Liebe einen Weg zu bereiten, Ungerechtigkeit und Gewalt entgegenzutreten und den Glauben konkrete Wirklichkeit werden zu lassen.

All dies, was unser Leben reich und sinnvoll macht, ist uns als Gabe geschenkt, und ist zugleich das Größte, was wir zum Dank bringen können.

Schon längst bevor ich geboren war, so sagt die zweite Strophe, hat Gott schon das verwirklicht, was mein Leben mit Gottes Liebesplan verknüpft. Schon vor meiner Entstehung war ihm klar, dass er mich suchen und finden will, dass ich seine Zuwendung erkennen können soll und in ihm meinen Sinn finden.

Freilich hat dann jeder seinen eigenen Weg und seine eigenen Schwierigkeiten. Und manchmal geht unser Weg zur Erkenntnis Gottes nur

über Umwege und Sackgassen. Wir sind so lange überzeugt, dass wir selber alles in der Hand haben und erreichen können, bis wir in einer Sackgasse stecken und keinen Weg mehr sehen. Oder der Tod uns mit seiner Kälte erschreckt und innerlich gefrieren lässt. Dann entdecken wir neu oder erstmals die Kraft und das Licht, das der Glaube bringen kann.
Davon erzählt die 3. Strophe: **Ich lag in tiefster Todesnacht, ...**

Es gibt Momente, da schauen wir auf unser Leben zurück und entdecken mit Staunen, dass es ganz anders lief, als wir uns dachten, aber doch auch immer wieder überraschend gut. Begegnungen und Ereignisse treten in unser Leben, die uns erst mal verwirren, aber schließlich sich genau als die richtigen zur passenden Zeit entpuppen. Es haben sich Ereignisse gefügt, die wir niemals so hätten planen und zurechtbekommen können.

Solches kann uns durch den Kopf gehen, wenn wir so vor dem Kind in der Krippe stehen und unser Leben anschauen und die rätselhafte Gegenwärtigkeit Gottes. Solches Verwundern und solches Staunen steht hinter der Freude, wenn Paul Gerhardt in der nächsten Strophe sagt, dass er sich gar nicht satt sehen kann an diesem Kind. Es ist gerade so, wie wenn wir eine wunderbare Landschaft sehen, die uns fast den Atem nimmt in ihrer Schönheit. Dass wir uns weit machen möchten, um diesen Anblick wirklich aufzunehmen und in uns bewahren zu können. Die großen, schönen Momente des Lebens sind kaum zu fassen. Dann müssten wir groß und tief wie das Meer sein, um die Großartigkeit Gottes und seines Tuns fassen zu können.
Davon singt die 4. Strophe: **Ich sehe dich mit Freuden an ...**

Was wir am meisten brauchen, wenn wir uns traurig und ratlos fühlen, ist ein guter Freund oder eine treue Freundin. Jemand, der unsere Sorgen anhört und mit uns traurig ist. Jemand, der unsere Schwächen und Fehler wahrnimmt und uns dennoch weiter schätzt und zu uns hält. Der nicht nachtragend ist und immer noch an das Gute in uns glaubt. Und wenn wir uns in ganz besondere Dummheiten hineingeritten haben, der uns heraushilft, vielleicht sogar die Schuld auf sich nimmt und

selber den Preis zahlt, den wir eigentlich zu zahlen hätten und niemals könnten.
So ein Freund ist dieses Kind. Dieses Kind, über dem in der Ferne schon das Kreuz aufscheint, geht so mit uns um. Wenn der Dichter dieses Kind staunend anschaut, dann ist es, als könnte er grad das hören, was es uns sagen will:
Singen wir die 5. Strophe: **Wann oft mein Herz im Leibe weint ...**

Wie viel Gottesliebe wird in diesem Kind erkennbar! Und zugleich, das sehen und hören wir ja jedes Jahr neu in der Weihnachtsgeschichte, wie viel Armut und Erbärmlichkeit!
Wenn Gott doch ein Zeichen für die Welt setzen wollte, warum hat er dann nicht seine Macht deutlicher gezeigt? Warum hat er nicht in der Weltmacht Rom den größten Herrscher aller Zeiten das Licht der Welt erblicken lassen, sondern in diesem winzigen Land Israel ein Kind armer Leute in der Fremde in einem Stall?
Das ist immer wieder die eigenartige Spannung in diesem Geschehen, so wie später auch an Karfreitag und Ostern. Die Menschen sind doch viel mehr fasziniert von Welteroberern und Revolutionären und Göttern, die zu Schlachten rufen, als von einem kleinen ohnmächtigen Kind, das von der Liebe Gottes erzählt.
Wir können es kaum ertragen, Gott so ärmlich zu sehen. Und unser Wunsch nach Größe und Erhabenheit möchte auch Gott so sehen.
Von daher verstehen wir sehr wohl das Ungenügen, das der Dichter beschreibt, wenn er in den nächsten beiden Versen das Kind ganz anders betten möchte.
Wir singen die Strophen 6 und 7: **O dass doch so ein lieber Stern ...**
Aber natürlich wäre Jesus nicht ein Abbild der göttlichen Liebe, wenn er sich gebärdete wie die Herrscher in unseren Königshäusern, Regierungsvierteln und Chefetagen.
Zu deutlich sehen wir, wie die Macht auch den einstigen Kämpfern für Frieden und Gerechtigkeit die Seele versteinert. Wie hinter den wertvollen Kleidern das Herz verkümmert und in den hohen Etagen der Blick nicht mehr in die Tiefe reicht.
Das ist ja gerade das Besondere und uns Faszinierende an dieser Weihnachtsbotschaft:

Ich steh an deiner Krippen hier (EG 37)

Gott kommt ganz in die Tiefe unseres Daseins. Er wird so klein und hilflos wie ein Neugeborenes. Er hat kein festes Haus und keine Lobbyisten wie das Kind im Stall. Es sind nicht die Klugen und Mächtigen, die bemerken, dass Gott gekommen ist, sondern die verachteten Hirten und die fernen Weisen. Sie schauen und gehen wieder und nehmen einen Schein von diesem Licht und diesem Staunen mit sich. Aber sie werden dem göttlichen Kind zu keiner irdischen Macht verhelfen. Sie bleiben Empfangende, Beschenkte.

Und gerade darum rückt uns ja diese Geschichte immer wieder so erfreulich nah: Wäre er offensichtlich ein Götterbote gewesen, könnten wir Mysterienspiele aufführen. Aber die finden immer über unserem Leben statt.

Dies Kind aber, klein und arm wie es ist, kann auch in unserer Wohnung geboren werden. Dieser Gott ist sich nicht zu schade, in unser mühsames Leben mit seiner Güte einzutreten. Vor diesem Kind müssen wir uns nicht schämen für unsere Schwäche und unsere Sehnsucht.

Dieser Gott legt es nicht darauf an, der großen Weltgeschichte seine Pläne aufzudrücken, die Freiheit außer Kraft zu setzen, um endlich alleine zu regieren.

Dieser Gott klopft leise an. Er sucht nicht die Herrlichkeit, die sich in Schauspielen und Medienereignissen zeigt.

Er sucht »meiner Seele Herrlichkeit durch Elend und Armseligkeit«. Er sucht mich! Mich kleinen Menschen mit seinen Sorgen und Ängsten, seinen Verletzungen und Sehnsüchten, seiner Mutlosigkeit und Glaubensarmut.

In mein kleines, unwichtiges Leben will er eintreten und es mit seiner Freude zu einem Lichtpunkt für andere machen. In mir will er geboren werden. In mir will dieser kleine Gott einziehen und wachsen und sich ausbreiten, damit die Welt dadurch einen Widerschein seiner Liebe erfährt. Er braucht kein Fernsehen dafür und keine großen Ereignisse. Er braucht Sie und mich, um heute geboren zu werden.

Singen wir die letzten beiden Strophen: Lied EG 37, 8-9.

Kommt und lasst uns Christus ehren (EG 39)
Spielszenen in einem diakonischen Kontext an Weihnachten

z. B. Behindertenheim oder Obdachlosenspeisung an Weihnachten

Das Lied fordert die Christen heraus, Gott zu loben, weil Jesus gerade für die Menschen in Notsituationen gekommen ist, um ihnen herauszuhelfen aus ihren Verstrickungen.
Was als Aufforderung zum Loben für heutige Ohren aufgesetzt klingt, wird im Gegenüber zu den entsprechenden aktuellen Lebenssituationen überzeugend.
So war unsere Idee, das Lied durch kleine Spielszenen, die durchaus ohne Worte bleiben können, zu veranschaulichen. Mit deutlichen Gebärden werden Situationen von Einsamkeit, Not und Sucht vor Augen geführt. Eine kleine Gesangsgruppe – evtl. mit Begleitinstrument – singt dann den »Gegenvers« aus dem Paul-Gerhardt-Lied, um so die Liebe Gottes zu diesen Menschen auszudrücken.
Wir beginnen mit der Bibel-Lesung, auf die sich das Lied bezieht:

Lesung Lukas 2,15-20

Strophe 1: **Kommt und lasst uns Christus ehren ...**

Spielszene A: Ein Mensch voller Kummer
Am Tisch sitzt eine Person und grübelt, den Kopf in den Händen. Plötzlich steht sie auf, nimmt ein Foto in die Hand, betrachtet es sinnend und stellt es dann frustriert wieder weg. Sie nimmt einen Brief, liest kurz darin und zerreißt ihn dann. Im Hintergrund erscheint eine Gestalt, die Gesten von Spott und Schadenfreude macht, dann aber wieder verschwindet.

Strophe 2: **Sünd und Hölle mag sich grämen ...**

Spielszene B: Sterbeszene
Auf einem Bett liegt ein kranker Mensch, wälzt sich unruhig hin und her, hat Schmerzen. Eine andere Person kommt und hält die Hand und summt die Melodie des Liedes. Der Kranke wird ruhig, seufzt und schließt die Augen.

Strophe 3: **Sehet, was hat Gott gegeben ...**

Spielszene C: Betrogen vom Glück
Eine Person, auf einem Stuhl sitzend, wird offensichtlich von einer herbeigekommenen zu etwas überredet. Die Sitzende zögert noch, lässt sich dann dazu bringen, ein Los/einen Vertrag zu unterschreiben.
Der Nötigende kommt wieder mit guter Nachricht, am besten mit einem Geldkoffer, viele andere kommen zum Beglückten, strecken die Hände aus, werden immer drängender und böser, bis der scheinbar Beglückte davonstürzt.

Strophe 4: **Seine Seel ist uns gewogen ...**

Spielszene D: Suchtkrank
Eine Person am Tisch ist alkoholabhängig mit Flaschen (oder drogenabhängig mit Spritze). Für kurze Zeit wirkt sie beruhigt oder munter-aufgedreht; dann aber kommt die neue unruhige Suche nach neuem Stoff, das Verlangen wird zur Hölle. (Ein Mensch mit einem Licht kommt und nimmt ihn an der Hand.)

Strophe 5: **Jakobs Stern ist aufgegangen ...**

Spielszene E: Ein Netz von Menschen
Zu jedem Unglücklichen kommt eine Person und nimmt sie an der Hand. Alle zusammen bilden einen Kreis/ eine Kette.

Alle gemeinsam singen Strophe 6-7: **O du hoch gesegnete Stunde ...**

Nun lasst uns gehn und treten (EG 58)

Liedpredigt zu Silvester

Liebe Gemeinde!

Heute Abend, am Ende des alten Jahres, nehmen wir uns das Lied von Paul Gerhardt, um vor Gott unseren Weg zu bedenken. Das Lied soll uns dabei als Kompass und Wegweiser dienen.

Fünfzehn Strophen hat Paul Gerhardt gedichtet. Sein Lied entstand wahrscheinlich noch in der Zeit des Dreißigjährigen Krieges, also vor 1648. Als es 1653 erstmals in einem Gesangbuch gedruckt wurde, stand es dort unter der Überschrift ›Neujahrs-Gesang‹.

In seinem dreiteiligen Aufbau folgt das Lied dem Aufbau eines gottesdienstlichen Fürbittengebets:

- die Strophen 1 bis 5 erzählen in der Wir-Form vom Weg der Gemeinde,
- die Strophen 6 bis 10 richten sich direkt an Gott und enthalten Lobpreis und Bitten für uns selbst,
- in den Strophen 11 bis 15 werden Fürbitten für verschiedene Gruppen von Menschen vorgebracht.

Der Weg der Gemeinde »von einem Jahr zum andern« (EG 58,2)

Wir Christen begehen die Jahreswende, indem wir »mit Singen und mit Beten« zu Gott, dem Herrn, treten. Warum gehen wir zu Ihm? Weil Er, so sagt das Lied, »unserm Leben bis hierher Kraft gegeben«. Diese Kraft hat uns getragen und gestärkt, so dass wir »von einem Jahr zum andern« wandern und »leben und gedeihen« können.

Diese Kraft, die Gott uns zum Leben gibt, reicht auch dazu aus, durch schwere Zeiten oder Krisenzeiten zu gehen. Jeder kennt sie aus seinem

Leben, die Zeiten der Erschütterung, die man leidvoll am eigenen Leibe zu spüren bekommt, Zeiten, in denen man zittert vor Angst, angesichts einer dunklen Gefahr verzagt.

Paul Gerhardt benennt die Gefühle, das seelische Befinden einer Gemeinde, die »durch Krieg und große Schrecken« hindurchgegangen ist. Das sind wir in unserem Land nicht. Wir sind vom Schlimmsten verschont worden. (*Die folgenden Abschnitte können je nach konkreter Zeiterfahrung individuell gestaltet werden. Wichtig dabei ist, dass man das Erlebte zum Lied in Beziehung setzt.*

Ja, für uns Deutsche war dies trotz allem ein friedliches Jahr. Wir haben jetzt eine christdemokratische Bundeskanzlerin, obwohl bei der letzten Bundestagswahl 51 % der Wähler linksorientierte Parteien gewählt haben. Das ist schon eigenartig. Aber zittern und zagen muss man deswegen nicht.

In diesem Jahr wurde Joseph Kardinal Ratzinger zum Papst gewählt. Ein historisches Ereignis! Doch für uns Protestanten gibt es keinen Grund, darüber zu jubeln. Die Zeichen für ein ökumenisches Miteinander stehen ungünstig. Wir gehen schwierigen Zeiten entgegen. Aber auch das braucht keinen zu erschrecken, der wie der Lieddichter auf Gott vertraut.

Für unsere Kirchengemeinde war 2005 ein gutes Jahr. Wir sind neue Wege im Konfirmandenunterricht gegangen. Wir haben die Reihe besonderer Gottesdienste fortgesetzt. Der Kirchenvorstand hat wichtige Aufgaben bewältigt und geht mit Zuversicht an Neues heran.

Für mich war es ein Jahr tief greifender Veränderungen. Ich habe Schönes und Erfreuliches erlebt, aber auch Abschied nehmen müssen von Menschen und Aufgaben, die mir viel bedeuteten.)

Durch all das sind wir nun hindurch, und siehe: »wir leben und gedeihen«!

In Umbrüchen und bedrängenden Situationen kann man sich mutterseelenallein fühlen. So ist es manchen in diesem Jahr ergangen. Gerade in »Not und Trübsal« kommt es einem so vor, als sei man unberechenbaren Gewalten schutzlos ausgeliefert.

Doch Paul Gerhardt hält starken Trost für uns bereit. Wie Mütter bei Unwettern auf ihre kleinen Kinder achten, so »lässt Gott uns, seine Kinder, ... in seinem Schoße sitzen«. Kein Mensch ist so allein und verlassen, dass er nicht Geborgenheit fände bei Gott, der uns wie eine Mutter aufnimmt und bewahrt.

So überwiegt am Ende des Jahres trotz aller Widrigkeiten die Dankbarkeit. Danken wir Gott, dass Er uns »bis hier Kraft gegeben« und in mancher Gefahr Seinen Schutz gewährt hat!

Singen wir die Strophen 6 bis 10!

Bitten an den »Hüter unsres Lebens« (EG 58,6)

Vor den Bitten steht bei Paul Gerhardt das Gotteslob. Denn er weiß: Wir können's nicht machen und bewerkstelligen, dass wir leben und morgens die Sonne über uns aufgeht. Unser Tun ist umsonst, wenn nicht Gottes Augen über uns wachen. Jeden Morgen erweist sich neu Seine Treue, und Seine Hände können »alles Herzleid« wenden. Es ist dieses Vertrauen auf Gott als den »Hüter unsres Lebens«, in dem wir Ihn überhaupt erst um etwas bitten können.

Das Lied sagt uns vor, was wir für uns selbst erbitten können. Drei Anliegen werden genannt:

Zuerst, dass Gott »in unserm Kreuz und Leiden / ein Brunn unsrer Freuden« bleibe. Menschen, die ihr Kreuz zu tragen haben, sei es Krankheit oder ein schweres Lebensschicksal, müssen deswegen nicht unglücklicher sein als andere. Entscheidend für die Lebenszufriedenheit eines Menschen ist die innere Einstellung, nicht die körperliche Verfassung oder äußere Umstände.

Paul Gerhardt macht uns auf unsere Einstellung zum Leiden aufmerksam. Fragen wir uns selbst: Können wir uns auch in auferlegtem Leiden an Gott freuen?

Bei uns Deutschen wird viel gejammert und geklagt. Aber nicht, weil wir leiden. In keinem anderen hoch entwickelten Land der Erde haben die Arbeitenden mehr Urlaubstage als bei uns. Viel Freizeit wird für private Beschäftigungen verwendet, die dem eigenen Wohlbefinden dienen. Doch wie viel Zeit verwenden wir für unsere persönliche Beziehung zu Gott?

Eine gute Beziehung braucht Regelmäßigkeit; sie braucht einen Rhythmus fester Zeiten und Orte, wo sie gepflegt werden kann. Es tut uns selbst gut, wenn wir den Tag nicht mit Jammern und Klagen beginnen, sondern mit einem Lob der Treue Gottes. So wird der Tag bewusst von der Gottesbeziehung gestaltet.

Als *zweites* Anliegen nennt das Lied »ein Herz, das sich gedulde«. Darum bitten Menschen, die sich von Herzen nach Gott sehnen. Jeder versteht, wie das ist, schon lange einen Herzenswunsch zu haben, der sich nicht erfüllt hat, eine Sehnsucht zu spüren, die noch nicht ans Ziel gelangt ist. Wie schwer geduldet sich da das Herz! Um Geduld zu bitten, ist keine Beschwichtigung. Vielmehr heißt sich gedulden: den Herzenswunsch leidenschaftlich festhalten, die Sehnsucht nicht erlöschen lassen, obwohl ihre Erfüllung sich verzögert!

Das *dritte* Gebetsanliegen wird wiederum nur aus der Zeitsituation verständlich, in der das Lied entstand. Der Dichter bittet um ein Ende des Jammers nach all dem Blutvergießen und darum, dass Gott nun »Freudenströme fließen« lasse. Denn er weiß: Sich nach langdauerndem Leiden wieder freuen zu können, ist ein Geschenk. Man kann es nicht machen oder herbeiführen. Aber man kann es erbitten vom »Hüter unsres Lebens«. Wir können uns für das Geheimnis des Lebens öffnen, aus dem »Ströme lebendigen Wassers fließen« (Joh 7,38). Freude wird uns dort geschenkt, wo es *in uns* zu fließen beginnt.

Sprechen wir gemeinsam die Strophen 11 bis 13 und singen wir dann Strophe 14!

Fürbitten für die Bedürftigen

Wer diese Strophen spricht und singt, bittet für Menschen, die bedürftig sind, also an etwas Mangel leiden.

Das Allgemeinste, was sie zum Leben brauchen, ist Gottes Segen. In den biblischen Sprachen heißt ›segnen‹: jemandem Gutes zusprechen. Darum bitten wir: »Sprich deinen milden Segen / zu allen unsern Wegen«. Ja, das brauchen wir, das brauchen alle Menschen am nötigsten: dass uns Einer auf unseren Wegen gut zuspricht.

Dass uns die Gnadensonne scheint, ist die Erfahrung des Gesegnetwerdens: Gott lässt Sein Angesicht leuchten über uns. So sehr brauchen wir das Gesegnetwerden, dass kein Mensch dieses Bedürfnis ganz bei uns stillen kann. Aber ob wir groß oder klein sind: wir alle sehnen uns danach, von den wärmenden Strahlen der Gnadensonne berührt zu werden.

In den Strophen 12 und 13 nennt das Lied Gruppen von Menschen, die auf unterschiedliche Weise Gottes Beistand brauchen. Das sind vor allem die Alleingelassenen, die Irrenden, die Unversorgten und Armen. Die haben es am nötigsten, dass ihnen geholfen wird. An diese Menschen werden wir, wenn wir ins neue Jahr gehen, umso mehr denken, je mehr wir selber spüren, was zur Lebenszufriedenheit unentbehrlich ist.

Viele Leute halten z. B. Reichtum für nötig, damit man ein zufriedener, glücklicher Mensch sein könne. Aber sie irren! Wer Wohlstand als höchstes Ziel ansieht, ist in der Regel wenig zufrieden, egal wie viel Geld er besitzt. Andere halten Gesundheit für das höchste Gut und Kranke für unglücklich. Im Durchschnitt sind kranke Menschen jedoch nicht unglücklicher als Gesunde, es sei denn, ihre Krankheit dauert lange und beeinträchtigt sie körperlich stark.

Das Lied zeigt uns, was Menschen wirklich am dringendsten brauchen: Wer sich verlassen fühlt, braucht einen Vater; wer verzweifelt nach dem richtigen Weg sucht, braucht einen Berater; Arme und Unversorgte brauchen Güter und Gaben. Und Kranke brauchen vor allem gnädige Hilfe, also persönliche Güte und Zuwendung.

Kein einziges echtes Lebensbedürfnis wird durch Geld erfüllt. Warum nicht? Weil ein verlässlicher Vater, weil gute Ratgeber, gute Gaben und persönliche Zuwendung sich durch Geld nicht kaufen oder ersetzen lassen! Sehr deutlich wird das bei seelischem Leid. Paul Gerhardt hatte selber viel mit Traurigkeit und Schwermut zu kämpfen. Er verstand aus eigener Erfahrung die »hochbetrübte[n] Seelen, die sich mit Schwermut quälen«. Er wusste, wie sehr sie danach bedürftig sind, dass jemand sie auf »fröhliche Gedanken« bringt.

Also, liebe Seele, viel Geld zu haben hilft dir nichts, wenn du betrübt bist. Entscheidend ist nur: Wer kann dich in deiner Schwermut trösten? Was kann dich erfreuen? So mancher möchte an diesem Silvesterabend froh sein. Glücklich der Mensch, dem Gott da fröhliche Gedanken eingibt!

Was würden Sie antworten, wenn Sie heute Abend gefragt würden, was Sie am meisten brauchen und was Ihnen am meisten gibt? – Paul Gerhardt sagt (man höre und staune!): wir brauchen vor allem Geistesgegenwart – die Fülle des Geistes.

Ähnlich dachte auch der religiöse Schriftsteller Sören Kierkegaard. Er schrieb einmal, Gottes zu bedürfen sei des Menschen höchste Vollkommenheit. Damit meinte er, dass nichts einen Menschen so auszeichnet und erhebt wie das Verlangen nach Gott.

Das ist nun eine Antwort, die uns ziemlich verlegen macht. Denn wir denken, wir bräuchten doch so viel anderes nötiger. Wenn wir dieses andere hätten, dann wäre es vielleicht gut, auch etwas vom Geist Gottes zu haben. Im Grunde wissen wir nicht, wozu der Geist nützen soll. Paul Gerhardt denkt offenbar anders. Er sieht im Heiligen Geist einen

Schmuck, der jeden Christen herrlich ziert, und eine Kraft, die uns zum Himmel führt. Wie kann er den Geist so hoch schätzen?

Ich glaube, der Dichter hält sich in seinem Lied ganz eng an die Worte Jesu und des Propheten Jesaja. Jesus lehrt: Der Geist »wird euch in alle Wahrheit leiten ... So ihr den Vater etwas bitten werdet in meinem Namen, so wird er's euch geben« (Joh 16,13.23).* Und bei Jesaja heißt es: »Ich freue mich im HERRN / und meine Seele ist fröhlich in meinem Gott. Denn er hat mich angezogen mit Kleidern des Heils / und mit dem Rock der Gerechtigkeit gekleidet. Wie einen Bräutigam mit priesterlichem Schmuck gezieret« (Jes 61,10).*

Für Paul Gerhardt ist der Heilige Geist dieser ›priesterliche Schmuck‹, mit dem Gott uns bei der Taufe geziert hat. Die höchste Gabe, die herrlichste Zier ist der Geist, denn er schenkt uns die Gewissheit, dass wir Kinder des Vaters im Himmel sind. Königskinder vergessen nie, wer sie sind. Sie dürfen jederzeit den Vater für sich in Anspruch nehmen. Und sie empfangen, was sie erbitten.

Oft und gern eröffnet unser Lieddichter die Aussicht auf den Himmel; sie darf auch hier nicht fehlen. Wie kümmerlich beschränkt stünden wir da ohne diese Aussicht! Was wäre das für ein Leben, Jahr um Jahr, wenn es nicht mehr zu wünschen und mehr zu hoffen gäbe, als hier in dieser Welt zu erwarten ist!

Wer um den Heiligen Geist bittet, erwartet mehr. Mit der Bitte »füll uns mit deinem Geiste« zeigen wir, dass wir uns selbst nicht genügen. Dass wir offen sind für Erfahrungen, die über uns selbst hinausweisen.

Gehen wir mit dieser Offenheit ins neue Jahr!

---

* Bibelzitate nach Luther 1545

Ein Lämmlein geht und trägt die Schuld (EG 83)

Liedpredigt zum Karfreitag

Predigt

Predigttext: Lied EG 83

Ein Lämmlein geht und trägt die Schuld, von Paul Gerhardt 1647

Liebe Gemeinde!

Dieses Lied von Paul Gerhardt möchte ich heute mit Ihnen genauer anschauen, weil es auf seine ganz besondere Weise sich dem Geschehen des Karfreitags annähert, eine Weise, die zugleich anrührt und befremdet. Als Kind liebte ich dieses Lied, weil es im Bild des Lammes so zart und in der Opferbereitschaft des Sohnes so hingebungsvoll wirkte. Als ich mir später den Text genauer ansah, fand ich es ganz schrecklich: »Was für ein rächender Gott!«, dachte ich, »und was für ein wenig selbstständiger Sohn.« Und ich mochte das Lied nicht mehr singen. Ich wollte von einem gütigen Gott und einem lebensklugen und freundlichen Gottessohn singen.
Erst als ich es jetzt im Zusammenhang mit der Gethsemane-Erzählung wieder las, erschien es mir wieder in einem neuen Licht. Haben wir vielleicht mit unserem modernen Gottes- und Menschenbild eine Wahrheit übersehen? Eine dunkle Wahrheit über uns und über Gott, aber zugleich damit auch einen Trost und ein Licht, das wir uns selber nicht geben können?

Das Lied beginnt mit dem Bild von einem Lamm, das zur Schlachtbank geführt wird. Das Lamm ist das eigentliche Symbol der Passions- und Osterzeit, bevor der Osterhase es an den Rand drängte. Aber auch das Lamm begegnet uns noch immer, auf vielen Altartüchern können wir es finden, und Sie kennen es von Gemälden, wir singen in der Abendmahlsliturgie »Christe, du Lamm Gottes«.

Das Bild des Lammes kommt von einem großen jüdischen Fest her, dem Versöhnungsfest. An diesem jährlichen Fest besann sich das Volk Gottes, wie viel Unrecht doch noch immer von jedem Einzelnen und im ganzen Volk begangen wurde, und bat Gott um Vergebung. Und als Zeichen, dass Gott vergibt, wurden die Sünden symbolisch auf ein junges Lamm geladen und dieses in die Wüste getrieben, wo es starb. So weit fort nahm Gott die Sünden und ließ die Menschen neu beginnen.

Schon sehr bald wurde Jesu Tod am Kreuz als eine solche Versöhnungstat verstanden. Jesus war das Lamm Gottes, das die Sünden der Welt trug und in den Tod mitnahm. Er hat sich zum Sündenbock machen lassen.

Wir denken heute gerne: Na, wäre das denn nötig gewesen? Muss Gott denn ein solcher Rächer sein, dass er unbedingt so ein Opfer braucht? Ich frage: Sind *wir* denn etwa besser geworden, dass *wir* keinen Sündenbock mehr bräuchten? Sind wir nicht bis heute so, dass wir immer wieder für misslungene Situationen einen Sündenbock brauchen? Wenn der Mann fremdgeht, ist die langweilige Ehefrau dran schuld, wenn die Kinder sich schlecht entwickeln, der missratene Freundeskreis oder die arbeitende Mutter; wenn die Arbeitslosigkeit hoch wird, sind die Juden schuld oder die Türken, wenn die Moral sinkt, das Fernsehen oder der Wohlstand. Aber niemand ist selber verantwortlich! Immer versuchen wir die Schuld weiterzuschieben an andere, die Menschen neben uns oder die Umstände. Wir selber wollen schuldlos dastehen.

»Sorry seems to be the hardest word«, heißt es in einem bekannten Lied: »Entschuldige scheint das schwerste Wort zu sein«.

Wir brauchen einen Sündenbock, um das Leben voller Schuld ertragen zu können. Wir suchen Sündenböcke – nur will niemand gerne Sündenbock sein!

Jesus hat sich selbst zum Sündenbock machen lassen. Das Lamm, das geduldig sich alles zuschreiben lässt, wofür es gar nichts kann. Das Lamm, das in den Tod geht, obwohl es nichts verbrochen hat. Das Lamm, das alles willig auf sich nimmt, damit die anderen erleichtert und erlöst leben können.

Wir singen die zweite Strophe.

Es ist hier sehr wohl der zornige Gott, der dieses Opfer will. Aber nicht, um seinen eigenen Zorn zu besänftigen, sondern damit Jesus sich »seiner Kinder annehme«. Es ist ein Akt der Annahme, wenn jemand die gerechte Strafe auf sich nimmt. Wir *meinen* nur, wir wollten keine Strafe, weil sie unangenehm ist. Aber wir *suchen* Gerechtigkeit, damit wir Werte und Orientierung finden. Kinder wollen nicht alles erlaubt bekommen, sie werden hilflos und orientierungslos, wenn sie so aufwachsen. Sie wollen ihre Grenzen herausfinden, sie wollen gezeigt bekommen, was unerschütterlich gilt.

Der Soldat, der die Hiroshima- Bombe abgeworfen hat, galt im Land als Held. Er selber spürte, dass er ein Unrecht auf sich geladen hatte, mit dem er nicht leben konnte. Er beging alle möglichen kleineren Vergehen, nur um im Gefängnis zu landen, um endlich etwas von der Schuld büßen zu können.

Wir suchen Gerechtigkeit. Und dazu gehört auch Strafe für Schuld. Wir schleppen manches an Schuld mit uns, was wir niemandem sagen, was wir nicht büßen, was wir wegschieben. Wenn wir krank werden, taucht leicht die quälende Frage in uns auf: Sollen wir jetzt bestraft werden? Wofür?

Jesu Opfer soll uns »los machen«, soll uns befreien aus der Angst vor einer drohenden Strafe, soll eine Gerechtigkeit bestätigen, die für immer gilt, die uns aber nicht in ihrer Strenge vernichtet. »Das Lämmlein ist der große Freund und Heiland meiner Seelen.« Wir haben einen Freund, der trägt, was wir nicht ertragen würden.

Wir singen die dritte Strophe.

Die Übereinstimmung mit Gottes Willen, zu der Jesus in Gethsemane fand, klingt hier an. Was der Vater sagt, will der Sohn und wird es willig wirken.

Hinter allem, so betont Paul Gerhardt in diesem Vers, steckt die unbegreiflich große Macht der Liebe: eine Liebe, die sogar das größte Opfer abnimmt, und die sogar den, der Gottesnähe und Macht verkörpert, freiwillig auf alle Macht verzichten und in den Tod gehen lässt. Doch noch vor dem Getöteten werden die Felsen springen!

Wir singen die vierte Strophe.

Mit dem vierten Vers wendet Paul Gerhardt die Blickrichtung. Nicht mehr Gott-Vater und -Sohn stehen nun im Zentrum, sondern was dieses Geschehen für den Glaubenden, ihn selber zu seiner Zeit, bedeutet. Die Liebe, die er in dieser Opfertat erkannt hat, die erfasst ihn nun auch zu dem, der so viel für ihn tat.

Hat Christus ihn mit dieser Erlösungstat wie mit Liebesarmen umfasst, so will er dies nun auch mit Christus tun. Christus soll nun das Licht seines Herzens sein, und selbst wenn dieses Herz bricht, dann wird eben Christus sein Herz sein. So eng, so vertrauensvoll soll diese Beziehung sein, dass er selber sich geradezu als Eigentum für Christus zu Verfügung stellt. Ist das doch das einzige Eigentumsverhältnis, wo der Mensch sich nicht verliert, sondern erst eigentlich gewinnt.

Wir singen die fünfte Strophe.

Wie ein Liebeslied beginnt diese Strophe. Wie ein junger Mann von der Lieblichkeit seiner Freundin singt, so will er von Jesus Tag und Nacht singen. Wenn die Freude, die Erleichterung besonders groß ist, dann reicht es uns nicht mehr, daran zu denken, dann wollen wir davon erzählen, und am liebsten wollen wir lauthals singen.

Für Paul Gerhardt ist in vielen Liedern immer wieder das Singen der Ausdruck der gelebten Gottesbeziehung. Nichts sonst kann Freude und Dankbarkeit so lebendig beschreiben und weitergeben.

Aber auch er selber will, wenn es sein muss, zum Freudenopfer bereit sein. Und sein »Bach des Lebens«, wie er so hübsch schreibt, soll sich zum Lob Gottes ergießen. Das fließende Leben, alle Kraft und Lebendigkeit soll diesem Gott zu Ehren sprudeln, der ihm solche Freiheit schenkt.

Und noch ein Letztes: Das Gute soll ganz tief in das Gedächtnis geschlossen sein. In den Zeiten der Freude mögen wir dankbar singen. In den schweren Zeiten brauchen wir die Erinnerung an Gottes Treue und Liebe, um Kraft zu schöpfen. Manchmal ist das Gedächtnis, die Erinnerung an gute Zeiten der Stock, auf den wir uns stützen können, wenn das Weitergehen uns schwer fällt. Weil Gott uns doch schon früher gut geführt hat, wird er das sicher auch wieder tun.

Wir singen die sechste Strophe.

In vielerlei Situationen wird diese Erinnerung an Gottes Liebe und an seine Taten nutzen. Denn das Leben geht ja deswegen nicht einfach schön weiter. Immer wieder werden wir vor Herausforderungen gestellt, die uns schwer fallen, und wo wir uns leicht verlassen fühlen. Paul Gerhardt nennt eine ganze Reihe solcher Beschwernisse: Streit, Traurigkeit, Krankheit und Appetitlosigkeit, Durst und Einsamkeit. Aber mittendrin doch auch die Fröhlichkeit. Und bei allem hat der Glaube das Gegengewicht bereit, die Hilfe, die mich durchhalten und wieder herausfinden lässt:

im Streite soll es sein mein Schutz,
in Traurigkeit mein Lachen,
in Fröhlichkeit mein Saitenspiel;
und wenn mir nichts mehr schmecken will,
soll mich dies Manna speisen;
im Durst soll's sein mein Wasserquell,
in Einsamkeit mein Sprachgesell
zu Haus und auch auf Reisen.

Die Erinnerung an Gottes große Güte ist eine Kraft, die durch alle widrigen Alltäglichkeiten und Besonderheiten hindurchtragen kann.

In der letzten Strophe weitet er den Blick noch über den Tod hinaus. Die Verheißung aus der Offenbarung, dass wir nach der Auferstehung neu von Gott gekleidet werden, verbindet er mit dem des Blutes des Lammes und sagt: dies wird mein Purpur sein, in den ich gekleidet werde; königlich werde ich gekleidet werden von dem König aller Welt; seine Erlösungstat ist meine Krone, mit der ich getrost vor Gottes Thron treten kann. Und noch ein letztes, liebevolles Bild verwendet er aus der mittelalterlichen Mystik: Wie eine geschmückte Braut werde ich vor Gott treten und mich mit Christus vermählen, denn Gott selber hat mich ja ihm anvertraut. Durch diese Erlösungstat Christi erwartet mich nicht das große Gericht, sondern eine herrliche Hochzeit vor dem göttlichen Thron. Kann es eine schönere Aussicht geben?
Amen.

Singen wir noch die letzte Strophe.

O Welt, sieh hier dein Leben (EG 84)

Ein Lied singt ein Bild – Gesprächsabend mit Bildbetrachtung

**Ein Lied singt ein Bild –
Besinnung über den Glauben mit Hilfe innerer Bilder
Gesprächsabend mit Ehrenamtlichen,**
mit Bildbetrachtung des Isenheimer Altars

Lied 84, 1-3 (aus CS, mit unbekannter Strophe 2):

*Ich glaube, weil ich sehe –
Einführung*

Die Überzeugung »Ich glaube nur, was ich sehe« ist so modern nicht, für wie sie sich hält. Schon immer haben Menschen leichter Zugang zu einer Vorstellung oder einem Glauben gehabt, wenn sie die Anhaltspunkte dafür im Sehen hatten.

Die römisch-katholische und noch stärker die orthodoxe Kirche haben diesem immer Rechnung getragen und eine Menge Elemente zum Sehen in ihre religiösen Riten eingebaut: der Leib Christi hat in jeder Kirche seinen festen Ort, wo er aufbewahrt wird; manchmal wird er in Prozessionen zum Schauen durch die Straßen getragen; bunte Gewänder bilden die Botschaft des Kirchenjahres ab u. a. m.

Der Protestantismus hat sich gegen die Verdinglichung des Glaubens gewandt bis hin zur Abschaffung jeglichen Schmuckes in den reformierten Kirchen, um die Bedeutung des Sinns, des Inhalts des Glaubens stärker bewusst zu machen. Jeder Christ steht direkt vor Gott in Glauben und Verantwortung, kann sich nicht hinter Szenarien verstecken und das Gewissen einer höheren Instanz überlassen. Jeder sollte sich selber mit dem Wort des Evangeliums auseinander setzen und die ursprüngliche Botschaft im eigenen Leben umsetzen. Darum auch sollte jeder die Bibel in seiner Muttersprache lesen können.

O Welt, sieh hier dein Leben (EG 84)

Umso entschiedener wurde dann die Bemühung, den Menschen eine Begegnung mit dem ursprünglichen Geschehen zu ermöglichen. Im 16. und 17. Jahrhundert haben große Maler wie Rembrandt, Grünewald und Tizian versucht, Ereignisse aus dem Leben Jesu möglichst realistisch darzustellen. Plötzlich ist es nicht mehr der stilisierte Gottessohn und Weltenherrscher, den man sieht, sondern ein Mensch wie wir, der unter armen Menschen wie uns verletzlich-sanft zu überzeugen versucht, grausamen Quälereien ausgesetzt ist und gezeichnet, aber erlöst den Tod überwunden hat. Die Bosheit der Menschen wird so bedrückend realistisch gemalt wie das zu erwartende Gericht, und das ersehnte Paradies in rührender Schönheit und Frieden.
Die Menschen konnten sehen, was es zu glauben gab. Die Könige auf den Weihnachtsbildern waren ihre Fürsten, die sie kannten, und die armen Hirten waren ihre Zeitgenossen, Maria hatte die Schönheit der jungen Mädchen ihres Ortes.
Die Botschaft ihres Glaubens wurde sichtbar in Bildern aus ihrer Gegenwart.

So malt auch Paul Gerhardt mit seiner Sprache Bilder des Gekreuzigten. »O Welt, sieh hier dein Leben« sagt er und malt mit Worten ein Kreuzigungsbild vor unserem inneren Auge, das uns hineinnehmen soll in das Geschehen, das unseren Glauben begründet. Manch einer sah dabei das Altarbild oder ein Fenster seiner Kirche vor Augen, aber auch die eigene Phantasie konnte aus diesen Worten innere Bilder schaffen, die dem Glauben halfen zu verstehen.

Ich glaube, weil ich sehe.
Im Sehen wird das Geschehen von damals zu einem vorstellbaren Geschehen.
Im Sehen wird aber auch die Gegenwart zu einem Element in Gottes Geschichte mit uns Menschen. Ich sehe Menschen wie mich in der Menge um den gefangenen Jesus und muss mich fragen, wie ich mich dazu verhalte. Ich sehe Christus, einen Menschen wie wir, und erschrecke über die Grausamkeit des Leidens, das er durchmachte. So etwas tut Gott mit seinem Sohn?? Was steckt dahinter, wenn er so etwas Furchtbares seinen Sohn auf sich nehmen lässt?

Erst im anschaulichen Begegnen mit diesem Geschehen bricht diese Frage neu und drängend auf.
Ich erschrecke, weil ich sehe. Ich besinne mich, weil ich sehe. Und dann kann ich schließlich auch neu glauben lernen, weil ich sehe.

»Tritt her und schau!« Ich bin betroffen, weil ich sehe – Bildbetrachtung

Bildausschnitt des Gekreuzigten von Mathias Grünewald, Isenheimer Altar, um 1515, Museum Unterlinden, Colmar; u.a. in: Werner Pfendsack, Bildwelt des Glaubens, Fr. Wittig Verlag, Hamburg 1989, S. 80f.

1. Stille Bildbetrachtung (ca. 5 Min.)
2. Fragen zur Betrachtung an die Teilnehmer, *Zettel und Stifte für evtl. Notizen (die Fragen stehen schon darauf oder an einer Tafel)*
   a. Was fällt Ihnen als Erstes ins Auge?
   b. Mit welchen Körpermerkmalen zeigt Grünewald Jesu Leiden erschreckend realistisch?
   c. Welche Wirkung hat das auf einen Betrachter, auf uns? Was fühlen wir da, welche Aussagen, vielleicht auch welche Fragen kommen in uns auf?
   d. Was will Grünewald wohl damit bewirken?
3. Aussprache: Jeder kann mitteilen, was er möchte; kann sagen, was ihn beschäftigt.

Was ich gesehen habe, verändert mein Leben

Wer ist schuld?

Warum lässt Gott dies geschehen an einem Menschen, den er liebte und der doch mehr als jeder andere Gottes Liebe zu den Menschen bringen wollte? Jeder andere hätte das eher verdient als er.

Paul Gerhardt geht in seiner Auseinandersetzung mit der Frage noch weiter: Nicht nur jeder von uns hätte das eher verdient, sondern sogar »Ich, ich und meine Sünden« haben dir das eingebracht, Jesus, du nimmst meine Schuld auf dich.

Auch wenn wir wissen, dass dies eine wesentliche Deutung des Todes Christi ist, fällt uns dies heute schwer mitzusprechen. Ich bin nicht so sonderlich schuldig. Ich bin wie alle normalen Leute, bin kein Mörder oder sonstiger Verbrecher. Und selbst die sind halt meist durch schlechte Umstände so geworden.
Schuld ist kein Begriff, der unser Leben wesentlich beschreibt und bestimmt.
Wenn wir aber alle so schuldlos wären, wie wir uns fühlen, müsste dann die Welt nicht anders aussehen? Ist der uns durchaus manchmal belastende Zustand der Welt wirklich nur auf ein paar einzelne Idioten in Regierungen und anderen Ländern zurückzuführen oder auf zerstörerische Naturereignisse?
Ist die Welt nicht so, weil wir allzu schnell die sehr wohl spürbare Schuld gleich auf Gott schieben, der die Welt »so gemacht hat«? Wie schnell sind wir im Zweifelsfall bereit, uns keine Freiheit mehr zuzuerkennen, sobald die Situation unangenehm wird und wir Verantwortung übernehmen müssten (z.B. im Protest gegen Kriegsstimmung, Umweltverschmutzung, ungerechte Verteilung der Rohstoffe und Handels- und Produktionsbestimmungen). Dann sind wir nur kleine, hilflose Rädchen in einem unüberschaubaren, anonymen Apparat.
Sobald aber jemand uns auffordert, Bedürfnisse zurückzustellen für eine Gemeinschaft, Freiheiten nicht zu nutzen für die Erhaltung von natürlichen Gegebenheiten (etwa Urlaubs-Flugreisen), oder Werte einzuhalten, obwohl ich spannende Chancen hätte (etwa Treue), dann vertreten wir vehement unsere errungene Freiheit.
Praktisch ist »Schuld« nicht ein veralteter Begriff, sondern ein verlagerter: Schuld sind Verhältnisse (Globalisierung, Börsenflaute – als seien sie Naturereignisse), Schuld sind Völker (»die« Juden, »die« Türken, die Islamisten), Schuld ist auch Gott, aber ganz bestimmt nicht wir, und schon gar nicht wir persönlich.

Diese Auseinandersetzung mit Schuld mag sehr provozierend und aufregend sein. Darum empfehle ich an dieser Stelle eine weitere **Gesprächsrunde zum Thema »Schuld«.** *Leitende Fragen könnten sein:*

1. Wie haben Sie als Kind erlebt, wie mit Schuld umgegangen wurde? Wofür mussten Sie sich schuldig fühlen? Gab es bei Ihren Eltern Eingeständnisse von Schuld?
2. Gibt es ein schuldloses Leben? Welches Gewicht hat Schuld heute im Alltag? Wofür muss man sich heute, als Erwachsener, schuldig fühlen?
3. Wenn wir uns wirklich einmal schuldig fühlen, mit wem können wir dann reden?
4. Was kann uns helfen, mit Schuld zu leben, ohne sie klein zu reden?

Für mich ist das geschehen! Das gibt mir Kraft!
Wenn Paul Gerhardt in seinen Liedern immer wieder bereit ist, von »seiner« Schuld zu sprechen, dann ist das nicht eine programmatische Selbstzerknirschung (wie das später in manchen frommen Kreisen gerne praktiziert wurde), sondern es ist die Erkenntnis von Verantwortung. Eine Verantwortung, die er als Glaubender an sich gestellt sah, und der er sich auf seine Weise sehr konsequent und auch auf einschneidende Drohungen hin stellte.

Es ist vielleicht nur dann auch möglich, die Bedeutung des Kreuzestodes Jesu und seine erlösende Wirkung zu erkennen, wenn man sich vorher der unangenehmen Erkenntnis der Verantwortung und Schuld gestellt hat. Erst dann wird das Geschehen am Kreuz auch für mich selber bedeutsam.

Anregung: *Gehen Sie einmal in eine geöffnete Kirche, in der ein Kruzifix hängt. Setzen Sie sich so nah, dass Sie den Gekreuzigten gut sehen können. Schauen Sie ihn an mit dem Gedanken: »Das ist für mich geschehen!« Seien Sie gespannt, was Sie entdecken!*

Lied EG 84, 5-6 Du nimmst auf deinen Rücken

Ein »stiller, sanfter Mut«
Das Eingeständnis der Schuld ist bei Paul Gerhardt nie Selbstzweck, sondern stets Übergang: erst im Entdecken der Gegenwärtigkeit des Leidens Jesu **für mich** wird auch die neue Kraft erfahrbar:

Lesen wir miteinander die Strophen 7-9: Ich bin, mein Heil, verbunden ...

Das Bild des leidenden Christus trägt er in sich, wo er sei und was ihm auch geschieht. Dieses innere Bild hat eine ähnliche Wirkung, wie es das Bild der Frau und Kinder für die Soldaten im Krieg hatte oder das Foto des Geliebten für ein verliebtes Mädchen: Es überwindet die Ferne, es macht die Liebe spürbar, von der man weiß, und es gibt Kraft, die Lebensaufgaben zu bewältigen, weil man eine Neubegegnung erwartet. Das Bild des leidenden Christus im Herzen relativiert die eigenen Leiden, ermöglicht eine sichtbare Verbundenheit zu jemandem, der einen kennt und liebt, und es schafft einen »stillen, sanften Mut« in den Herausforderungen des Lebens, weil man nicht allein gelassen ist. Von daher ist es auch möglich, mit Verletzungen und Schuld anderer freier und gelassener umzugehen, Friedensfähigkeit, aber auch Mut zum Widerstand zu entwickeln.

Das Verwunderliche und Erfrischende an Paul Gerhardts Umgang mit den Glaubenswahrheiten ist seine direkte Art, das Geschehen für sich persönlich geltend zu machen. Er malt mit Sprache das Bild des Gekreuzigten, wie es die großen Maler mit Farben tun. Zugleich holt er das Geschehen zu sich in eine lebendige Ich – Du – Beziehung und macht damit auch anderen Mut, sich dem anzuschließen. Erst dann gewinnen die Glaubensaussagen ihre wirkliche Bedeutung und ihre Wirkkraft. Wahrheiten sind öde, solange sie als scheinbare Objektivitäten aufgedrängt werden. Die Wahrheit des Glaubens ist eine, die sich im praktischen Leben erweist und sich in der lebendigen Beziehung zwischen Gott und Mensch ereignet. Dann wird sie auch lebensgestaltend, Verantwortung fördernd und Frieden schaffend.

Lied EG 84, 10-11(13) Ich will daraus studieren ...

O Haupt voll Blut und Wunden (EG 85)

Predigt am Karfreitag

Ev.: Mt 27,37-50 / Epistel: Phil 2,5-11

Liebe Gemeinde!

Wie, wenn wir jetzt auf dem Berg Golgatha stünden, nicht weit vom Kreuz Jesu, so dass wir ihn direkt anschauen könnten? Wie wäre uns dabei zumute? Was würden wir empfinden?

Das Lied von Paul Gerhardt versetzt uns genau an diesen Ort: gegenüber vom gekreuzigten Jesus. Es bewegt uns dazu, ihm ins Angesicht zu schauen.

Wie schwer dieser Anblick auszuhalten ist! Einen Menschen, der großen Schmerz leidet, einen Gequälten, einen Gefolterten anzuschauen, nicht den Blick abzuwenden, fällt uns schwer. Umso peinlicher, wenn dieser Mensch uns nahe steht und vertraut ist. Und Jesus?

Es gibt viele Kunstwerke, auf denen wir den Gekreuzigten dargestellt sehen. Doch das sind Bilder, die uns meist nicht mehr schockieren. Der Anblick geschundener Menschen ist in unserem Medienzeitalter erschreckend ›normal‹ geworden. Dass Jesus am Kreuz gequält wird, dass er eine Art von Folter erleidet, wissen wir zwar. Aber wir wollen es nicht realistisch vor Augen haben. Etwas in uns sträubt sich dagegen.

Vielleicht hat der Kinofilm »Die Passion Christi« von Mel Gibson auch deswegen solche heftigen Auseinandersetzungen hervorgerufen: weil da das Leiden Jesu auf bedrängende Weise anschaulich wird.

Das Lied bewegt uns dazu, Jesus am Kreuz anzuschauen, sein Haupt anzuschauen. Paul Gerhardt folgt damit ganz bewusst einem älteren Vorbild. Er greift zurück auf einen lateinischen Zyklus von sieben Gedichten, die alle der Betrachtung und Verehrung der verwundeten Glieder Christi gewidmet sind. Sie richten sich an Füße, Knie, Hände, Seite, Brust, Herz und Angesicht des Gekreuzigten.

Es ist eine alte christliche Tradition, sich die Qualen des am Kreuz leidenden Jesus realistisch auszumalen, um dann im Gebet mit ihm eins zu werden. Der Lieddichter hat alle sieben Gedichte nachgedichtet; unser Lied »O Haupt voll Blut und Wunden« ist das letzte in der Reihe.

Was geschieht nun, wenn ich Jesus so anschaue, wie das Lied es mir nahe legt? Das Haupt ist mehr als andere Glieder für die Person charakteristisch. Ich sehe vor mir den Menschen, der ehrwürdig ist wie kein anderer: blutüberströmt, dornengekrönt, entstellt, verwundet, geschlagen, bespuckt. Im Gesicht ist der Mensch am meisten Person. Doch gerade das Gesicht ist am meisten misshandelt.

Das Lied lädt mich ein, diesem misshandelten Gesicht Ehre zu erweisen: »Gegrüßet seist du mir!« Ich soll dieses entstellte, todesblasse Gesicht mit meinem Gruß ehren. Ich soll das Gegenteil dessen tun, was die römischen Soldaten getan haben, die den Gekreuzigten verspotteten und ihm eine Dornenkrone aufsetzten: »Gegrüßet seist du, Judenkönig!« (Mt 27,29).

Ich erinnere mich, wie mich als jungen Landpfarrer eine Kirchenvorsteherin belehrte: Ich wisse wohl nicht, was Grüßen bedeute. Als Städter hatte ich gemeint, es sei nicht nötig, allen Leuten, die mir auf der Straße begegneten, »Guten Tag!« zu sagen. Doch im Dorf wurde das erwartet. Die Dorfbewohner wollten von mir geehrt, sie wollten als Person gewürdigt werden.

Aber mit der Ehre ist es so eine Sache. Sie fängt nicht erst mit dem Grüßen an – was man auch mit Spott und Verachtung tun kann! –, sondern damit, ob ich dem anderen ins Angesicht schaue oder mit gesenktem Kopf an ihm vorübergehe. Den anderen würdigen heißt: ihm von Angesicht zu Angesicht begegnen. Ich schaue ihm in die Augen und werde von seinen Augen angeschaut. Dann erkenne ich: der andere ist anders als ich – und zugleich ein Mensch wie ich selbst.

Darum ziehen Henker und Folterer sich eine Maske über ihr Gesicht oder verhüllen das Gesicht ihres Opfers, das sie misshandeln. Sie wollen selber nicht erkannt werden und vermeiden es, dem Geschundenen direkt ins Gesicht zu schauen, um nicht zu sehen, dass der andere ein Mensch ist wie sie selber.

Wenn ich das Angesicht des gekreuzigten Jesus so anschaue, wie das Lied mir nahe legt, höre ich auf, distanzierter Beobachter zu sein. Ich fange an, ihn teilnehmend und mitfühlend anzuschauen. Dieser misshandelte Mensch, sein Angesicht, stellt mir eine Frage, der ich nicht ausweichen kann. Das Lied lässt mich ihm diese Frage stellen: »Wer hat dein Augenlicht, / dem sonst kein Licht nicht gleichet, / so schändlich zugericht'?« Wer hat dir das angetan?

Das Lied gibt die Antwort, es gibt sie uns vor. *Singen wir die Strophen 4 und 5.*

Was wir da gesungen haben, würde uns kaum über die Lippen gehen, wenn wir es einzeln sprechen müssten. Da würde sich sofort Widerspruch regen: »Wieso soll ich denn am Leiden Jesu schuld sein? Ich kann doch nichts dafür! Ich habe nichts getan. Was Jesus am Kreuz erleiden musste, haben andere getan.«

Paul Gerhardt hat anscheinend völlig vergessen, wer die wirklich Schuldigen waren: Judas, die Hohenpriester und Schriftgelehrten, Pilatus, die Henkersknechte. Sie haben das edle Angesicht Christi so schändlich zugerichtet. Sie haben ihm das angetan: Schimpf statt Ehre, Spott statt Scheu, Todesblässe statt Licht.

Doch schau nur den Gekreuzigten an! Er »zeigt nicht hierhin oder dorthin, auf den oder jenen; kann es gar nicht, festgenagelt wie er ist, blickt nur unentwegt aus diesem zerschlagenen Gesicht« (Alex Stock), bis du dir die Frage selbst beantwortest:

Nun, was du, Herr, erduldet,
ist alles meine Last;

ich hab es selbst verschuldet,
was du getragen hast.
Schau her, hier steh ich Armer,
der Zorn verdienet hat.
Gib mir, o mein Erbarmer,
den Anblick deiner Gnad.

In diesem Augenblick gibt es nur dieses Ich und Du. Wenn der andere mich immerfort anschaut, wenn ich meinen Blick nicht von ihm abwenden kann, fühle ich mich verantwortlich gemacht für den anderen, angeklagt von seinem Anblick. Ich kann nicht anders, als mich schuldig zu bekennen und belastet durch das, was in diesem Gesicht angerichtet ist.

Der Betrachter, der seine Schuld eingesteht, steht hilflos da. Er fühlt sich dem Blick seines Richters ausgesetzt und sucht den Blick des Erlösers: »Gib mir, o mein Erbarmer, den Anblick deiner Gnad«.

Wie gern würde ich und wie gern würde jeder von uns sagen: »Mit dem, was dieser Mensch da erleidet, habe ich eigentlich nichts zu tun!« Aber das ist eine Ausflucht. Wir haben alle mit dem Leid zu tun, das andere erleiden. Der Anblick eines gequälten Menschen macht uns verantwortlich, jedes geschundene Haupt ist eine stumme Anklage an uns.

Das Furchtbare, dem ich mich nicht entziehen kann, ist ja, dass hier der Herr der Welt, dass hier Gott selbst leidet: der mit höchster Ehr und Zier Gekrönte, das edle Angesicht, vor dem sonst alle Welt erzittert!

Wenn ich erkenne, *vor wem ich stehe*, kann ich Ihn nur um Seine Gnade bitten. Dann bitte ich Ihn um Erbarmen und kann mich, wie das Lied mir vorsagt, darauf berufen, wie viel Gutes Er mir schon getan hat. Erst dort, wo einer derart vom Anblick des leidenden Christus getroffen wird, dass er mit-leidend seine Schuld erkennt, geht ihm auf, wie sehr er immer schon von der Güte Gottes gelebt hat.

Das Lied bewegt mich dazu, vor dem leidenden Christus mich selbst zu erkennen. Und in demselben Augenblick erkenne ich, dass Gott, der sich so von uns – ja, von uns! – misshandeln lässt, bis zum Äußersten zu uns hält.

Es ist der in der Begegnung mit Christus geläuterte Mensch, der jetzt in dem Lied zu Wort kommt: *Singen wir die Strophen 6 bis 8.*

Mit Staunen höre ich, was ich da singe. Das ist ja eine Liebeserklärung, die ich Christus zugesungen habe! »Ich will hier bei dir stehen ...« Ich möchte an seiner Stelle »mein Leben von mir geben«. Ich bitte ihn: »Ach gib, dass ich mich halte / zu dir und deiner Treu ...«

Von Anfang an, längst vor diesen Strophen, ist das Lied ganz auf den Ton eines Liebesliedes gestimmt. »Mein G'müt ist mir verwirret, / das macht ein Jungfrau zart; / bin ganz und gar verwirret, / mein Herz, das kränkt sich hart ...« Dazu hat Hans Leo Hassler die Melodie komponiert. Nach derselben Melodie singe ich jetzt für Jesus, meinen ›liebsten Freund‹!

Im Lied spricht ein Mensch, der das Leiden Jesu mitempfindet, der ihm nicht nur beistehen, sondern an seiner Passion teilnehmen will. Das Miterleben geht so weit, dass er dem sterbenden Jesus tröstende Geborgenheit geben will und sich sogar wünscht, selber am Kreuz zu sterben!

Obwohl hier vom Sterben gesprochen wird, haben diese Strophen einen warmen und hellen Klang. Es fehlt alles Selbstquälerische und Düstere, das viele heute mit dem Karfreitag verbinden. Denn Paul Gerhardt betont die Freude, im Leiden Jesu sich selbst und in ihm das Leben zu finden. Er bewegt mich dazu, in Jesus »mein Heil« und »mein Leben« zu erkennen.

Es ist diese Aussicht, dass ich *in ihm* mein Leben finde, die mich dazu bewegen kann, Jesus nachzufolgen: dem Freund, der mir den Geist geschenkt hat, in dem ich mich jetzt schon an »mancher Himmelslust« freuen darf. Der hat mir den höchsten Freundesdienst erwiesen, als er für mich sein Leben gab. Sagt doch Jesus selbst: »Will mir jemand nachfolgen, der verleugne sich selbst und nehme sein Kreuz auf sich und folge mir. Denn wer sein Leben erhalten will, der wird's verlieren; wer aber sein Leben verliert um meinetwillen, der wird's finden« (Mt 16,24f.).

Mit diesem Freund, sagt das Lied mir vor, will ich bis zu meinem eigenen Tod verbunden sein. Auf diese Weise wird er mir in der Todesstunde zum letzten Halt.

In den Strophen 9 und 10 bittet der Beter Jesus um Beistand beim eigenen Sterben.

(*Wo es möglich ist, kann ein Chor diese Strophen in der Vertonung von Johann Sebastian Bachs Matthäuspassion singen.*)

Wie anders spricht Paul Gerhardt vom Sterben, als es heute üblich ist! Heute fürchten sich viele Menschen davor, langsam und schmerzvoll zu sterben. Sie haben Angst, allein und in fremder Umgebung dahinsiechen zu müssen. Daher wird immer wieder der Ruf nach Sterbehilfe laut, die dem Sterbenden eine unnötige Verlängerung seiner Qualen ersparen soll. Oft höre ich, wenn jemand einen plötzlichen Herztod oder ›Sekundentod‹ stirbt: das sei ein »schöner Tod«. Oder, wenn jemand nach längerem Siechtum stirbt: für den sei der Tod »eine Erlösung« gewesen.

Was heute oft völlig vergessen wird, ist die Frage, wie man sich, bevor es ans Sterben geht, auf den Abschied vorbereitet. Das Lied weicht dem nicht aus; es beschönigt den Tod auch nicht, sondern spricht von Schmerz und Bangen, Angst und Pein, so als ob jederzeit mit der letzten Stunde zu rechnen wäre, und ruft Jesus herbei: er soll den Sterbenden aus seinen Ängsten herausreißen. In der äußersten Bedrohung und Anfechtung kann nur der helfen, der Angst und Todesnot erlitten hat.

Jesus kann dem Sterbenden beistehen, er kann ihm Schild und Trost sein, weil er ihm im Leiden und Sterben vorausgegangen ist. Im Lied ruft der Beter das Bild des Gekreuzigten herbei: Jesus selbst soll ihn dieses Bild sehen lassen.

Im Mittelalter war es noch üblich, dem Sterbenden ein Kruzifix vor Augen zu halten, um ihm angesichts des Todes den letzten Halt, den Sterbetrost schlechthin zu geben. Paul Gerhardt spielt auf diesen Brauch an. Christus in seiner Kreuzesnot anschauen, das heißt für ihn: den vor Augen haben, der den Schrecken des Todes ausgehalten hat, um den sterbenden Christus bewusst anzublicken und mit einer liebevollen Geste des Vertrauens ans Herz zu drücken.

Alle Bitten zielen also darauf, auch in den letzten Augenblicken eine lebendige Beziehung zu Jesus haben. Wer mit seinem Bild vor Augen den eigenen Tod ›begrüßt‹, »der stirbt wohl«.

Sicher kann das nur aus der Erfahrung dessen gesagt werden, der schon andere beim Sterben begleitet hat. Wir wissen nicht, wie wir selber sterben werden. Aber das Lied bereitet uns vor auf ein getrostes Sterben: kein Beziehungsabbruch, kein Fallen ins Nichts geschieht da, sondern ein Übergang, ein Sich-ganz-in-Christus-hinein-Geben.

Mich sprechen gerade die beiden letzten Strophen des Liedes in ihrer Gefühlswärme und ihrem innigen, persönlichen Ton an. Wie viele mögen in der Sterbestunde durch sie getröstet und gestärkt worden sein! Sie stärken in uns das Vertrauen, dass wir auch dann, wenn wir den Tod erleiden müssen, bei Christus Halt finden.

Dazu gehört aber, dass wir dem Anblick seines verletzten, geschändeten Gesichts nicht ausweichen. Das Lied »O Haupt voll Blut und Wunden« richtet unseren Blick auf das Angesicht Christi, um uns zur Anteilnahme an seiner Passion zu bewegen. Nur der teilnehmende Blick auf den gequälten Menschen führt zu echter Erkenntnis, die uns selbst läutert.

Auf, auf, mein Herz, mit Freuden (EG 112)

Bildbetrachtung für einen Glaubenskurs mit Erwachsenen

»Anzuschauen ein rechtes Freudenspiel«

Bildvorlage: Tizian, *Die Auferstehung* (1542-1544). Öl auf Leinwand, 163 x 104 cm. Galleria Nazionale delle Marche, Urbino. [Quelle: Christliche Kunst. Vom 6. bis 20. Jahrhundert, Verlag Katholisches Bibelwerk, Stuttgart 1997, 133]

Die Strophen 1 bis 3 werden gesungen.

1. Christus als Sieger – ein Bild von der Auferstehung

Das Lied von Paul Gerhardt lädt dazu ein, den auferstandenen Christus anzuschauen. Wir sehen ihn vor uns auf dem Bild, und unser Blick richtet sich unwillkürlich nach oben. Auf der unteren, dunklen Bildhälfte sind die Bewacher des Grabes, vier Soldaten. Zwei von ihnen schlafen. Die beiden anderen schauen nach oben, und unser Blick folgt ihnen. Der Soldat links stützt sich auf seinen Schild mit dem Reichsadler, der rechte hält eine Lanze in seinen Händen. Doch Waffe und Rüstung nützen nichts. Sie bleiben unbenutzt, ein Helm liegt vor den Schlafenden am Boden.

Oben, im Licht, über den Wolken, schwebt der Auferstandene. Die weißen Tücher, mit denen man ihn eingewickelt und ins Grab gelegt hat, wehen im Wind. Christus schaut mit leicht geneigtem Kopf seitwärts nach oben. Den rechten Arm hat er wie zum Gruß nach oben ausgestreckt, die Hand erhoben. Daumen, Zeige- und Mittelfinger weisen nach oben, eine Segensgeste. Die linke Hand hält eine Stange mit wehender weißer Fahne, auf die ein rotes Kreuz gemalt ist.

Das Lied deutet uns, was wir sehen: Christus ist »frei / und ruft Viktoria, / schwingt fröhlich hier und da / sein Fähnlein als ein Held, / der Feld und Mut behält« (Strophe 2). Er blieb nicht im Grab, sondern stand auf von den Toten. Er hat den Tod, die Hölle und ihre Rotten besiegt. Dieser Sieg wird ausgerufen. Und die Siegesfahne zeigt: hier ist ein Kampf auf Leben und Tod ausgefochten, hier ist eine Schlacht geschlagen worden zu unseren Gunsten.

Eine Strophe, die in unserem Gesangbuch fehlt, hebt noch drastischer hervor, dass der Auferstandene Sieger ist über alle bösen Mächte:

Der Held steht auf dem Grabe
Und sieht sich munter um,
Der Feind liegt und legt abe
Gift, Gall und Ungestüm.
Er wirft zu Christi Fuß
Sein Höllenreich und muss
Selbst in des Siegers Band
Ergeben Fuß und Hand (CS 26,3).

Christus erscheint wie ein Feldherr der anderen, besonderen Art: einer, der nicht mit Waffen aus Blech und Stahl gekämpft hat, der keine Rüstung trägt, wie es die Soldaten tun. Im Gegensatz dazu erscheint er merkwürdig schutzlos, beinahe nackt. Ein Mensch aus Fleisch und Blut, dessen Macht offenbar von anderswo kommt als von bewaffneten Heeren. Ein merkwürdiger Gegensatz wird da sichtbar: diese feine, schlanke Gestalt im Licht ist stärker als die plumpen, massigen Gestalten im Dunkeln. Er, der Wehrlose, Angreifbare, siegt über die schwer bewaffneten Männer.

Der Anblick des Auferstandenen erhebt uns. Ihn anzuschauen ist für Paul Gerhardt »ein rechtes Freudenspiel« (Strophe 3). Was hat Christus zu unseren Gunsten erkämpft? Er hat, so sagt das Lied, all die Mächte besiegt, die einem Grauen einflößen.

Der Inbegriff des Grauenerregenden sind die Hölle und ihre Rotten. Sie können mir nichts anhaben, wenn ich mich an Christus halte. Selbst der Tod wird nicht mehr geachtet. Er »bleibt ein totes Bild«, das mich nicht mehr ängstigen und einschüchtern kann.
Wer sich an Christus hält, gewinnt eine eigentümliche Unabhängigkeit von der Welt, ja eine Weltüberlegenheit, die andere Menschen nicht ken-

nen. Die Welt kann ihm nichts anhaben, die Trübsal kann ihn nicht betrüben.

Die Strophen 4 und 5 werden gesungen.

2. »Nimm wahr, was heut geschicht!« Ein Lied versetzt mich in die Gegenwart Christi

Woher diese Unabhängigkeit kommt, sagt uns Paul Gerhardt: »Ich hang und bleib auch hangen / an Christus als ein Glied; / wo mein Haupt durch ist gangen, / da nimmt er mich auch mit« (Strophe 6). Glauben heißt demnach, dass ich an Christus hänge und er für mich »mein Heiland« ist. Was mit ihm geschieht, das geschieht auch mit mir. Die Auferstehung ist für den Lieddichter kein historisches, sondern ein gegenwärtiges Geschehen. Das Herz soll wahrnehmen, »was heut geschicht« (Strophe 1). Auferstehung geschieht heute. Christus steht heute von den Toten auf und nimmt mich mit. Glauben heißt, sich selbst mit dem gegenwärtigen Christus zusammensehen.

Nicht nur das Lied vergegenwärtigt den Auferstandenen, auch das Bild zeigt, dass der Maler Tizian Christus als gegenwärtig wahrnimmt. Die Soldaten tragen die Kleidung, die für Soldaten im 16. Jahrhundert üblich war. Der Auferstandene erscheint also als Mensch für Menschen in der Zeit des Malers und schwebt mit seiner Siegesfahne über dem Schild mit dem Reichsadler.

Durch die Ich-Form versetzt uns das Lied als Einzelne in die Gegenwart Christi. Es versetzt uns in seine Gesellschaft. Was das Lied von ihm sagt, sagt es im Präsens: »Er reißet durch den Tod, / durch Welt, durch Sünd, durch Not, / er reißet durch die Höll ...«. Und dasselbe geschieht zugleich auch mir, wie das Lied hinzufügt: »... ich bin stets sein Gesell«.

So spricht mir das Lied eine Existenz, ein Leben mit Christus zu, das der Welt und ihren Widrigkeiten enthoben ist. Ich kann von mir selbst nicht behaupten, dass ich schon ein solches Leben führe. Keiner kann das von sich sagen, solange er nur auf sich selbst und auf andere schaut. Aber wer aufblickt nach oben und auf den erhöhten Christus schaut, teilt seine Blickrichtung. Darauf kommt es an: *seine* Blickrichtung zu teilen, mit *seinen* Augen zu sehen, mit ihm aufzublicken. Und je mehr sich meine Sehweise verändert, desto mehr verändert sich auch die Wirklichkeit meines Lebens.

3. Ein mitreißender Christus

Christus – wir sehen es auf dem Bild – schwebt über allem. Das Bild macht ihn sichtbar als unser Haupt, zu dem wir aufblicken. Und das Lied sagt: Er reißt alles durch, was als geschlossene Macht auftritt. Er reißt es entzwei. Das ist ein kraftvoller, ja ein gewaltsamer Akt, dieses Durchreißen. Aber anders als durch einen solchen Riss, der quer durch alles hindurchgeht und alles entzweireißt, was uns von Gott abbringen will, ist die Macht des Bösen nicht zu brechen. Hinreißend und mitreißend ist dieser Christus! Er reißt durch alles hindurch – und reißt mich durch alles mit.

4. Wie sich mein Leben in seiner Nachfolge verändert

Glauben heißt, sich mit Christus zusammensehen und ihm nachfolgen. Das Lied spricht mir wiederum zu, dass ich dies tue. Mehr noch: es versetzt mich in die Nachfolge Jesu Christi. Und es zeigt, wie sich mein Leben verändert, wenn ich es in der Gegenwart des Auferstandenen führe. Zwei Veränderungen fallen mir auf: eine im Lebensrhythmus und eine in der Art, mit Angriffen tobender Widersacher umzugehen.

Er bewegt mich zu einem anderen Rhythmus

Mein Leben bekommt einen anderen Rhythmus, einen anderen Schwung, wenn ich in der Gegenwart Christi lebe. Ich werde von seiner Fröhlichkeit durchdrungen. Das wird beim Singen des Liedes spürbar, weil die Melodie in einem tänzerischen Dreier-Rhythmus gehalten ist. Diese Melodie nimmt mich in einen Reigentanz hinein, so als ob ich mit Christus leichtfüßig im Reigen dahinschwebte. – Das ist das Eine.

Er schützt mich gegen Angriffe

Und das Zweite: Ich muss Angriffe, Widrigkeiten (das Lied spricht von »Ungemach«) und das Toben böser Mächte nicht mehr auf mich beziehen. Solange ich annehme, die Widersacher hätten etwas gegen mich, suche ich mich aus eigener Kraft gegen sie zu verteidigen. Das führt nie zu etwas Gutem. Aber wenn ich mich mit Christus zusammensehe, lasse ich ihn für mich kämpfen und dem Angreifer begegnen: »Es tobe, was da kann, / mein Haupt nimmt sich mein an, / mein Heiland ist mein Schild, / der alles Toben stillt« (Strophe 7).

Die Strophen 6 bis 8 werden gesungen.

Er bringt mich dorthin, wo meine Treue belohnt wird
Glaube bewährt sich darin, dass ich unter allen Umständen an Christus festhalte. Im Himmel sehe ich mich mit Worten konfrontiert, die gerade dem in der Treue zum leidenden Christus Bewährten versprechen, dass er mit ihm zu Gott erhöht wird. Der Himmel – das ist die Sphäre der reinen Gottesgegenwart, wo ich ganz aufgehoben bin. Dort wird die Treue zu Christus belohnt. Dorthin bringt er mich.

Fragen zum Gespräch:
a. Wenn Sie das Bild von Christus als dem Sieger betrachten, welche Gefühle und Gedanken löst es in Ihnen aus?
b. Was kommt Ihnen fremd vor, was spricht Sie besonders an?
c. Folgen Sie der Einladung des Liedes, wahrzunehmen, was heute geschieht! Wo entdecken Sie heute Zeichen und Hinweise auf die Gegenwart des auferstandenen Christus?
d. Die Ich-Form des Liedes ist ein von Paul Gerhardt bewusst gebrauchtes Ausdrucksmittel: jeder, der es singt, soll das, was das Lied sagt, auf sich beziehen. An welchen Stellen des Liedes bleiben Sie, wenn Sie seine Aussagen auf sich beziehen, hängen? Und welche Stellen reizen Sie zum Widerspruch?
e. Was hat Sie in Ihrem Leben hingerissen und mitgerissen?
f. Können Sie sich vorstellen, die eigene Glaubensbeziehung zu Christus als etwas Mitreißendes zu erleben?
g. Was macht es uns modernen Mitteleuropäern schwer, uns von Christus mitreißen zu lassen?
h. Denken Sie darüber nach, wie sich Ihr Leben in der Nachfolge Christi verändert! Was erfreut Sie daran, was überrascht Sie, und was beunruhigt Sie?

Zieh ein zu deinen Toren (EG 133)
Kreative Bearbeitung eines Pfingstliedes im Konfirmandenunterricht

Für junge Menschen ist der Zugang zu dem trinitarischen Denken wie auch speziell zu der »Person« des Heiligen Geistes besonders schwierig. Das Lied könnte, auch wenn es auf den ersten Blick sehr sperrig und fremdartig wirkt, mit kreativen Gestaltungsmöglichkeiten zum Erschließen des christlichen Denkens beitragen.

Vorbereitende Schritte:
1. Gott ist kein Gott der Idylle. Wir leben in einer Welt, in der Gott die Herausforderung zu einem verantwortlichen Umgang bedeutet.

2. Welcher Geist herrscht in der Welt eher vor? (Geld, Macht, Erfolg, Glücksuche)
Gottes Geist will uns Menschen bewegen. Was ändert sich, wenn Gottes Geist unser Handeln bestimmt?

3. Was bewirkt Gottes Geist in dem Lied Paul Gerhardts?
Leitfrage für die Bearbeitung des Liedes ist: Wenn der Heilige Geist spürbar wird, wie wirkt sich das auf das Zusammenleben der Menschen aus? Dazu sollte der Liedtext in vier Gruppen verteilt werden. Jede Gruppe soll die Wirkungen des Geistes in Stichworten festhalten, die auf Karten (DIN A5) notiert werden.
Die Gruppen erhalten folgende Textabschnitte:
– 1: Strophen 1-3: neu geboren werden – Befreiung des Geistes von Sünde – gut gemacht werden
– 2: Strophen 4-7: vom gewöhnlichen Menschen zu einem besonders begabten Menschen werden – Beten lernen – singen machen – Freude – Liebe und Freundschaft
– 3: Strophen 8-10: Veränderung der Einstellung (des Herzens) – Friedfertigkeit – Wohlergehen und Neuerrichtung – Recht – wünschenswerte Grundhaltungen in jeder Generation

– 4: Strophen 11-13: Glaube – Segen – Freudigkeit und Stärke – Lebensorientierung an Gott – fröhliches Sterben und Hoffen auf ewiges Leben.

Ergebnissicherung: Die Gruppen stellen ihre Karten einander vor.

Die Konfirmanden bilden drei neue Arbeitsgruppen, die je nach Lust und Begabung das Lied auf ihre Weise umsetzen:

A: Musikalisch
Gruppe A versucht, die einzelnen Liedstrophen mit passenden Klängen ihrer Instrumente zu begleiten. Die Liedstrophen werden jeweils dazu vorgelesen (entweder gleichzeitig oder nacheinander).
Als Musikinstrumente können zur Verfügung stehen: Trommeln, Rasseln, Xylophon, Mundorgel, Triangel, Zimbeln, Didgeridoo, Tischzither, einfache Holzflöten (1-3 Töne) o. Ä.
Eine musikalisch fortgeschrittene Gruppe könnte das Lied (eventuell in einer modernisierten Version der Gruppe C) nach eigenem bevorzugtem Stil z. B. Rap, Jazz, Pop, vertonen. Das Ergebnis dieser Gruppe kann auch auf Tonträger (Hörkassette) aufgenommen werden.

B: Gestalterisch
Gruppe B fertigt Collagen zu Bildmotiven aus den Liedstrophen an (z. B.: Reben, besonders begabte Menschen, Hass, Streit, Freundschaft, Krieg und blühende Länder, Kampf gegen das Böse, eine Welt nach Gottes Willen).
Als Materialien werden zur Verfügung gestellt: Kartons in verschiedenen Farben, alte Zeitschriften, Klebstoff, Filzstifte.

C: Sprachlich
Gruppe C formuliert ein zu dem Lied passendes Fürbittengebet für einen Pfingstgottesdienst.
Wenn sie besonders geschickt ist, kann sie auch einen neuen Liedtext schreiben.

Die Gruppen stellen einander ihre Ergebnisse vor.
Die Konfirmanden können aus dem, was sie erarbeitet haben, einen Pfingstgottesdienst (mit)gestalten.

Herr, der du vormals hast dein Land (EG 283)

Biografiearbeit mit Senioren über Kriegserfahrungen

In den letzten Jahren ist vermehrt eine Bereitschaft und ein Bedürfnis der älteren Generation zu erkennen, über Kriegserfahrungen zu sprechen. War es lange Jahre durch die Notwendigkeit, Familie und Wohlstand aufzubauen, in den Hintergrund geschoben worden, sowie andererseits durch das Drängen der nachfolgenden Generation in einen Rechtfertigungsdruck geraten, dem lieber ausgewichen wurde, ist es nun vor Enkeln und Urenkeln leichter geworden, die heraufdrängenden Erinnerungen auszusprechen.

Biografiearbeit soll Menschen – gerade im höheren Alter – helfen, ihre Lebensgeschichte neu anzuschauen und zu verarbeiten. Sie soll helfen, Verletzungen zu beklagen, eigene (Mit-)Schuld zu benennen und Frieden mit der eigenen Geschichte, gerade auch der eher misslungenen und enttäuschenden, zu schließen.

Das Lied »Herr, der du vormals hast dein Land« von Paul Gerhardt nimmt einerseits den Psalm 85 zur Vorlage, in der das Volk Israel die Kriegszerstörung von Land und Tempel und die Exilssituation beklagt, bezieht sich aber gleichzeitig auf die seinerzeit gleichermaßen furchtbare Erfahrung des 30-jährigen Krieges.

Das Lied besteht aus zwei genau gleich großen Hälften: Die Strophen 1-4a sind die Klage über die Kriegsnöte mit der Bitte um baldiges Ende; die Strophen 4b-7 betonen das Vertrauen auf Gottes Hilfe und den wiederkehrenden Frieden und Gerechtigkeit.

In dem Gespräch mit Senioren können in der Begegnung mit dem Lied darum sowohl die Kriegsnöte und -Hoffnungen zur Sprache kommen, als auch die Verarbeitung des Erlebten und die Veränderungen, die die Nachkriegszeit brachte, sowie das heutige Verständnis von Kriegsgründen, Friedensbemühungen, Fragen von Gerechtigkeit und natürlich auch die Rolle des Glaubens in dem geschichtlichen Prozess von Krieg und Frieden.

Die Anregungen sind für die LeiterInnen von Seniorenkreisen gedacht, können aber in angepasster Form auch als Hilfestellung für Gespräche mit Einzelpersonen durch Ehrenamtliche im Besuchsdienst gebraucht werden.

Krieg als alltägliche Bedrohung von Familie und Besitz

Lied EG 283,1-4

a. Paul Gerhardt beschreibt in diesen Strophen die Kriegsnot und Kriegsmüdigkeit, wie er sie in Sachsen und Brandenburg erlebte. Wo haben Sie die Kriegsjahre erlebt? Wie unterschiedlich waren die **Kriegserfahrungen** in den verschiedenen Ländern und Orten (Stadt/ Land; Ostgebiete/ westliche Länder)? Was waren für Sie (als Kinder? Als Jungverheiratete? Als Auszubildende?) die eindrücklichsten Erfahrungen des Krieges? Wie hat der Krieg Ihre Lebensplanung verändert (Verhinderung des Studiums; frühe Witwenschaft oder Verlust der großen Liebe vor der Hochzeit; Sorge um die Eltern statt eigener Ziele)? War die Zeit während der Kriegsjahre schlimmer (Bombardierungen) oder die Zeit am Ende und danach (Flucht und Vertreibung, Hunger und Armut)?

b. Gab es während des Krieges eine **Veränderung der inneren Einstellung** (Nationalbewusstsein, Nazismus, Pazifismus, politisches Desinteresse, Verhältnis zu Nachbar- bzw. »Feindes«ländern)? Hat der Krieg das Fühlen / Träumen / Hoffen verändert?

c. Welche Rolle spielte der **Glaube** in dieser Zeit? Hat er an Bedeutung gewonnen oder seine Überzeugungskraft verloren? Was haben die Eltern für ein Verhältnis zu dem Glauben vermittelt? War er mit nationalem Denken verbunden? War er mehr mit Gehorsam gegenüber der Obrigkeit verknüpft oder mehr mit untergründigem oder offenem Widerstand?

d. Im 30-jährigen Krieg haben verschiedene **Konfessionen** gegeneinander gekämpft. Auch in den beiden Weltkriegen haben Christen auf Christen geschossen (s. auch den eindrucksvollen Film »Merry Christmas«, der von dem heimlichen Waffenstillstand deutscher, französischer und schottischer Truppen an Heiligabend 1914 berichtet). War das ein Gedanke, der ins Bewusstsein drang? Welche Rolle spielte das Verhältnis zu den Juden vor, während und nach dem Krieg?

Friedenshoffnung – Sehnsucht und Verantwortung

Lied EG 283, 4-7

a. Paul Gerhardt schließt in seinen Bitten an die Sehnsucht der Psalmen an, Gott möge die Strafe beenden und Frieden schenken. Wie haben Sie damals die Friedenssehnsucht und die **Kriegsmüdigkeit** erlebt? Waren sie von Anfang an da oder gab es einen Zeitpunkt, wo das Fühlen von Eifer in Müdigkeit umschlug, oder kam das Ende wie ein Schock, weil die Hoffnung auf einen Sieg noch selbstverständlich war?

b. An wen richtete sich die Hoffnung auf Frieden (auf den Sieg? Auf die Stärke der Widerstandskämpfer bzw. der Alliierten? Auf göttlichen Eingriff?)?

c. Was, glaubten Sie, wird sich nach dem Ende des Krieges ändern? Wie würde es weitergehen? Haben sich Begriffe wie »Treue« und »Ehre« geändert? Haben »Deutschland« und »Feinde« einen anderen Beigeschmack bekommen? Haben Sie sich im Verlauf des Krieges und seines Endes mit Ihren Gefühlen im Stich gelassen, ausgenutzt oder verraten gefühlt?

d. Was bedeutete der Glaube in Bezug auf Frieden und Nachkriegszeit? Hat sich Ihr Verhältnis zu Gott geändert? Gab es in Ihrem Leben Zeiten, wo der Glaube stärker oder schwächer war? Hing das mit äußeren Umständen zusammen?

e. Was würden Sie heute sagen: Wie weit sind wir Menschen für Krieg und Frieden verantwortlich? Welche Rolle spielt Gott für Krieg und Frieden auf der Welt?

f. Worum können wir Gott bitten?

Was ich meinen Enkeln weitergeben möchte ...

a. Tafelanschrieb: Was fällt Ihnen spontan zu dem Wort »Krieg« ein?

b. Ihre Enkel wachsen in eine Zeit hinein, in der sich neue Konflikte in der Welt zuspitzen, die schnell zu kriegerischen Konflikten werden können, sei es aus wirtschaftlichen Gründen (Bodenschätze wie Öl, Gas oder Trinkwasser) oder aus religiösen Gründen (islamischer Fundamentalismus). Was würden Sie Ihren Enkeln und Urenkeln aus Ihren Erfahrungen gerne mit auf den Weg geben? Bitte formulieren Sie 1-3 Sätze auf Karton. (*Mit Zustimmung könnten diese Sätze auch im*

Konfirmandenunterricht vorgestellt, evtl. sogar von einzelnen mutigen älteren Menschen im Gespräch mit den Konfirmanden erläutert werden).
c. Schlussgebet von Nathan Söderblom (im Hess. EG im Anschluss an 283 abgedruckt) lesen:

Herr, unser Beschützer, hilf allen, die für Frieden in der Welt arbeiten.
Sieh in Gnade auf alle, die unter Angst, Ungerechtigkeit, Krieg und Verfolgung leiden.
Nimm die Schutzlosen in deine Obhut.
Lösche Hass und Verachtung aus,
Brich Mauern zwischen den Menschen nieder.
Erfülle die Kirche in unserem Land und alle Christenheit auf Erden mit deinem Geist.
Und vereine uns schließlich in deinem ewigen Frieden.

Literaturhilfen: Bausteine für die Altenarbeit
Biografiearbeit

Du meine Seele, singe (EG 302)

Liedpredigt

Predigtlied EG 302,1 Du meine Seele, singe

Predigt

Liebe Gemeinde!

In diesem Lied hat Paul Gerhardt den 146. Psalm zu einem gereimten Lied gestaltet. Die zehn kurzen Verse des Psalms sind zu zehn Liedstrophen geworden. In unserem Gesangbuch sind nur acht Strophen aufgenommen, die zweite und dritte Strophe waren ausgelassen worden, darum haben Sie ein Liedblatt mit allen Strophen erhalten.

Für Paul Gerhardt war es, wie für viele Theologen der jungen evangelischen Kirche, ein wichtiges Anliegen, dass auch die Menschen, die nicht in der Bibel lesen können, weil sie nicht zur Schule gehen konnten, mit den biblischen Aussagen vertraut werden. (*Paul Gerhardt wollte mit solchen Dichtungen die biblischen Texte den Menschen näher bringen. Viele konnten ja damals nicht zur Schule gehen und darum nicht selber in der Bibel lesen. Sie sollten über seine Lieddichtungen die Psalmen besser verstehen und leichter lernen können.*)
Und wenn sie dann noch gesungen werden, dann fällt es noch leichter, mit einzustimmen und sie miteinander erklingen zu lassen.

Das Singen war für Paul Gerhardt – und auch für die Menschen seiner Zeit – eine ganz selbstverständliche Ausdrucksform des Alltags. Man sang im Familienkreis und in der Hausgemeinde, wenn möglich auch bei der Arbeit, und schließlich bei Sterbenden. Im Singen war man miteinander verbunden und machte sich gegenseitig Mut und gute Laune.

Für Paul Gerhardt war Singen noch mehr.
Im Singen kann sich das Herz viel leichter öffnen für das Erkennen der

guten Taten Gottes. Im Lob Gottes verbindet sich der Mensch mit Gott. Im Singen werden »der Herr droben« und unser Leben »hier auf der Erd'« zu etwas Gemeinsamem. Manche von Ihnen, gerade wenn Sie selber im Chor (*singen oder*) gesungen haben, kennen diese Erfahrung: In dem gemeinsamen schönen Singen von der Verlässlichkeit und Herrlichkeit Gottes wird diese zugleich erlebbar, gegenwärtig. Beim schönen Singen **ist** es dann auch so, wie das Lied sagt.

Darum ruft Paul Gerhardt immer wieder zum Singen auf. Einmal, weil es das Lob Gottes am besten ausdrücken kann, und zum andern, weil wir selber damit in eine befreiende Wirkung hineingenommen werden. Das, was uns so unverbrüchlich und übermächtig scheint, wird plötzlich klein und unwichtig.
Davon singt die zweite Strophe.

Wie schnell können sich die Verhältnisse in der Welt ändern! Was einmal unverbrüchlich schien, kann plötzlich hinfällig sein. Sie haben es in Zeiten des Krieges erlebt, wie mühsam erarbeiteter oder lang vererbter Besitz zerstört oder weggenommen wurde. Wir sehen, wie Ländergrenzen sich verschieben, wie Gesetze nach momentanen Bedürfnissen geändert werden, wie das Glück sich in Unglück verkehren kann. Auf manche Menschen ist so wenig Verlass wie auf Gesundheit. Wie ein »Dunst« sind selbst die Machthaber, ein Nebel, der sich wieder auflöst und nichts davon bleibt. Wer sich davon betören lässt, fällt ganz leicht auf die Nase.
Der Mensch, jeder Mensch, ist doch nur für eine kleine Weile da.
Davon singt die dritte Strophe.

Manche Menschen nehmen sich so wichtig, dass sie meinen, ohne sie läuft die Welt nicht mehr weiter. Und manche lassen sich davon so erschrecken, dass sie sich ganz klein und schwach vorkommen. »Was kann ich schon ausrichten gegenüber so großen Leuten?«
Gerade wenn wir uns so ausgeliefert und ohnmächtig fühlen, und das ist ja vor allem dann, wenn wir gerade krank oder schwach und alt sind, dann tut diese Blickweise gut: All die klugen Sprüche, all das eingebildete Getue, das so manche an den Tag legen, als könnte ihnen so was nicht

passieren, als seien sie aus eigener Kraft jung und stark und unangreifbar, ist ja doch nur Illusion. Jeder Mensch hat nur seine gewisse Zeit und wird sich dann in Nichts auflösen. Paul Gerhardt sagt sogar ganz abschätzig: wird selber werden Erde und Kot. Kein Großer bleibt groß, kein Starker bleibt stark, am Ende werden alle wieder zu Erde.
Dabei meint Paul Gerhardt das keineswegs hämisch. Sondern vielmehr will er damit zu einer ernüchternden und zugleich tröstlichen Erkenntnis helfen:
»Allda ists dann geschehen mit seinem klugen Rat und ist frei klar zu sehen, wie schwach sei Menschentat.« Die Menschen, die mit ihren machtvollen Vorhaben uns so viel Respekt oder gar Angst einflößen, sind ja doch letztlich schwach. Es kommt nicht auf sie an. Sie haben nur für kurze Zeit ihre Möglichkeiten. Unser Glück hängt nicht von ihnen ab, sondern von einem Größeren.
Davon erzählt die vierte Strophe.

Es ist der Gott unserer Väter und Mütter, der über eine lange Geschichte seine bleibende Nähe deutlich gemacht hat. Selbst wenn über die eigene oder die Bosheit anderer so manches verdorben wurde, hat Gott doch auch immer wieder neue Anfänge möglich gemacht. Auf seine Hilfe zu vertrauen, hat den Menschen immer wieder mehr Kraft und Hilfe gebracht, als sich auf Leute zu verlassen, die nur zu guten Zeiten Freunde sind, oder in Machtsystemen drin stecken, aus denen sie im Nu wieder herausfliegen können.
Wer sich Gott anvertraut, »der hat das beste Teil, das höchste Gut erlesen«. Er ist wie ein erst mal schwer erkennbarer Diamant zwischen einer Sammlung bunter Edelsteine. Um das »beste Teil« und das »höchste Gut« zu wählen, muss man sich gut auskennen mit den nur scheinbar guten. Vielleicht wird man dafür erst auch mal sich getäuscht haben, auf das Falsche hereingefallen sein, bis man das beste herausfindet. Manche Versprechungen sind nicht gehalten worden, manche Freunde haben sich aus dem Staub gemacht, manche großen Angebote waren nur Blendwerk. Was sich in der Not bewährt, das zeigt sich erst dann. Und mancher hat gerade dann die stille, aber treue Kraft Gottes entdeckt.
Sogar die Liebe kann täuschen. Denken Sie nur an das Lied »In einem kühlen Grunde«: es beschreibt die gar nicht seltene Erfahrung, dass die

scheinbar große Liebe die Zeit des Wartens nicht überdauert; es kann auch der kräftezehrende Alltag oder die Enttäuschung nach Illusionen sein, die die Liebe verschwinden lässt. Wer Gott vertraut, sagt Paul Gerhardt, der hat »den schönsten Schatz geliebt«, eine Liebe, die verlässlich ist und wirklich ewig hält.
Wir singen die 5. Strophe.

Mit diesem Vers weist Paul Gerhardt auf ein Erleben hin, das immer wieder in seinen Liedern auftaucht: die Schönheit der Natur. Wie großartig Gottes Kräfte sind, das zeigt sich uns doch jedes Jahr neu im Erleben der Natur. Himmel und Erde sind unbegreifliche Kunstwerke: das Zusammenspiel der Kräfte im Universum ebenso wie die Fülle an Lebewesen auf der Erde, in Luft und Wasser. Für viele Menschen heute ist gerade dies Erleben noch ein Hinweis auf Gottes Dasein. So viel großartig durchdachtes Leben, im Großen und bis ins einzelne Zusammenspiel unserer Organe und Zellen – das kann nicht mit dem wesenlosen Begriff des »Zufalls« beschrieben werden. Da muss ein großer Geist dahinterstecken.

Aber auch jeder einzelne Mensch kann sich auf diese umfassende Treue Gottes verlassen.
Wir singen die 6. Strophe.

Gottes Treue ist es, die in diesem Vers besungen wird. Man kann sich auf sie verlassen, es macht Gott »Freude«, sein Wort zu halten. Er »gönnt« uns Gutes und schützt uns. Was aber nicht heißt, dass wir nicht auch einmal in der Welt Unrecht und Gewalt leiden müssen. Das gehört zum Leben in der Welt dazu, wie nachher auch noch ganz andere Nöte. Aber es kommt darauf an, dass wir *in* all dem »in der Treu beruhn«, also einen Ruhepunkt in uns finden, weil auch wir die Treue zu Gott halten. Wir können das, was uns geschieht, in sich beruhen lassen, weil wir unseren festen Halt in der Treue Gottes haben. Wir haben einen Halt in seiner Treue, einen Ruhepol in unserem Vertrauen auf ihn – dadurch können wir auch Schweres überstehen.
Davon singt die 7. Strophe.

Sie hören, da sind ganz extreme Nöte im menschlichen Leben angesprochen: Todesgefahr, Hungersnot, qualvolle Gefangenschaft. Paul Gerhardt kannte solche Nöte von Jugend an: Als er elf Jahre alt war, brach der 30-jährige Krieg aus, bald darauf starben beide Eltern, als er 17 Jahre alt war, suchte erst eine Seuche und schließlich die Pest seinen Heimatort heim. Mit Verlusten und Rückschlägen war sein Leben immer belastet. Und doch kann er dies schreiben und singen: »Er weiß viel tausend Weisen zu retten aus dem Tod.«

Das Vertrauen auf die Treue Gottes und die Erfahrung Seiner Hilfe war für ihn immer wesentlicher gewesen als die Erfahrungen von Verlust und Leid, die er auch reichlich durchzustehen hatte.

Gottes Hilfe trägt auch nach Verlusten weiter.
Davon singen die nächsten beiden Strophen (8+9).

Ist das nicht ein schöner Ausdruck: Er erleuchtet das Gesicht der Blinden? Er bringt ihr Gesicht zum Leuchten; die, denen alles dunkel ist, werden selber Leuchtende. So sehr wirkt diese Liebe Gottes, dass selbst Kranke zu strahlenden Menschen werden können. Die, die sich selber schwach fühlen, werden aufgerichtet; Gott macht sie stark. Und die, die ihn suchen und sich nach ihm sehnen, finden in ihm »den besten Freund«. Niemand ist je ganz verlassen und allein. Gott wird für sie zum besten Freund, zum Trost, zum Begleiter, wenn der nächste Mensch einem verloren geht. Niemand bleibt ganz allein zurück. Es bleibt der beste, der treueste Freund.

Wir haben diese Denkweise Gott gegenüber verloren, weil wir Gott nur als abstrakt allmächtig groß denken können oder als ohnmächtig klein im Menschen. Paul Gerhardt beschreibt Gott, ähnlich wie es Jesus auch tat, als Freund, mit dem man im Alltag in einem lebendigen Austausch steht; Gott ist jemand, auf den man sich immer wieder bezieht, mit dem man reden kann, den man bitten und loben kann.

Der freilich auch »grimmig« werden kann. Wer meint, er könne ihn sozusagen an den Rand schieben, an ihm vorbei leben, der kann plötzlich erleben, wie ihm sein ganzes Leben wie aus Bauklötzen gebaut zusammenfällt. Die Größe und Kraft Gottes und seine Nähe zum Menschen kann auch zur aufrüttelnden Macht werden. Er ist kein harmloser Freund, sondern ein wertvoller.

Und so schließt das Lied mit einem Lob auf Gott, der groß ist wie ein König, demgegenüber wir Menschen nur wie »welke Blumen« sind, die kurz blühen und bald wieder verschwinden. Das ist realistisch, gerade wenn man das Schicksal von Menschen in Kriegszeiten betrachtet. Aber so kurz und verblühend kann uns selbst ein 80-jähriges Leben vorkommen. Am Ende ist es immer kurz gewesen und die Vergänglichkeit scheint ungeheuerlich. Das könnte ein bedrückender Gedanke sein. Aber Paul Gerhardt lässt es gar nicht dazu kommen. Denn für ihn bedeutet die Treue Gottes und meine Treue zu Gott ja noch mehr als Hilfe in dem kurzen Menschenleben. Es bedeutet auch: Ich gehöre nicht nur hier auf diese Erde. Ich gehöre vielmehr »gen Zion«, also dorthin, wo Gott ist, in die ewige Stadt Gottes. Dorthin, wo alles seinen Anfang nahm und wohin alles führt, da bin auch ich zu Hause.

Darum ist es »nur billig«, also einfach selbstverständlich und das Passende, »dass ich mehre sein Lob vor aller Welt.« Das ist doch die eigentliche und größte Aufgabe, die mein kurzes Leben in dieser Welt haben kann, Gott zu loben, ihm zu singen und zum Vertrauen auf ihn anzustecken.

Tun wir es mit dieser letzten Strophe.

Ein Lied überwindet die Sprachlosigkeit – Erfahrung eines Seelsorgers beim Krankenbesuch

Pfarrer Jens Böhm besucht eine alte Frau, die einen Schlaganfall hatte. Sie liegt gelähmt im Bett und kann kaum noch sprechen. Ihre Angehörigen geben dem Seelsorger einen Hinweis mit auf den Weg: »Singen Sie doch ein Lied mit ihr!« Und dann: »Die Kirchenlieder von Paul Gerhardt hat sie immer so gerne gemocht.« Als er bei der Kranken ist, findet er zuerst über die Augen Kontakt zu ihr. Nach einer Weile liest er einen Psalm, betet das Vaterunser. Die Frau bewegt dazu manchmal ihre Lippen, versucht Worte zu formen. Dann beginnt der Pfarrer zu singen: »Du meine Seele, singe, wohlauf und singe schön, dem, welchem alle Dinge zu Dienst und Willen stehn«. Und auf einmal singt die Frau mit. Sie sucht nicht nur nach Worten, sie singt wirklich mit. Langsam und deutlich: »Ich will den Herren droben hier preisen auf der Erd, ich will ihn herzlich loben, solang ich leben werd«. Sie kann nicht mehr sprechen, aber sie kann singen. Sie kann Gott loben.[163]

Das Singen ermöglicht, zu dieser gelähmten, nahezu sprachlosen Frau eine seelsorgliche Beziehung herzustellen. Was hier stattfindet, nenne ich musikalische Seelsorge: Gesang als personale Kommunikation, die die Sprachlose befähigt, selbst für ihre Seele zu sorgen. Das Lied aktiviert bei der Frau in der Begegnung die Fähigkeit zu singen. Dies gelingt, weil gesungene Worte sowohl die linke Gehirnhälfte, in der Worte und Erinnerungen gespeichert sind, als auch die rechte Gehirnhälfte mobilisiert, die den Speicher für Emotionen bildet. Zum anderen sind Kirchenlieder von Paul Gerhardt der Frau seit ihrer Kindheit vertraut. Mit Hilfe der Angehörigen gelingt es dem Seelsorger, genau dasjenige Lied zu finden, das die Kranke liebt und das ihrer Lebenshaltung entspricht. Das Singen geschieht im Kontext einer kleinen Andacht mit Psalmlesung und Vaterunser. In einer schwierigen Lebenssituation kön-

---

163. Nach: Jens Böhm, Zuspruch am Morgen: hr1/hr2 – Dienstag, 9. Januar 2001. Vgl. die ausführlichere Fassung und den Kommentar dazu in: Michael Heymel, In der Nacht ist sein Lied bei mir, 308f. und 311f.

nen die fremden Worte eines alten Loblieds tragfähiger sein als alles, was man mit eigenen Worten sagen könnte. Das gemeinsame Singen des Liedes ruft bei der Frau Erinnerungen wach und gibt ihr Kraft. Und es verbindet, indem es beiden, dem Seelsorger und der alten Frau, den Zugang zu einer verbindenden Glaubenssprache eröffnet.

Nun danket all und bringet Ehr (EG 322)

Meditationen zum Lebenslauf

Dieses Lied folgt dem Lauf des menschlichen Lebens und betrachtet es im Horizont der Ewigkeit. Es fordert die Menschen zum Danken und Loben auf. Paul Gerhardt nimmt damit ein biblisches Gebot zum Lobpreis auf (Sir 50,24):

»Nun danket alle Gott, der große Dinge tut an allen Enden, der uns von Mutterleib an lebendig erhält und uns alles Gute tut«.

Wer die einzelnen Liedstrophen meditiert, wird darauf aufmerksam, wofür er oder sie im Blick auf den eigenen Lebenslauf Gott danken und Ihn loben kann.

Zu den Strophen 1 und 2:
Wir Menschen in der Welt, alle ohne Ausnahme, haben Grund zu Dank und Lob. Wir haben Grund, den zu loben, dessen Lob die Engel im Himmel unaufhörlich singen.

Wir sind also schon längst von Lobgesang umgeben, bevor wir damit anfangen. Die Welt ist weit mehr als das, was wir hören und sehen, messen und begreifen können. Da sind auch die Engel im Himmel, die ganz im Loben aufgehen. Sie weisen über diese Welt hinaus.

Paul Gerhardt fordert uns auf, in diesen Lobgesang der Engel einzustimmen. Für wen ist das gut? Zunächst für uns selber. Es tut uns an Leib und Seele gut, uns durch laut schallendes Singen zum Lob Gottes zu ermuntern. Aber es tut auch den anderen gut, allen Menschen. Und wozu ist das gut, Gott zu loben? Auf diese Weise wird hörbar und bekannt gemacht, dass Er überall »seine Wunder ... und große Dinge tut«.

Gott tut Wunder, jeden Tag, an dem die Sonne aufgeht und der Himmel sich über uns wölbt. Er tut Wunder, wo immer grüne Pflanzen aufblühen und sich im Herbst die Blätter färben. Er tut Wunder und große Dinge an einer Vielfalt der Lebewesen, an der Spinne, die vor meinem Fenster ihr Netz gebaut hat, und an den Kühen und Schafen, die draußen auf der Weide stehen. Gott tut Wunder überall, auch und besonders im Leben jedes einzelnen Menschen. Es kommt nur darauf an, sie wahrzunehmen.

Man kann die Entwicklung des Lebens auf der Erde erklären und die Gesetzmäßigkeiten der Natur analysieren. Aber dass das Universum existiert und dass es lebendige Wesen gibt, ist nicht zu begreifen. Uns umgeben Geheimnisse, die durch keine noch so feinen Apparate erklärt werden können.

Gott, ich danke dir, dass du diese Welt so groß und wunderbar gemacht hast.
Öffne mir die Sinne für die Wunder, die du überall tust!

Zu Strophe 3:
Wenn ich über mein Leben nachdenke, staune ich am meisten darüber, dass ich bis zum heutigen Tag noch lebe. Wie oft war ich schon in Lebensgefahr und dem Tode nah! Von den frühesten Kindertagen an ist unser Leben zerbrechlich.

Gesundheit ist zuallererst ein Geschenk, nicht das Ergebnis medizinischer Versorgung und gesunder Lebensweise. Auch wenn ich selber einiges dafür tun kann, habe ich es doch nicht total in der Hand, mich gesund zu erhalten.

Es gibt Lebenssituationen und Schicksale, mit denen jeder allein fertig werden muss. Da kann einem kein Mensch helfen. Mit einer Behinderung, mit einer schweren Krankheit, mit einem Verlust oder einem Unglück, das meine Existenz bedroht, bin ich derart konfrontiert, dass kein anderer an meine Stelle treten kann. Hier kann niemand helfen – außer dem einen, der »sich selbst zum Helfer stellt«.

Gott, ich danke dir, dass du mich bis zum heutigen Tag gesund erhältst.
Du bist meine Hilfe, wo kein Mensch helfen kann.

Zu Strophe 4:
Gott vergilt nicht Gleiches mit Gleichem. Im Lied begegnet uns nicht das Bild eines moralischen Gottes, der die Guten belohnt und die Bösen bestraft. Der Lieddichter hat vielmehr den liebenden Vater Jesu im Sinn, den barmherzigen Gott, der nicht nach unseren Sünden handelt und uns nicht nach unserer Schuld vergilt (vgl. Ps 103,10).

Wo ist mir in meinem Leben diese unbedingte Güte begegnet, die verdiente Strafe erlässt und Schuld vergibt anstatt aufzurechnen? Wo erfahre ich, dass mir alles Gute getan wird, obwohl ich es nicht verdient habe?

Im Angesicht des verzeihenden, gütigen Gottes erkenne ich, wodurch ich Ihn betrübt habe: es waren Augenblicke, in denen ich mit mir selbst und mit anderen unbarmherzig umgegangen bin. In solchen Augenblicken habe ich Seine Güte missachtet.

Gott, es tut mir Leid, dass ich dich durch mein Verhalten betrübt habe. Ich danke dir, dass du mir in deiner Güte immer wieder neu das Leben schenkst.

Zu Strophe 5:
Es fällt auf, dass das Lied hier kaum merklich in eine andere Sprachform übergeht. Die Menschen werden nicht mehr zum Danken und Loben aufgefordert. Jetzt spricht der Sänger von dem, was wir von Gott erhoffen und erbitten können.

Dies vor allem darf ich von Ihm erbitten: ein fröhliches Herz (vgl. Sir 50,25), einen frischen Geist und Sinn (womit auch alle Sinne gemeint sind). Gott hat mir Freude zugedacht. Es liegt Ihm in Seiner Güte und Gutmütigkeit daran, dass ich mit einer gelösten Haltung an die Aufgaben des Lebens herangehe, lebendig, wach und unbefangen.

Derart gegenwärtig zu sein, so im Heute zu leben wünsche ich mir. Das Gegenstück dazu ist Verdruss, Abstumpfung, Gleichgültigkeit. Fragt man, was den Menschen heutzutage die Freude am Leben raubt, so sind es *Angst* vor Versagen und Misserfolg, *Furcht* vor Krankheit und Verlust der Erwerbsarbeit, *Sorge* um die Zukunft und seelischer oder körperlicher *Schmerz*.

Auf Gottes Güte vertrauen heißt: ich setze darauf, dass Er mich von all dem befreien kann, was ein gelöstes Leben im Heute verhindert. In die Tiefe des Meeres soll alles versenkt werden, was Menschen innerlich unfrei macht und die Freude aus ihrem Herzen vertreibt. Das ist ein starkes Bild dafür, wie Gott uns von allen Befindlichkeiten entsorgt, die keine Freude am Leben aufkommen lassen.

Gott, du weißt, was mir die Freude am Leben raubt.
Versenke es in die Tiefe des Meeres.

Zu Strophe 6:
In der Lebensmitte werden mir diese Anliegen zunehmend wichtiger. Ich weiß, dass man Frieden, Glück und Heil nicht herstellen kann. Man kann nur versuchen, für sie empfänglich zu werden.

Das Wohl der Nation, die Lebensbedingungen für Kinder und Enkelkinder sollen gesichert sein. Eine Zeit des Krieges, wie Paul Gerhardt sie erlebt hat, kenne ich nur aus Berichten. Doch Frieden für unser Volk und Land, Frieden für unser Zusammenleben wünsche ich mir auch.

Ich wünsche mir Glück für meine Arbeit, gutes Gelingen für mein Tun. Etwas, was nicht machbar ist, sondern was einem nur gegeben werden kann. Was immer ich tue – es ist alles umsonst, wenn Er mir kein Glück dazu gibt.

Dass jedem Stand Heil zuteil werde, meint sicher mehr, als dass es jedem gut gehe. Heil bedeutet Ganzsein im Gegensatz zu Entfremdet- und Zertrenntsein. Ich möchte in meinen Verhältnissen, auf meiner Position nicht nur für andere eine Rolle spielen, sondern auch mit mir selber im Einklang und in diesem Sinn ganz bei mir sein.

Gott, schenke mir, was ich nicht produzieren kann,
aber zu einem guten Leben brauche.
Gib meinem Volk und Land Frieden.

Zu Strophe 7:
Manchmal kommt es mir so vor, als ob mir böse, beängstigende Mächte von allen Seiten auf den Leib rückten. Sie treiben mich in die Enge. Sie machen mir Beschwerden. Von Gottes Liebe und Güte umgeben zu sein wie von einem Schutzschild, so dass das Böse gar nicht erst dicht herankommen kann – wie befreiend wäre das!

Gott, umgib mich mit deiner Liebe und Güte.

Zu den Strophen 8 und 9:
Habe ich in meinem bisherigen Leben immer in Gott mein Heil gesehen? Wie sehe ich meine Zukunft mit Gott? Bedrängende Fragen sind das. Wenn ich von Ihm wirklich das Heil und alles Gute erwarte, will ich auch, dass die Beziehung zu Ihm ein Leben lang währt und mit dem Tod nicht abbricht. Der Lieddichter baut darauf, dass Gott uns Menschen die Treue hält – über den Tod hinaus.

Für glaubende Menschen ist der Tod kein totaler Beziehungsabbruch. Ich möchte wie Paul Gerhardt glauben, dass Gott mir, wenn ich sterbe, die Augen schließt, um mir dann Sein Angesicht zu zeigen. Die ewige Ruhe wäre dann keine Totenstille, sondern ein Aufgehobensein in der personalen Begegnung, ein ›Sehen von Angesicht zu Angesicht‹ (1 Kor 13,12).

Gott, ich will dir danken und dich loben mein Leben lang.
Bleibe mir treu und verlass mich nicht, wenn ich sterbe.

Hinweis: Diese Texte wollen zur Meditation anregen. Sie setzen voraus, dass die jeweiligen Liedstrophen zu Anfang laut gelesen oder gesungen werden.

Ich singe dir mit Herz und Mund (EG 324)

Familiengottesdienst zu Erntedank

Dieses Lied hat eine Fülle von Bildern und anschaulichen Begriffen anzubieten, so dass es gut geeignet ist, auch für Kinder und junge Familien Ansatzpunkte zum Mitsingen und -loben zu geben wie auch zum Weiterdenken.

Vorbereitet werden für die kleineren Kinder Bildvorlagen zum Ausmalen mit verschiedenen Begriffen aus dem Lied. Außerdem brauchen sie Scheren zum Ausschneiden. Größere Kinder und Erwachsene können aber auch nach dem Lesen des Textes selber für sie wichtige Begriffe aussuchen und gestalten. Dafür werden genügend Zettel und Stifte bereitgehalten.

Besonders ansprechende Begriffe sind etwa: Herz und Mund (1), Erde (1), Brunnen und Quelle (2), Vater (3), Himmelszelt (4), Feld (4), Tau und Regen (4), Kälte und Frost (5), Most (5), Hand (6), Wache und Tür (7), Nahrung (8), Gefahr (8), Meer (9), schreien (10), Träne (11), Himmels Haus (12), singen und springen (13), Schatz und Licht (14), Schirm und Schild (14), Tag und Nacht (15), grämen und wegwerfen (15), Jugend (16), Unglück und neues Glück (16), Regiment (17), gutes Ende (17), Frieden und Fröhlichkeit (18).

Gottesdienstablauf

Begrüßung

Lied 324, 1-7 Ich singe dir

Hinführung zum Dank:
Liebe Kinder, liebe Erwachsenen! Wie immer an Erntedank findet ihr unsere Kirche mit besonders vielen Dingen geschmückt, die wir sonst nicht in der Kirche sehen, sondern zu Hause auf dem Esstisch oder im Garten oder im Laden: Kartoffeln und Obst, Gemüse und Brot ... *(jeweils*

hin zeigen). Wir bringen an Erntedank all diese Sachen in die Kirche, weil wir dafür danken wollen; danken, dass wir genug haben zum Sattwerden; danken für den schönen Geschmack und Geruch, den wir von Brot und Obst und vielem anderen genießen dürfen; danken auch für die Menschen, die mit ihrer Arbeit dafür sorgen, dass wir dies alles kaufen können. Heute wollen wir uns klar machen, wie viel Grund zum Danken es gibt.
Wem danken wir? Wir danken den Eltern für ihre Arbeit und das Kochen des Essens. Wir danken dem Bäcker und dem Metzger und dem Bauern, weil sie all das Gewachsene für uns zum Essen bereiten. Aber vor allem danken wir dem, der diese Erde so wunderbar gestaltet hat, dass so viel Verschiedenes darauf wächst, was uns ernährt und gut tut. Darum beten wir:

Gebet:
Lieber Vater im Himmel, wir danken dir für diese schöne Erde und alles, was darauf steht und lebt: die Berge und die Meere, die Pflanzen und die Tiere, für meine Familie und alles, was mein Leben schön macht. Manchmal kommt es mir ganz selbstverständlich vor. Heute aber möchte ich ganz neu staunen lernen über all das Wunderbare und Unbegreifliche, was du uns schenkst. Lass mich froh und dankbar dabei werden. Amen.

Überleitung zur Einzelarbeit mit dem Lied:

Wir singen von dem Lied 324 die Strophen 8-12

Lied EG

Dieses Lied ist ein ganz großer Dank an Gott. Paul Gerhardt findet in jeder Strophe einen neuen Grund zum Danken. Manchmal sind das Dinge, die wir haben oder sehen können. Manchmal sind das Erlebnisse, die wir machen, und manchmal ist das auch eine Überzeugung und ein Vertrauen, womit uns das Leben leichter wird.
Ich möchte Sie jetzt bitten, einmal das Lied daraufhin anzuschauen, was Sie besonders anspricht und Sie erfreut.

Die Erwachsenen und jungen Menschen bitte ich, die Strophen zu lesen und die Sätze herauszuschreiben, die sie besonders ansprechen. Bis zu drei Sätze können das sein.
Die älteren Kinder und wer gerne malt bitte ich aus all den Situationen, die dort beschrieben werden, eine herauszunehmen und ein Bild daraus zu gestalten. Das könnte der Winter in Strophe 5 sein oder ein weinender Mensch, dessen Tränen aufgehoben werden, von Strophe 11, oder eine Rettung in Gefahr (8/16). Schauen Sie, was Sie besonders anregt.
Und für die jüngeren Kinder haben wir Malvorlagen vorbereitet, mit lauter Bildern, die in diesem Danklied vorkommen. Davon könnt ihr ausmalen, was euch gefällt und so viel ihr möchtet. Das Ausgemalte könnt ihr dann ausschneiden, entweder als viereckiges Bild oder ganz genau im Umriss.
Sie können sich auch gegenseitig helfen und sagen, was Sie am besten finden.
Dafür nehmen wir uns ca. 20 Minuten Zeit.

Einzel/Zusammenarbeit
(währenddessen könnte leise das Danke-Lied oder andere Loblieder gespielt werden)

Zusammentragen des Dankenswerten:
Ich danke Ihnen allen für Ihr Mitmachen. Wir wollen jetzt all dies zu einem großen Dank zusammenlegen. Jeder hat ein oder mehrere Dinge aus verschiedenen Strophen ausgewählt. Wir werden jetzt miteinander das ganze Lied von Paul Gerhardt singen. Aber in verschiedenen Gruppen, damit Ihnen nicht die Luft ausgeht: wir singen die erste Strophe alle, die zweite die Frauen und Mädchen, die dritte die Männer und Jungen, (die vierte der Chor), und immer so weiter in dieser Reihenfolge Alle – Frauen – Männer – (Chor). Die letzte Strophe singen wir alle gemeinsam.
Während des Singens achten Sie darauf, wann die Strophe kommt, aus der Sie etwas gemalt oder geschrieben haben. Dann gehen Sie mit Ihrem Zettel nach vorne und legen ihn auf den Tisch (*oder: heften ihn an die Wand; oder: legen ihn in den Mittelgang*). So werden immer einer

oder mehrere während des Singens unterwegs sein, um ihre Zettel und Bilder nach vorne zu bringen. Am Ende des Liedes haben wir eine große Sammlung von Dankgründen vor uns liegen *(oder: hängen)*.

Lied EG 324, 1-18 mit Zettelbewegung

Wir wollen aufstehen und miteinander beten:
Gott, unser freundlicher Vater!
Wir danken dir, dass du uns so viel Gutes geschenkt hast.
Wir danken dir für diese schöne blaue Erde, mit Erde und Wasser, Luft und Sonnenschein. Lass sie uns achtsam und dankbar behandeln.
Wir danken dir für Pflanzen und Tiere, die uns erfreuen und ernähren. Lass uns respektvoll mit ihnen umgehen.
Wir danken dir für Familie und Freunde, die uns Liebe und Geborgenheit geben. Wir wollen dies nicht selbstverständlich und gleichgültig ansehen.
Wir danken dir, dass du Jahr für Jahr für uns sorgst und wir in Frieden und Freiheit leben können. Lass uns dies nicht leichtfertig aufs Spiel setzen.
Wir danken dir, dass du auch unseren Kummer und unsere Sorgen ernst nimmst und wir mit allem zu dir kommen können. Du willst uns heraus helfen.
Wir danken dir, dass du uns auch in schweren Zeiten nicht verlassen hast; dass wir wieder gesund wurden und liebe Menschen hatten, die uns begleiteten.
Wir danken dir, dass unser Glaube an dich uns trägt und stark macht. Erhalte ihn uns und lass uns darin immer weiter wachsen.
Amen.

Lied EG 334 Danke (od. 508 Wir pflügen, o. a.)

Verabschiedung

Segen

Sollt ich meinem Gott nicht singen (EG 325)

Liedpredigt

Von Paul Gerhardt 1653

Predigtlied: EG 325, 1-2

Predigt

Liebe Gemeinde!

Mit welchem Blick schauen wir unser Leben an? Schauen wir es an mit einem kritischen Blick daraufhin, was es an Mängeln zeigt, oder daraufhin, was schön geworden ist?

Oftmals sind wir versucht, uns selber und anderen seine Mängel aufzuzählen: was alles nicht so geworden ist, wie wir es uns vorgestellt haben, oder was uns genommen wurde. Wir erinnern uns an die große Liebe, aus der keine lebenslange Beziehung wurde. Wir konnten den Beruf nicht lernen oder ausüben, den wir uns wünschten. Der Kinderwunsch hat sich nicht erfüllt oder auch zu früh. Die Ehe hat das Glück nicht gebracht, das wir von ihr erwarteten, wir haben keine wirklichen Freunde gefunden. Wir messen das Leben an unseren Vorstellungen und Erwartungen und stellen fest, dass es unsere Hoffnungen nicht erfüllte.
Oder wir schauen, was es uns inzwischen an Schönem genommen hat: der Partner starb zu früh, die Kinder gehen ihre eigenen Wege und danken uns unsere Mühe nicht, Krankheiten machen uns schwach und unbeweglich, unzufrieden und abhängig. Was ist das Leben noch wert, wenn es sich nur noch wie eine zäh fließende Schlammspur anfühlt statt wie ein lebendiger Bach?

Dann soll uns mal jemand kommen und sagen: Du kannst doch dankbar sein! Wir würden ihm diese Ignoranz unserem Leiden gegenüber ganz schön verübeln!

Paul Gerhardt schaut mit einem anderen Blick auf sein Leben. Er schaut es daraufhin an, wie viel Gutes er von Gott erfahren hat. Sollte ich Gott nicht singen und ihm dankbar sein?, fragt er und es scheint ganz selbstverständlich für ihn zu sein. Denn er sieht in seinem ganzen Leben immer wieder die freundliche Führung Gottes.
Dabei hat er ja keineswegs ein traumhaft schönes Leben gehabt. Seine Lebenspläne und seine Hoffnungen haben sich immer wieder zerschlagen, und was er an Schönem hatte, ging ihm allzu bald verloren. Sein Leben war geprägt von den Schrecken des 30-jährigen Krieges und den unsicheren Verhältnissen. Eine feste Stelle annehmen und heiraten konnte er erst mit über 40 Jahren (44), vier seiner Kinder starben früh, und schließlich verlor er sein Amt, weil er seinem lutherischen Bekenntnis treu bleiben wollte. Seine Lebensgeschichte ist alles andere als eine Geschichte großen Glücks, es ist vielmehr eine schwere und bedrückende Geschichte.

Und doch singt er von seiner Dankbarkeit, weil Gott es so gut mit ihm meint!
Wie kann er dazu kommen?
Es ist der Blick auf das Leben, mit dem wir uns schon selber das Ergebnis nahe legen.
Nehmen wir ein einfaches Beispiel: Schauen Sie sich in diesem Raum um nach der Farbe Blau ... Sie werden, wenn Sie eine Weile schauen, immer mehr blaue Dinge sehen. Die Dinge waren immer schon da, aber Sie haben sie bisher nicht wahrgenommen, weil Sie auf anderes schauten. Sie können das zu Hause noch anders ausprobieren: Schauen Sie erst einmal, wo Zimmerpflanzen Ihre Wohnung schön machen. Und dann, wo sich Spinnen niedergelassen haben oder Staub liegt. Sie werden beides finden. Nur im einen Fall werden Sie die Wohnung schön finden, im andern Fall erschrecken und unter Putzdruck geraten. Beides war auch vorher genauso da. Aber Ihr Blick darauf ändert Ihre Wahrnehmung, Ihre Wertung und Ihr Wohlfühlen.

Darum ist es von Bedeutung, wie wir unser Leben anschauen, ob von seinen Mängeln her oder von seinen guten Seiten.

Aber was sind seine guten Seiten?
Paul Gerhardt beginnt mit ganz elementaren Dingen, die das Leben betreffen: schon dass er beschützt wurde, als er noch im Mutterleib war. Ist das nicht selbstverständlich? Trifft das nicht auf jedes Leben zu? Tatsächlich ist es nicht so selbstverständlich, wie wir es heute nehmen. Wer weiß nicht von Kindern, die schon die Zeit im Mutterleib nicht überlebten, oder die schon da geschädigt waren oder wurden? Ist nicht schon *das* ein Geschenk, leben zu dürfen und gesund geboren zu werden?
Und ist nicht schon *das* ein Wunder, wie jeder Mensch sein Wesen schon hat vor aller Prägung und Erziehung? Wer mehrere Kinder hat, weiß um die Unterschiedlichkeit der Wesen, die ganz unabhängig sind von der Erziehung; wie das eine von Lebensfreude sprudelt und das andere sich mit Ängstlichkeit und verborgenen Gedanken abmüht.
Und ist nicht ein Wunder, wenn die Kinder am Leben bleiben trotz heftiger Krankheiten oder unvermeidbaren Stürzen oder was so an Unglück über ein kleines Menschenleben hereinbrechen kann?
Können wir nicht dankbar sein über unser Leben und das unserer Kinder, ganz unabhängig erst mal davon, wie es im Einzelnen dann abläuft? Nur weil wir es als scheinbar selbstverständlich nehmen, erkennen wir nicht das Wunder, das uns damit in die Hand gegeben ist.

Und ist nicht jeder Tag bis heute, den wir erleben, ein Geschenk? Ich höre noch von manchen sehr alten und kranken Menschen den Satz: »Ich bin dankbar für jeden Tag, den ich noch leben kann.« Das Leben an sich ist eine Gabe, die uns Gottes Liebe erkennen lässt.

Was Paul Gerhardt in den nächsten Versen aufzählt, sind die Hilfen für den Glauben, die er in dem Tod Jesu und in der Gabe des Heiligen Geistes erkennt.

Wir singen die Strophen 3+4.

Es ist Gottes Geist, der ihm im Verstehen der Bibel eine Wegweisung ist für sein Leben, und das ihn sicher durch sein Leben leitet. Damit zeigt Gott, wie viel ihm an der Seele des Menschen liegt: dass er sich nicht verliert in den Irrwegen menschlichen Lebens und Suchens, sondern Orientierung findet in dem, was wirklich wichtig ist.

Aber nicht nur die Seele hat er im Blick, sondern auch das ganz praktische Leben. Wie oft kommen wir an den Punkt, wo wir meinen, wir haben keine Kraft mehr. Wir haben keine Kraft mehr, unsere Arbeit zu schaffen, keine Kraft mehr zum Lieben, keine Kraft mehr zum Hoffen. Wir fühlen uns ausgelaugt, enttäuscht, ohne innere Verankerung. Wir haben das Gefühl, uns selbst verloren gegangen zu sein.»Wenn mein Können, mein Vermögen, nichts vermag, nichts helfen kann, kommt mein Gott und hebt mir an, sein Vermögen beizulegen«, schreibt Paul Gerhardt. Es weckt bei mir das Bild eines stehen gebliebenen Autos, an das jemand eine zweite Batterie anschließt, damit es wieder weiterfahren kann. Oder eines warmen Menschen, der uns durchgefroren in den Arm nimmt und uns wieder aufwärmt und beweglich macht.

Aber auch all die alltäglich uns zur Verfügung stehenden Reichtümer der Erde sind ein Grund zum Danken, von Wasser und Getreide über Früchte und Tiere bis zu den Mächten von Himmel und Erde, die uns Hilfe und Orientierung geben.
Jede Nacht ist eine Zeit seiner Sorge um mich, wo er mich behütet und mir neue Kräfte zuströmen lässt, und jeder Morgen ist ein frischer Beginn von Stunden, in denen ich seine Fürsorge erfahren kann. Wenn ich nur gewillt bin, es wahrzunehmen.

Singen wir die Strophen 5-7.

Aber was ist denn nun mit den schweren Zeiten in meinem Leben? Ich kann und will ja nicht so tun, als gäbe es sie nicht! Es ist doch manchmal wirklich so, dass mir schlimme Ereignisse oder große Sorgen den Blick auf das Schöne verstellen und tatsächlich ja auch meine Aufmerksamkeit, meine Bemühung beanspruchen. Die Kinder sind krank und ich sorge mich zu Recht um sie. Ich muss mich um meine Arbeitsstelle sorgen oder die geforderte Ausbildung. Ich verliere einen Menschen, der für mein Leben ganz wichtig und meinem Herzen besonders nah war ... Dann kann ich einfach nicht sagen: Das Leben ist trotzdem schön.

Nein, das ist wahr. Das Leben ist auch nicht immer schön. Unser Wunsch nach dem schönen Leben ist nicht realistisch. Das Leben spielt nicht mehr im Paradiesgarten, sondern ist ein zeitlich und räumlich begrenzter Aufenthalt, ein Weg auf der Durchreise. Es ist ein Platz, auf dem wir uns nur bedingt niederlassen, einrichten, es uns gemütlich machen können.
Es gibt eine hübsche kleine Geschichte dazu:
Ein Tourist möchte ein paar Tage in einem Kloster rasten. Er wird freundlich empfangen und bekommt eine Zelle zum Übernachten. Er sieht sie und beschwert sich befremdet bei dem Mönch an der Pforte: »In der Kammer ist ja gerade mal ein Bett und ein Stuhl, sonst gar nichts. Können Sie das nicht etwas wohnlicher einrichten?« »Warum haben Sie nicht Ihre Möbel mitgebracht?«, fragt der Mönch. »Na, hören Sie mal«, empört sich der Tourist, »ich bin doch nur auf der Durchreise.« »Wir auch«, erwidert der Mönch.
(Nach z. B. Typisch! Kleine Geschichten für andere Zeiten, Verlag Andere Zeiten, Hamburg 2005)

Wir sind alle nur auf der Durchreise. Wenn es besonders schön ist, würden wir uns lieber gemütlich einrichten in der Welt, und wenn es allzu mühsam ist, möchten wir uns gerne aus dem Staub machen und in eine bessere Welt oder einen netteren Platz in ihr flüchten.
Aber tatsächlich ist genau dies, wo wir sind, jetzt unser Platz in dieser Welt, mit seiner eigenen Schönheit und seiner eigenen Schwere. Und wir können wissen: Es ist zeitlich befristet – das Schöne und das Schwere.

Von diesem Wissen her begreift Paul Gerhardt auch das Schwere in seinem Leben. Manchmal neigt auch er zur Bitterkeit angesichts der schweren Schläge, die er erdulden muss. Aber dann sagt er sich: Es ist auch dies ein Freundschaftserweis Gottes. Denn nur so werde ich wieder daran erinnert, dass ich hier nicht wirklich zu Hause bin. Und nur in diesem Wissen kann ich angemessen mit den Gaben des Lebens umgehen. Dinge werde ich wieder loslassen müssen, Menschen ziehen weiter und gehen mir voraus. Ich kann nichts auf Dauer festhalten, es ist alles eine Leihgabe; auch mein eigenes Leben. Es ist gut, wenn ich mir dies immer wieder bewusst mache, damit ich mich nicht unangemessen daran klammere.

Aber das ist nun andererseits auch ein Trost in schweren Zeiten: Auch Leidenszeiten sind begrenzt. Sie sind wie der Winter für die Natur: die Kräfte ziehen sich zurück und wir haben das Gefühl, schon wie abgestorben zu sein vor lauter Kälte und Einsamkeit, die uns umgibt. Aber es ist auch dies nur eine Zeit des Übergangs, eine Zeit des Abschiednehmens und sich Zurückbesinnens, um dann wieder neue Kräfte sich entfalten zu fühlen, einen neuen Frühling, einen neuen Sommer. Wir erleben eine neue Lebendigkeit, neue Beziehungen, vielleicht auch auf neue Weise unseren Glauben. Wir haben wie ein Baum einen neuen Jahresring angelegt, in dem die Erfahrungen und Verletzungen sichtbar sind, die letztlich unsere Reife bedeuten.

Der Sinn und Wert unseres Lebens liegt nicht darin, dass es möglichst schön ist. Das Gelingen unseres Lebens misst sich nicht an der Menge der erreichten Erfolge und der erfüllten Wünsche.
Der Sinn liegt darin, dass wir im Schönen und im Schweren nicht aufgehört haben, Gottes liebende Hand zu entdecken.
Der Sinn liegt darin, dass wir in schönen Zeiten die Nähe Gottes wahrgenommen und uns daran gestärkt haben; und in schweren Zeiten nicht der Verzweiflung und Bitterkeit das letzte Wort gelassen haben, sondern dem tröstenden und verheißungsvollen Wort des liebenden Vaters.
Der Ort, wo wir geborgen sind, ist nicht die Welt mit ihrer wandelhaften Schönheit und Unbeständigkeit. Es ist die liebende Hand Gottes, in der alles aufgehoben ist, was wir erfahren haben und ersehnen, was uns zu unverwechselbaren Menschen macht – und zu seinem einzigartigen, niemals verlorenen Kind.

(In Lübben, Paul Gerhardts letzter Wirkungsstätte, ist ein Gemälde von ihm in seiner Kirche angebracht, unter das der unbekannte Künstler geschrieben hat: »Paul Gerhardt der Theologe, erprobt im Sieb Satans, hernach fromm gestorben im Jahr 1676, im 70. Lebensjahr.«
Das ist das Würdigste, was der Maler von ihm sagen kann, dass er, vom Bösen schwer erprobt, im Glauben getrost sterben konnte. So war das Leben nicht schön und nicht leicht, aber sinnvoll und wirkungsvoll bis heute.)

Lied EG 325, 8-10.

Ist Gott für mich, so trete (EG 351)

Liedpredigt zum Sonntag Invokavit

Ev.: Mt 4,1-11   Ep.: Röm 8,31-39

Gemeinde singt EG 351,1-2

Liebe Gemeinde!

Einem schwermütigen Musiker gab Martin Luther einmal den Rat, den Teufel mit Singen und Spielen zu vertreiben. Und in dem Lied »Nun bitten wir den Heiligen Geist« (EG 124,4) ruft er selbst den Heiligen Geist gegen den »Feind« zu Hilfe, der das Leben verklagen wird. Das ist also möglich: dem Teufel mit einem Lied zu begegnen! Ihn singend in die Flucht zu schlagen!

»Wer den Teufel schrecken will, muss überlaut schreien«, sagt ein altes Sprichwort. Falsch! Nicht schreien musst du, sondern singen! Kann man dem Ankläger des Lebens mit einem Lied entgegentreten? Kann man mit Singen etwas gegen ihn ausrichten? O ja, das kannst du, gesetzt den Fall, du kannst das richtige Lied. Das richtige Lied muss es schon sein, weder ein harmloses Kinderlied, noch das Lied vom Tod. Kein markiger Schlachtengesang, sondern ein Lied, das dich in allem Streit gewiss macht, auf wen du dich unbedingt verlassen kannst.

Paul Gerhardt hat so ein Lied geschrieben, mit dem ein Mensch selbst den bösen Feind vertreiben kann. Er hat es ein »christliches Trost- und Freudenlied« genannt, das für jeden gedacht ist, der sich in der Anfechtung nach zuverlässigem Trost und wahrer Hilfe umschaut. Vor allem aber bekennt er darin, was ihn selber getröstet hat und was für ihn tiefster Grund zur Freude ist. Das Wort ›Trost‹ gehört in unserer Sprache eng zusammen mit ›Treue‹ und ›innerer Festigkeit‹. Was tröstet, verleiht innere Festigkeit und Stärke. Es macht widerstandsfähig. Solchen Trost, der zum Widerstand stärkt, hat der Lieddichter in der Bibel bei seinem Namenspatron, dem Apostel Paulus, gefunden.

Paulus stellt der Gemeinde von Rom eine Reihe von rhetorischen Fragen, die anfängt mit der Frage: »Ist Gott für uns, wer kann wider uns sein?« (Röm 8,31). Darauf können wir im Grunde nur antworten: Keiner! Denn das ist der stärkste Trost: dass Gott für uns ist, nicht gegen uns. Wer immer wider uns sein mag, keiner kann gegen Gott etwas ausrichten. Paul Gerhardt nimmt diese Frage in seinem Lied auf, allerdings so, dass er sie aus der Wir-Form in die Ich-Form, in ein persönliches Bekenntnis umwandelt. Der Glaubende bekennt: »Ist Gott für mich, so trete / gleich alles wider mich; / sooft ich ruf und bete, / weicht alles hinter sich«. Dann fragt er sich selbst: »Hab ich das Haupt zum Freunde / und bin geliebt bei Gott, / was kann mir tun der Feinde / und Widersacher Rott?«

Ein Lied für Zeiten der Anfechtung. Ein Lied, mit dem wir uns selbst trösten können, wer gegen alle Widrigkeiten für uns einsteht.

Die Melodie, nach der wir es heute singen, erhielt es erst im 20. Jahrhundert. Und diese Melodie klang ursprünglich so:

[Die Gemeinde hört die Melodie: O Nachbar, lieber Robert (nach: Musik und Kirche 23/1953, 104)]

Die Ähnlichkeit mit der Weise unseres Kirchenliedes ist unverkennbar. Nur ist diese Melodie spielerischer, bewegter als die Form, die wir kennen. Sie stammt aus einem Volkslied, einem englischen Singspiel mit verteilten Rollen, das die Geschichte von Rowland und Margaret erzählt. Dieses Singspiel hat sich bis nach Deutschland verbreitet. In vereinfachter Form nimmt der Augsburger Lieddichter David Spaiser 1609 die Melodie für ein geistliches Lied auf. Es ist seine Melodie, die dann im Deutschen Evangelischen Gesangbuch von 1915 erstmals mit dem Lied von Paul Gerhardt verbunden wird.

Und wie hat man das Lied vorher gesungen? Hören wir die Melodie:

[Die Gemeinde hört die Melodie: Herzlich tut mich erfreuen (EG 148)]

Das ist eine schöne, heitere Melodie. Aber passt sie zu diesem Text?

In unserem Lied spricht jemand aus einer Kampfsituation heraus. Ein Mensch, der es mit Feinden und Widersachern zu tun hat. In diesem Kampf weiß er Gott auf seiner Seite. Er ruft Gott im Streit zu Hilfe.

In den lutherischen Kirchen wird Paul Gerhardts Lied oft auch so gesungen:

[Die Gemeinde hört die Melodie: Valet will ich dir geben (EG 523)]

Diese Melodie beginnt mit einer kräftigen Aufwärtsbewegung, ähnlich wie die heute bei uns übliche. Sie erweckt ungebrochene Zuversicht. Die Weise, die unser Gesangbuch vorsieht, ist dagegen herber. Sie fließt zunächst in den ersten beiden Teilen gleichmäßig dahin, erhält dann aber im dritten und vierten Teil einen markanten Rhythmus. In der Tonart bleibt bis zuletzt etwas Widerständiges.

Dieser Melodiecharakter passt zu den Liedstrophen besser als alle anderen Weisen. Das zeigt sich aber erst, wenn wir uns diese Strophen der Reihe nach vorsagen und -singen. Keine ist da (von einer Ausnahme abgesehen), in der nicht ein spannungsvoller Gegensatz benannt wird. Es besteht eine Spannung zwischen Glaube und Erfahrung, zwischen dem, was uns das Lied von Gott verheißungsvoll zusagt, und einer bedrohlichen Gegenwirklichkeit.

Zwar ist Gott für mich – aber eine Menge von Feinden und Widersachern steht gegen mich. Zwar ist Gott mein Freund und Vater – aber ich bin Sturm und Wellen ausgesetzt und dem, was mir Weh bringt. Das sind lauter Gegensätze. So spannungsvoll ist das Leben. Mitten durch unser Leben geht ein Riss zwischen Gott und uns. Ein Riss, dem wir nirgendwo entgehen, den wir nicht aus eigener Kraft zudecken oder kitten können. Er bleibt schmerzhaft spürbar – auch für den, der wie Paul Gerhardt glaubt: Gott ist für mich.

Aber das Lied weiß noch mehr davon zu sagen, wie Gott zu uns steht. Nicht nur vom Vater ist die Rede, sondern auch vom Sohn und vom Heiligen Geist.

Wir singen die Strophen 3-6.

In diesen vier Strophen spricht Paul Gerhardt auf eine bildhaft-biblische Weise von seinem Verhältnis zu Jesus Christus. Er gründet sich in Christus und seinem Blut, also in der Hingabe, mit der Christus sein Leben gab. Dieses Verhältnis ist derart, dass Christus mit den von ihm zugeeigneten Gaben ganz und gar an die Stelle des Menschen Paul Gerhardt tritt. Von sich und seinem Leben kann er nicht mehr sprechen, daran liegt ihm nichts mehr, weil Christus ihm eine neue Würde verliehen und ihn von allem Makel befreit hat.

»Mein Jesus«, sagt der Dichter, und zweimal »mein Heiland«, um das persönliche Verhältnis hervorzuheben. Einmal heißt es, »mein Jesus« ist »in mir«, dann erklärt er: »In ihm kann ich mich freuen«. Wer so spricht, umschreibt ein inniges Glaubens- und Liebesverhältnis, in dem ein Leben ohne Christus undenkbar geworden ist. Nur aufgrund dieses Verhältnisses kann der Glaubende vor Gott im Gericht bestehen, keine Instanz kann über ihn das letzte Urteil sprechen wegen einer Schuld. Denn Jesus hat ihn rein gewaschen und alle Schuld getilgt. Er tritt im Gericht für den Sünder ein.

Indem das Lied so persönlich von dem handelt, was Christus für mich getan hat, zieht es mich gleichsam in das Glaubens- und Liebesverhältnis zu ihm hinein. Ich entdecke darin, woher einem Glaubenden der »Heldenmut« zuwächst, mit dem er allen Mächten begegnen und ohne Scheu vor jedem Gericht Rede und Antwort stehen kann.

Aber noch einmal: davon kann ich weder unbeschwert-heiter, noch im Brustton ungebrochener Zuversicht singen. Dann würde ich überspringen, dass es Christi Blut gekostet hat, die liebevolle Hingabe seines Lebens, mich vor dem bitteren Tod und der Verdammnis zu retten. Ich würde verkennen, wie schwer die Sünde wiegt, von der Christus mich frei gemacht hat.

Ist Gott für mich, so trete (EG 351)

Im Lied spricht einer, der Christus ein neues Leben zu verdanken hat. Mein Heiland deckt mich mit Flügeln, sagt der Lieddichter. Mich berührt dieses Bild vollkommener Geborgenheit. Wie wunderbar muss es sein, sich ganz bei Christus geborgen zu fühlen!

Singen wir die Strophen 7-9.

Jetzt hat uns das Lied ins innerste Geheimnis des Glaubens hineingeführt. Im Herzen des Glaubenden wohnt der Geist Jesu Christi. Und dieser Geist, die Stimme Jesu, kann von innen her auf mehrfache Weise helfen wie niemand sonst. Er kann unser Denken, unser Wahrnehmungsvermögen so bestimmen, dass Sorgen und Schmerzen keine Macht über uns bekommen. Er gibt uns ein, Gott als liebenden Vater zu Hilfe zu rufen. Er spricht stellvertretend für uns, wenn uns die Worte fehlen, so dass wir mit Gott in Verbindung bleiben. Und er spricht uns Trostworte zu, die uns vergegenwärtigen, was Gott zu unseren Gunsten getan hat und was Er am Ende für uns bereithält.

Das Lied macht uns geistesgegenwärtig. Wenn wir vom Geist singen, fangen wir an wahrzunehmen, was er in uns bewirkt. Wir nehmen ihn als den Tröster wahr, der uns innere Festigkeit gibt. Gerade dort, wo uns die Macht des Bösen einschüchtern will und wir Rechenschaft geben müssen, zu wem wir gehören, haben wir diesen Trost nötig. Das Lied kann uns im Streit trösten, d.h. darin bestärken, dass Christus präsent ist und unseren Sinn nach seinem Sinn ausrichtet; dass er uns in Beziehung zum Vater bringt; dass uns zur rechten Zeit die richtigen Worte eingegeben werden und Gott selbst unser wortloses Seufzen versteht. Wenn uns in einer Lebenskrise Bibelworte einfallen, die jetzt ganz neu und ermutigend zu uns sprechen, dann spricht der Heilige Geist zu uns und haucht uns durch sie neues Leben ein.

So erkennt der Glaubende, was Gott ihm unverlierbar zugeteilt hat.

Singen wir die Strophen 10-12.

Erstaunlich, wie weitgehend Paul Gerhardt sich hier mit dem Apostel Paulus identifiziert! Wie dieser ist er überzeugt, dass nichts uns von der Liebe Gottes scheiden kann. Daraus können wir ersehen, was Glauben heißt. Glauben bedeutet nämlich, mit dem Apostel glauben, dasselbe geloben, was er gelobt: dass Jesus mein ist, dass Gott sich in Jesus für mich erklärt hat. Deswegen stürzt mir im Leid der Himmel nicht zusammen. Deswegen kann mich weder Gewalt, noch Entbehrung, noch der »Zorn des großen Fürsten« aus dem Gottesverhältnis herausreißen.

Den Zorn seines Fürsten hat der Dichter sich zugezogen, aber er ließ sich nicht davon einschüchtern, weil er wie Paulus daran festhielt: Gott ist für uns. Kein Mensch, sei er auch noch so mächtig, kann uns zu Fall bringen, wenn wir glauben, was Paul Gerhardt uns zu singen aufgibt: »du stehst mir ewiglich«.

Ursprünglich enthielt das Lied noch zwei Strophen, die heute im Gesangbuch fehlen. In ihnen spricht der Lieddichter davon, was einem Christen auferlegt wird: Wer sich mit Jesus verbindet, hat »ein hohe schwere Last / Zu leiden und zu tragen« (CR 82,11). Er flieht und hasst den Satan. Er wird verfolgt, verhöhnt und verspottet. Jesus nachzufolgen hat seinen Preis. Es »kostet Leib und Leben« (CR 82,12). Weshalb kann man nicht mehr davon singen? Ist dieser Vers für unsere Zeit zu anstößig, weil Christsein bei uns eben nicht viel kosten darf? Wer macht heute solche Erfahrungen, wie Paul Gerhardt sie gemacht hat? Dieser Mann kennt den Preis der Nachfolge und gelobt dennoch, dass er von Jesus nicht lassen will! Hat man ihn deshalb auf einem Porträt als einen im Sieb Satans erprobten Theologen gewürdigt?

Nicht nur Leiden, Angst und Gefahr können unser Vertrauen erschüttern, so dass wir meinen, Gott sei gegen uns oder habe sich von uns abgewandt. Auch Engel und höchste Freuden werden zu Versuchungen, zu täuschenden Idolen, wenn sie uns von Gott ablenken. Aber keine erdenkliche Macht oder Gestalt auf Erden und im Himmel vermag das, wenn ich mich bei Gott geborgen und in Seiner Liebe aufgehoben weiß.

In der Welt haben wir es ein Leben lang mit Widrigkeiten zu tun, die den Glauben auf die Probe stellen. So ist es nur folgerichtig, wenn alle Liedstrophen mit der beunruhigenden Macht des Bösen rechnen. Alle – bis auf eine! Eine Strophe gibt es in diesem Lied, in der das Widerständige aufgehoben ist. Eine Strophe, die nichts mehr weiß von dem leidvollen Gegensatz zwischen dem Gott-für-uns und den Mächten, die uns von Ihm und Seiner Liebe trennen wollen. Das ist die letzte Strophe.

Hier kommt heraus, weshalb ein Christ auch im Leiden nicht von Trauer überwältigt wird. Sein Herz ist »voller Freud und Singen / sieht lauter Sonnenschein«, weil er sich von Jesus Christus angeschaut weiß. Das Angesicht des Verklärten »strahlte so hell wie die Sonne« (Mt 17,2). Bei Christus im Himmel ist alles hell und klar. Bei ihm sind alle quälenden Widersprüche gelöst, alle Sorgen und Schmerzen aufgehoben, die Widersacher überwunden. Und mit Springen und Singen holt das liebe Herz, was im Himmel ist, auf die Erde, mitten hinein in dieses Leben mit seinen Widrigkeiten und seinem Kampf und Streit. Gegen jemand, der voller Freude seinem Herrn Jesus Christ singt, kann selbst der Teufel nichts ausrichten.

Liedpredigt zum Reformationsfest

Predigtlied EG 351,1-3 Ist Gott für mich, so trete

Predigt

Aufbau des Liedes:
1-3   **Gott und Christus** *als Glaubensgrund,*
      Helfer in Not und Kampf
4-6   **Rechtfertigung,** *auch im weltl. Gericht*
7-9   **Geist** *als Trost und Sprachhelfer*
10   **Himmel** *als einzig Beständiges*
11-12 *die zerbrechende, bedrängende, aber auch betörende* **Welt**
13   *das frohe Herz*

Liebe Gemeinde!

An diesen Tagen feiert die Evangelische Kirche die Reformation, die Protest- und Reformbewegung, die Martin Luther mit dem Anschlag der Thesen an die Wittenberger Schlosskirche auslöste. Für die Evangelischen ist diese Bewegung verbunden mit der Freude über die Möglichkeit, die Bibel in der eigenen Sprache lesen zu können, die Freiheit des eigenen Gewissens errungen zu haben gegenüber den päpstlichen Vorgaben, und allein auf Gottes Gnade vertrauen zu können, ohne auf die Fürsprache von Heiligen oder gar Ablasszahlungen an die Kirche angewiesen zu sein.

Das ist eine große Freiheit, die die Menschen sich damit errungen haben. Leider ist dies, wie so manche Freiheit, mit der Zeit eher zu einer gemütlichen Nachlässigkeit geworden: die Bibel steht weitgehend ungelesen und unbekannt im Wohnzimmerschrank, die Freiheit des Glaubens wird verstanden als Beliebigkeit (»Jeder darf glauben, was ihm gefällt«), und die Nicht-Manipulierbarkeit der göttlichen Gnade wird zu der scheinbar klugen Aussage: »Man kann ja eh nicht wissen, was nach dem Tod kommt.«

Man streitet sich nicht mehr um den Glauben, aber er spielt auch keine große Rolle mehr. Gelegentlich denkt man an ihn, aber er prägt nur selten den Alltag.
Der Preis, den wir für solche gemütliche Freiheit zahlen, ist, dass wir auch weniger Trost und Hoffnung aus unserem Glauben gewinnen. In den Kämpfen des Lebens fühlen wir uns auch von Gott allein gelassen. Das geschriebene Wort der Bibel erscheint uns oft altertümlich und manchmal so wenig verlässlich wie das Wort der Zeitung oder »nur schön« wie ein Gedicht.

Welche Kraft, welche Leidenschaft und welcher Trost aus dem Glauben erwachsen kann, spüren wir noch, wenn wir solch ein Lied wie das eben gesungene von Paul Gerhardt hören oder singen.
Schon in der Melodie des Liedes klingt Überzeugtheit und Trotz mit: man kann sich den von Widerständen umgebenen Menschen mit energischen Schritten vorangehend vorstellen.

Es ist geradezu verblüffend unbescheiden, wie er sagen kann, dass alle Widerstände weichen, wenn doch Gott *für* ihn ist. Er hat gegenüber allen Widersachern »das Haupt zum Freund«, also den Höchsten und alles Bestimmenden hat er auf seiner Seite. Dann kann ihm niemand mehr etwas antun. Mit großer Festigkeit und durchaus vernehmlich ist er überzeugt, dass er Gott zum Freund und Vater hat. Er »rühmt es ohne Scheu«! Was andere ihm auch vorwerfen und wozu sie ihn drängen wollen, das lässt er keine Macht gewinnen gegenüber der Überzeugung, dass er einen festen Grund des Glaubens hat.

Das Lied ist in seiner Art anders, als wir es sonst von Paul-Gerhardt-Liedern kennen: Wir mögen sie sonst wegen ihrer tröstlichen und vertrauensvollen Art und Weise, die von den sanften Melodien noch unterstrichen wird. Hier hören wir plötzlich einen Kämpfer für den Glauben. Tatsächlich hat Paul Gerhardt trotzig für sein Bekenntnis gestanden. Zu dieser Zeit waren die Glaubenskämpfe, die so lange das politische Schicksal des Landes geprägt hatten, abgeklungen. Nun wollte der Kurfürst auch die Lutheraner und die Reformierten zum Einlenken bringen. Aber die Lutheraner, deren Wortführer Paul Gerhardt war, hatten den Eindruck, der Kompromiss gehe nur auf ihre Kosten; sie sahen sich der römischen Kirche näher als der calvinistischen und sollten nun ihre Überzeugungen aufgeben, für die sie so lange gekämpft hatten. Der Kurfürst zwang sie, die Unterschrift unter den Friedensschluss zu setzen, ansonsten würden sie ihre Stelle verlieren.

Für Paul Gerhardt war das unerträglich. Er hätte sich selbst nicht mehr achten können.

So sehen wir in diesem Lied seinen inneren Kampf und die Konsequenz, zu der er sich durchringt: »An mir und meinem Leben ist nichts auf dieser Erd; was Christus mir gegeben, das ist der Liebe wert.«

Der feste Grund, auf dem er steht, ist sein Glaube an Gott, der ihm ein Freund ist, und Christus, der ihn erlöst hat und damit frei gemacht. Das zählt ihm mehr als alles andere.

Die reformatorische Entdeckung und Betonung der Rechtfertigung und was dies für ihn bedeutet, beschreibt er in den nächsten Versen.

Wir singen die Strophen 4-6.

Es ist die Frage all derer, egal in welcher Religion, die sich in ihrem Leben verantwortlich fühlen vor Gott, der die Welt und den einzelnen Menschen geschaffen hat: Wie kann ich so leben, dass Gott mit mir zufrieden ist? Wann erfülle ich die Aufgabe, die Gott mir gestellt hat? Wie wird er am Ende meines Lebens über mich urteilen?

Kommen die einen zur Überzeugung, Gott fordere sie zur Abkehr von der Welt und zur Enthaltsamkeit auf, andere wiederum zum Einsatz des Lebens für den rechten Glauben, so ist es im Christentum durch das Erschrecken über den Kreuzestod Jesu und das Erstaunen über die Auferstehung von Anfang an die Überzeugung gewesen: Kein Mensch kann so gut sein, wie es die Welt bräuchte und Gott es will. Aber Christus hat mit seinem Leiden unsere Schuld auf sich genommen. Er hat mit seiner Liebe unsere Schuld abgewaschen wie Dreck; wir müssen uns nicht mehr vor Gottes Gericht fürchten.

Ganz neu hat die Reformation diese Glaubensüberzeugung entdeckt. Die Kirche hatte vorher im Lauf der Zeit immer mehr Einschränkungen und »Aber«s darangehängt: ... aber der Mensch muss doch auch etwas tun, ... aber er muss sich die Vergebung von der Kirche geben lassen, ...

Liedpredigt zum Reformationsfest 165

aber er muss dennoch erst einmal lange Zeit büßen, bevor er zu Gott und den Heiligen kommen kann ...
Die Reformatoren sagten: Nichts gibt es einzuschränken oder dazuzusetzen zu dieser Liebestat Christi. Nur der Glaube an Christus genügt, um diese Erlösung zu erlangen.

Von diesem Glauben lebt Paul Gerhardt. Er ist so erfüllt davon, dass er das nicht als einen Glaubenssatz lernen muss, sondern dies in sich trägt. So sagt er nicht vom Kopf her: weil Christus gestorben ist, kann ich darauf vertrauen, dass mir meine Fehler vergeben sind. Sondern er sagt sogar:
Jesus ist meine Ehre, mein Glanz und Licht, ich brauche sie nicht von anderen Leuten zugesprochen bekommen; und: wenn Jesus nicht *in mir* wäre, müsste ich mich vor Gottes Gericht fürchten. Jesus ist in ihm drin, wie die eigene Seele, wie das eigene Denken und Fühlen. Näher kann er gar nicht sein. Darum gibt es nichts, was ihn verdammen kann; er muss sich nicht vor Gottes Gericht fürchten und darum noch weniger vor den Menschen. Kein Urteil und kein Unheil kann ihn erschrecken oder betrüben, weil, so sagt er, »mich mit Flügeln decket mein Heiland, der mich liebt.«
Er ist ausgefüllt und geborgen in dieser Liebe Gottes. Darum fühlt er sich stark, auch wenn er fast alle Leute, im Guten und im Bösen, gegen sich hat.

Neben dieser Glaubenskraft, bei Gott geborgen und gerechtfertigt zu sein, kommt nun noch ein anderer Aspekt reformatorischen Glaubens zum Tragen: Gottes Geist ist uns direkt zugänglich, wir brauchen keine Mittler zwischen uns und ihm.
Von der tröstenden und helfenden Kraft des Geistes handeln die nächsten Verse.
Wir singen die Strophen 7-9.

Mehrere Wirkungen des göttlichen Geistes beschreibt das Lied hier: Zum einen regiert Gottes Geist den menschlichen Geist. In unseren Überlegungen und Entscheidungen können und sollen wir Gottes Geist mitreden lassen. Bei allen Argumenten, die es für und gegen eine Sache gibt, kann der göttliche Geist einen eigenen Maßstab bilden, kann auch Kräfte verleihen und der Entwicklung zu einem segensvollen Ausgang verhelfen.

Manchmal aber sind wir so ratlos, dass wir nicht einmal Worte finden, um für uns selber auszudrücken, was uns so betrübt und hoffnungslos macht. Wir spüren nur unsere Bedrücktheit wie eine riesige schwarze Wolke um unseren Kopf und unser Herz, aber können nicht einmal klagen oder Rat suchen, weil wir selber keine Worte wissen. Dann ist es Gottes Geist, der unsere Ratlosigkeit und Trauer vor Gott trägt mit unserem Seufzen. Und wir können gewiss sein, dass Gott uns versteht, weil für ihn alles mitklingt, was in unserem sehnsuchtsvollen Ruf nach dem liebenden Vater mitschwingt.

Und dann ist es der Geist, der uns an manches alte, tröstende Wort erinnert: vielleicht den Konfirmationsspruch oder ein Wort, das unsere Mutter in großer Not tröstete; oder es begegnet uns ganz unvermutet in den Losungen oder in den Psalmen ein Vers, der uns unser Leben und unsere Situation neu aufschließt und uns neue Hoffnung schenkt. Plötzlich begreifen wir einen Bibelvers, der uns früher fremd war. Und wir entdecken, wie nah uns Gott kommt mit einem einzigen Satz, der uns über Tage hin zum Strohhalm werden kann.

Und schließlich ist es auch der Trost des Himmels, den der Geist uns aufleuchten lässt. Dass unser Blick weiter geht als über diese Zeit dorthin, wo »Aug und Herze schauet, was es geglaubet hat«. Immer behält unser Leben in der Welt etwas Provisorisches, etwas Unvollkommenes. Selbst das Schönste und Gelungenste geht vorbei. Aber auch das Bedrückendste hat keinen Bestand, und alles Erhoffte und Ersehnte wird nur ein Stück weit Wirklichkeit.

(Mir ist es jetzt bei einer Reise nach Israel so spürbar deutlich geworden, als ich mit Frauen verschiedener Nationen an der Klagemauer stand: Wie sehr diese Trauer um die zerstörerische Welt und die Sehnsucht nach der Herrschaft Gottes uns alle verbindet; wie tief und unerfüllt diese Sehnsucht über Jahrhunderte weiterlebt!)
Glaube ist immer auch unerfüllte Wirklichkeit, ignorierte oder verdorbene Wahrheit. Die letzte Erfüllung des Glaubens steht noch aus. Aber

sie erwartet uns doch! Daran hält der Glaube fest. Diese himmlische Erfüllung beschreibt die 10. Strophe.

Diese Hoffnung »durchsüßet alles Leid«. Es ist die Aussicht in der Hoffnungslosigkeit, es ist die Gotteskraft inmitten menschlicher Ohnmacht. So stark kann dieser Glaube sein, dass alles Erleben in der Welt demgegenüber kleiner und relativ wird: Es ist im Moment mächtig und macht sich groß, aber es ist nicht letztlich von bestimmender Bedeutung. Das gilt für die schweren wie für die schönen Erlebnisse. Da sind Menschen gewalttätig und ungerecht, da gibt es Hunger und Armut und die Drohungen der »großen Fürsten« in Regierung und Gesellschaft. Für Paul Gerhardt zählte das nicht. Er hat es auf sich genommen, aus dem Amt entlassen zu werden, um ja seinem Glauben treu zu bleiben. Dabei hatte er sein halbes Leben doch schon darauf gewartet gehabt, endlich eine feste Stelle zu bekommen! Er ließ sich nicht von den Drohungen einschüchtern und hat tatsächlich die Konsequenz getragen.

Aber auch das Schöne kann ja Gefährdung des Glaubens sein: dass wir über äußerem Glück und Freude uns »aus Gottes Schoß« entfernen. Dass wir gelockt werden mit Ehre und Einfluss und schließlich meinen, wir seien selber so besonders tolle Kerle. Gott sei da gar nicht mehr nötig und könne dem auch nichts Besseres hinzubringen.

All diese Gefahren kennt Paul Gerhardt. Und erhebt sich doch darüber in dem einfachen, bescheidenen Glauben, dass das Beste und Schönste uns erst noch erwartet. Und von daher hat all unsere Kraft und Hoffnung ihren Grund, und darum ist es hell und froh in unserem Leben hier. Der tiefste Grund zur Freude, zum Lachen und zum Singen, liegt darin, dass Christus uns den Himmel geöffnet hat. Diese Freude ist durch nichts zu verderben und durch nichts zu zerstören. Sie bleibt uns durch alle Wechselhaftigkeit der Welt. Sie lässt jetzt mein Herz springen vor Freude und mich von Herzen singen!

Singen wir mit ihm die Strophen 11-13!

Befiehl du deine Wege (EG 361)

Liedpredigt zum Ewigkeitssonntag

von Paul Gerhardt 1653 (Auszugsweise)

Predigtlied 361,1+3+6

Predigt

Liebe Gemeinde!

An diesem letzten Sonntag des Kirchenjahres nehmen wir Abschied von den Menschen, die in diesem Jahr gestorben sind.
Bei manchen kam der Tod überraschend schnell und für uns unerwartet. Wir hätten den uns lieb gewordenen Menschen gerne noch länger um uns behalten.
Bei vielen haben wir schon über Monate oder Jahre den Verfall miterlebt; und schlimmer als das Ende empfanden wir das lange und mühsame Herannahen des Todes, der uns Stück um Stück den Menschen nahm, den wir liebten. Manche warteten schon lange und sehnsüchtig auf den Tod, weil ihnen das Leben schon längst zur Last geworden war.

Wenn wir von einem Menschen Abschied nehmen, dann blicken wir zurück auf die Zeit, die wir miteinander erlebt haben. Wir denken an schöne und vergnügte Stunden, Höhepunkte des miteinander gestalteten Lebens; wir denken auch an Verletzungen und Missverständnisse, mit denen wir einander das Zusammenleben erschwerten; wir denken an Krisen, die wir so gut wie möglich miteinander bewältigten und wo wir einander von unbekannten Seiten erlebten. Wir denken schmerzlich an das Altwerden der Eltern und deren Hilflosigkeit und vielleicht geistige Veränderungen, die das langjährige Bild auflösten, das unser Leben bestimmt hatte.
So manches Mal fragen wir uns in mühsamen Lebensphasen, nicht nur des Alterns, warum der Lebensweg so lang und schwer sein muss, und

wo noch die Kraft dafür herkommen soll. Wo ist der Punkt, wo ich noch Hoffnung anknüpfen kann? Wie soll ich, schon längst aller Kraft verausgabt, überhaupt nur diesen heutigen Tag schaffen?
Manchmal singe ich an Sterbebetten dieses Lied von Paul Gerhardt. In aller Ausweglosigkeit und Bedrücktheit singt es von dem Vertrauen, dass der, der doch viel Größeres geschaffen und im Blick hat, auch für mein Leben den passenden Weg weiß.
Das ist manchmal schwer zu glauben.
Wir fühlen uns auf den Wegen, die wir uns vorstellten, im Stich gelassen: Die Liebe ist auf dem Weg verkümmert, der Erfolg stellt sich trotz aller Mühe nicht ein, Krankheiten machen unsere Pläne zunichte. Ist da nicht vielmehr ein Unglücks-Geist im Spiel, der uns unser Leben zu verderben sucht? Und dann, am Ende, wenn die Menschen endlich gehen wollen, werden sie gehalten zwischen hier und dort, ausgeschlossen aus dem gemeinsamen Leben, aber auch unfähig, loszulassen und weiterzugehen.
So manches Mal geht uns dann die Frage durch den Kopf: Warum lässt Gott sie nicht endlich sterben?

Was mich an Paul Gerhardts Liedern so fasziniert, ist die andere Blickweise auf das Leben mit seinen Schwierigkeiten. Wir gehen davon aus, dass wir mit unserem Protest Recht haben, weil wir das Leben als unverständlich und ungewollt anstrengend empfinden. Paul Gerhardt weist von Anfang an auf unsere eingeschränkte Sichtweise hin: Wir bemerken doch nur einen Ausschnitt von Leben! Unser Leben ist nur ein kleiner Teil in einem großen Ganzen. Zum Glück können wir das Wetter nicht machen, sonst würden wir auch darüber noch in Streit und Krieg geraten! Was wissen wir schon von den Wechselhaftigkeiten und Notwendigkeiten in der Welt? Wir sind bei aller Klugheit und Forschung noch immer nur auf der Spur, immer ein wenig mehr zu erkennen.
Und sogar unser eigenes Leben ist uns doch unbekannt und unüberschaubar! Warum fallen wir manchmal auf unsere eigene Verliebtheit hinein und binden uns an Menschen, die uns schaden? Warum leben wir unvernünftig und ungesund, obwohl wir es besser wissen? Warum ignorieren wir Ungerechtigkeit und Gewalt, obwohl wir um ihre Gefahren wissen?

Oft kennen wir nicht einmal unsere verborgenen Wünsche und Fähigkeiten, weil wir uns nur einfach angepasst haben an das Gewöhnliche. Oft hatten wir nicht den Mut, zu uns selber zu stehen; und manchmal wagen wir nicht zu lieben, obwohl wir es uns wünschten.
Ist der Weg, den wir gehen, wirklich der für uns gute Weg? Oder haben wir ihn aus Bequemlichkeit oder Unüberlegtheit eingeschlagen und merken erst in der Sackgasse, dass er falsch war?

Paul Gerhardt geht ganz selbstverständlich davon aus, dass Gott den Weg weiß, der für uns gut ist; und dass er auch dafür sorgen kann, dass das geschieht, was für uns gut ist, trotz aller Umwege, die wir gehen.

Vielleicht heißt das ja für den alten Menschen: Es gibt noch Wichtiges zu erleben, zu erkennen und zu lernen. Nur ist das vielleicht ganz anders, als wir es dachten. Vielleicht ist es lange Unbearbeitetes. Vielleicht müssen wir erst Frieden schließen mit unserem Schicksal, mit unseren Verwandten, mit unserem Bild von uns selber. Und auch mit dem, was auf uns zukommt: der Begegnung mit Gott.

Und das heißt für die nahen Menschen, die diesen Weg miterleben: Es ist unsere Aufgabe, mit dem alten Menschen mitzugehen und zum Abschiednehmen zu helfen. Zu versuchen, Verletzungen zu verzeihen und den Frieden zu ermöglichen. Den Menschen in Liebe zu verabschieden und ihm so viel Ballast wie möglich abzunehmen. Und auch zur Hoffnung verhelfen, dass der Weg nicht ins Nichts führt, sondern in ein neues Leben.

Paul Gerhardt beschreibt das Leben wie eine Höhle, in der wir stecken, und aus der Gott uns herausholt ins Licht. Dies Bild fällt mir oft ein, wenn ich an Betten stehe, wo ein Mensch nicht mehr sehen und nicht mehr sprechen kann. Da ist das Leben wie in einer Höhle. Und es braucht Geduld und Vertrauen, auf die Erlösung aus dieser Höhle zu warten. Aber es findet auf diesem Weg dorthin noch Wichtiges statt, was wir für diese letzte Begegnung brauchen.
Wir müssen gelernt haben, das Leben anders zu sehen als mit dem Erfolgsblick. Wir müssen uns versöhnt haben mit Misserfolg und Gebrech-

lichkeit. Nur dann, wenn wir erkannt haben, dass unser Leben ein Geschenk ist, das wir nicht in der Hand haben, sind wir auch fähig, es aus der Hand zu geben und einem Größeren anzuvertrauen. Nur wenn wir gelernt haben zu verzeihen, können wir ohne Angst dem Weltenrichter entgegengehen in dem Vertrauen, dass er uns annehmen und verzeihen kann.

Manche Menschen brauchen vielleicht viel Zeit dazu. Eine Zeit, die uns bewegungslos und unbewusst vorkommt. Aber welche innere Arbeit in diesen letzten Wochen und Monaten geschieht, das sehen wir nicht. Aber sehen wir es denn bei uns selber und den uns nahe stehenden Menschen sonst? Vieles bahnt sich ja erst langsam und im Verborgenen an, bis es klar wird. Aber wenn es deutlich und sichtbar wird, ist das Entscheidende schon längst geschehen.

Oft, wenn ich Verstorbene sehe, bin ich beeindruckt von der Würde und Weisheit, die sie ausstrahlen. Dann denke ich: sie sehen und wissen jetzt weit mehr als ich. Sie sind uns weit voraus. Der Tod ist ja ein Weitergehen zu dem Größeren hin.

Wie gut, darauf vertrauen zu dürfen!
Amen.

Erfahrung am Krankenbett

Lied 361, 7-8+12 (Befiehl du deine Wege [EG 361])

Die 97-jährige Frau G. ist zu schwach zum Aufstehen. Sie liegt in ihrem Bett und wartet, wann sie endlich sterben kann. Sie ist geistig noch sehr klar und kann sich sprachlich gut ausdrücken. Ich schaue mit ihr die Fotos an der Wand an, die wichtige Menschen aus ihrer Lebensgeschichte abbilden. Sie erzählt ein wenig. Dann sagt sie wie selbstverständlich: »Heute Morgen nach dem Frühstück war der Herr Tod da.« Ich stutze und frage mich, ob ich mich verhört habe, aber sie erzählt weiter: »Er kommt öfters mal vorbei. Aber ich wusste heute gleich, dass er nichts macht. Er war zu gut angezogen.« »Sie wollten, dass er Sie mitnimmt?« »Ja. Neulich habe ich ihn gefragt, wann er mich endlich holt. Da sagte er: Es ist noch nicht so weit; du weißt doch, erst wenn ich dir die Hand hinstrecke, kannst du mitkommen. Also muss ich noch warten.« Eine Weile schweigen wir. Dann frage ich sie, ob ich ihr ein Lied singen soll. Sie bejaht. Ich singe ihr die erste und sechste Strophe von »Befiehl du deine Wege«. Sie drückt meine Hand dankbar, lächelt und sagt: »Das Leben hat doch noch Schönes.«

Warum sollt ich mich denn grämen? (EG 370)
Liedpredigt

Von Paul Gerhardt 1653

Predigtlied: EG 370,1

Predigt

Liebe Gemeinde!

Das Lied beginnt mit einer Frage an sich selber: Warum sollt ich mich denn grämen? Eine solche Frage stellt man sich, wenn man durchaus in einer Situation zum Ärgern steckt. Vorhaben, die man sich vorgenommen hat, klappen nicht; Menschen haben einen enttäuscht; was einem wertvoll war, geht verloren ... Es gibt viele Gründe, die einen zum »Grämen« bringen können.
Und es ist schwer, dann von dieser starken inneren Macht an Traurigkeit und Ärger Abstand nehmen zu können und sich nicht erdrücken zu lassen.

Es ist schon eine große Leistung, sich dann sagen zu können: Warum soll ich mich davon klein machen lassen? Warum soll mir der Mensch, der so unfreundlich war, den ganzen Tag verderben können? Warum soll ich mir von diesem Verlust auf Dauer alle Kraft und Lebensfreude rauben lassen? Ist das Leben nicht viel mehr als das?

Auch Paul Gerhardt muss sehr viel verloren haben, als er diese Frage an sich stellt. So viel, dass er auch nicht sagen kann: Es gibt noch so viel anderes Schönes und Wichtiges in meinem Leben; da kann ich das verschmerzen. Es muss so viel und Grundlegendes gewesen sein, dass ihm auf die Frage: »Was bleibt mir noch?« nichts in seinem Leben einfällt, worauf er sich noch stützen und verlassen könnte.
Und er kommt zu einer Antwort, die für uns heute fast schon befremdlich wirkt, jedenfalls schwer vorstellbar:

Ich habe doch wenigstens noch Christus, den kann mir niemand wegnehmen. Genauso wie mir niemand den Himmel rauben kann.

Ein sonderbarer Trost für unsere heutigen Ohren. Wir wünschen uns eine Verbesserung der Situation, wir wünschen uns gerechtere und menschlichere Verhältnisse. Alles andere würde uns unzufrieden lassen.

Nun, ganz sicher hat sich Paul Gerhardt dies auch gewünscht. Aber sein Leben hat ihn gelehrt, dass das Leben oft anders läuft, als man es sich wünscht. Als er das Lied schrieb, hatte er gerade erst seine erste fest besoldete Pfarrstelle bekommen, so dass er endlich heiraten konnte; und er war bereits 44 Jahre alt! Wie viele Jahre hat er vergeblich warten müssen, endlich seinen Beruf ausüben und eine Familie gründen zu können!
Wie hat Paul Gerhardt mit diesen langen Jahren vergeblichen Wartens umgehen können?

Es war eine Grunderkenntnis, die wir heute nennen würden: Die Kunst des Loslassens.
Es ist die erworbene Fähigkeit, nicht hängen zu bleiben an unseren persönlichen Erwartungen und Wünschen, an Gewohntem und Liebgewordenem ebenso wie an Sorgen und Ängsten.

Paul Gerhardt gewinnt diese Einsicht, indem er sozusagen von weit oben auf sein Leben schaut. So weit, dass er Anfang und Ende in den Blick nimmt, Geburt und Tod. Und damit sieht die Zeit dazwischen ganz anders aus.

Singen wir die 2. und 3. Strophe.

Es steckt in diesen Gedanken die Erkenntnis, die sich als Volksweisheit noch bis heute erhalten hat. In meiner Dorfgemeinde ist mir das noch oft begegnet, wenn man über einen besonders geizigen und raffgierigen Menschen den Kopf schüttelte: Er ist doch nackt geboren, er wird auch nachher nichts mitnehmen können.

Paul Gerhardt versteht es noch weiter gefasst. Es ist nicht nur der erworbene Besitz, den wir werden zurücklassen müssen. Es ist auch unsere Kraft zu leben, unsere Freude und Leidenschaft, unser Können und Wünschen, die eine Gabe Gottes sind, die wir auf Zeit geliehen bekommen haben. Wir haben kein Recht darauf. Es ist eine Gabe, die er jederzeit wieder zurückholen kann. Dann wird nichts als ein Schatten von all dem bleiben. Aber selbst wenn es so weit kommt: War nicht schon allein, dass ich es erleben durfte, Grund genug, Gott fröhlich zu danken?

Singen wir die 4. und 5. Strophe.

Vielleicht war es zu seiner Zeit viel unmittelbarer sichtbar, dass das Leben nicht nur schöne Tage bereithält, sondern man mit dem ständigen Wechsel rechnen muss. Fast sein ganzes Leben hat der 30-jährige Krieg geprägt, Seuchen haben ein Übriges getan, die Bevölkerung auszurotten. In solchen Zeiten erkennt man die Unbeständigkeit des Glücks, aber auch seinen Wert.

Viele Menschen haben damals ihren Glauben verloren. Der Streit um Macht und Richtigkeiten hat zu viele Opfer gefordert.

Paul Gerhardt hat auch hier einen Blickpunkt über dem Geschehen gesucht. Es wirkt ganz nüchtern und selbstverständlich, wenn er sagt: Gott hat mich in guten Tagen oft ergötzt; sollt ich jetzt nicht auch etwas tragen?

Es ist dieselbe Selbstverständlichkeit, mit der wir liebevolle Eltern oder treue Freunde unterstützten, wenn sie in Not geraten, weil wir von ihnen auch Hilfe erfahren haben. Es ist diese Natürlichkeit, mit der wir Regentage begrüßen, wenn wir Sonnentage erlebt haben, auch wenn wir sie nicht schön finden. Es ist so, wie wir eine Sinfonie nicht so gerne hören würden, wenn sie nur schnelle Sätze hätte. Und was wäre die Aussicht von einem Berg ohne den vorherigen Aufstieg?

Es ist unser bequemes und selbstbezogenes Lebensbild, wenn wir meinen, für uns müsste immer die Sonne scheinen, zu uns müssten alle immer nett und wohlgelaunt kommen, und wir müssten immer gesund und ohne Sorgen leben können.

Das gab es nie. Und mit unseren falschen Erwartungen nehmen wir uns die Fähigkeit, mit schweren Erfahrungen sinnvoll umzugehen.
Die christliche Antwort auf das Leiden war von Anfang an gewesen: Warum sollten wir es besser haben, als es Christus selbst gegangen ist? Wenn wir leiden müssen, dann wollen wir es in der Nachfolge Jesu tun. Dann wollen wir solchen Mut und solches Gottvertrauen entwickeln, wie es Jesus auch gehabt hat.

Paul Gerhardt geht sogar noch weiter.
Er hält noch nicht einmal das Fenster auf für den Zorn über ungerechtes Leiden. Denn dieser Zorn würde ja auch schon wieder Kräfte im Widerspruch verzehren.
Paul Gerhardt sieht auch das Leiden als ein Kreuz an, das Gott uns schickt, damit wir es tragen. Es ist sogar ein Teil von dem Gericht, dem wir uns zu Recht stellen müssen. Denn wir sind nun mal nicht so treu, so mutig, so menschlich, wie wir sein sollten. Und Paul Gerhardt stimmt dem Gericht zu.
Wir heute wehren uns dagegen. Wir gehen damit, gerade nach dem 2. Weltkrieg, mit der beliebten Argumentation um: Die andern sind doch auch nicht besser als ich, das ist doch ganz natürlich; da kann man mir gar keine persönliche Schuld geben. Und noch Dreistere sagen sogar: Da ist Gott selber schuld, weil er die Menschen so gemacht hat; er hätte sie ja nicht frei und zum Bösen fähig zu machen brauchen. Er ist schuld, wenn die Welt so schlecht ist; ich selber bin ja immer noch besser als andere, von denen man in der Zeitung liest.

Paul Gerhardt hat sich nicht so aus der Verantwortung geschlichen. Er nimmt sie an. Gerade daraus aber gewinnt er auch wieder eine ungeheure Kraft. Schauen wir, wie mutig-trotzig er sich in der 6. und 7. Strophe der Welt stellt.

Sie können es sich vorstellen: Wer in der damaligen Kriegs- und Seuchenzeit mit einem solchen Gottvertrauen lebte, der konnte schon kräftigen Spott ernten.
So manche von ihnen können auch davon ein Lied singen. Manchmal sind es Leute mit schweren Schicksalsschlägen, die ihre Bitterkeit als Spott

über uns gießen; manchmal sind es Leute, die sich so schlau vorkommen, dass sie meinen, sie könnten mit ihrem Überblick und Können viel zeitgemäßer die Geschäfte der Welt in die Hand nehmen. Ihnen soll bloß keiner dazwischenreden und ihre Macht und Fähigkeiten in Frage stellen; wer heute noch glaubt, muss schwach und dumm sein.

Vermutlich gehört solcher Spott zu jeder Zeit in ihrer Weise zum Leben eines Christen dazu. Es gab wohl selten davon unangefochtene Zeiten oder Gemeinschaften.

Paul Gerhardt fasst diese Gruppen in der lapidaren Bezeichnung zusammen: Satan, Welt und ihre Rotten! Als wäre das nur grad mal eine Kleinigkeit, dass sich das Böse in den Mächtigen der Welt so gut eingerichtet hat und ganze Rotten dem anhängen! Als würden wir heute sagen: diese ganzen korrupten Wirtschaftsbosse und Politiker, diese ganzen Horden von Terroristen sollen jetzt ruhig so tun, als wären sie was Großes; sie haben keine Zukunft und werden in sich zusammenfallen.

Vermutlich stimmt das ja sogar. Aber wer würde denn so etwas heute sagen können?!
Das ist das Große an Paul Gerhardts Glaubensblick über das Leben: Er steht so fest in dem Vertrauen auf Gottes allumfassende Größe, dass selbst das Schwerste und Bedrückendste klein und tragbar wird.

Es ist darum nicht nur ein Vorhaben, sondern wirklich seine Lebenseinstellung, dass ein Christ sich stets »unverzagt und ohne Grauen« sehen lassen soll. Es ist für ihn das Kennzeichen des Glaubenden, dass er die Relationen des Lebens so setzen kann: das Böse in der Welt ist vergänglich und klein; groß und wichtig ist nur Gott, und das lässt uns wiederum einen »guten« und »stillen« Mut gewinnen. Also nicht den aufgesetzten Mut der großen Töne (wie so manche Politiker gerne aufgesetzte Fröhlichkeit und Aufbruchstimmung verbreiten, ohne irgendeine gescheite Idee zur Umsetzung anbieten zu können), sondern den stillen Mut, der kein Publikum braucht, sondern seine Kraft aus der Tiefe holt.

Gegen solchen Mut kommt auch der Tod nicht an.

Singen wir die Strophen 8 und 9.

Hier ist wieder, wie in Paul Gerhardts Liedern oft, der Tod beschrieben nicht als die totale Bedrohung des Lebens, wie wir ihn heutzutage oft empfinden, sondern hier ist der Tod sogar die letzte Befreiung, die Erlösung, bei der den Leiden endlich das Tor zugeschlagen wird.

Auch dies ist uns in der Neuzeit ein fremder Gedanke geworden. Für uns ist doch das Leben auf der Welt alles. Unser Ziel ist, das Leben hier so schön wie möglich zu gestalten. Wer es zu etwas gebracht hat, wer gesund ist, wer eine nette Familie hat, der hat das Ziel erreicht, der kann zufrieden sein.

So langsam aber dämmert uns, dass das für viele Menschen keine Realität mehr ist.

Immer mehr Menschen finden keine Arbeit, von der sie leben und eine Familie versorgen können. Krankheiten lassen Menschen vereinsamen. Das Alter nimmt nach und nach alles wieder fort, was man sich geschaffen hat. Familien und Freundeskreise zerbrechen. Der Tod schlägt schwere Lücken.

Wer solches Leid erlebt, ist nicht nur von der äußeren Situation belastet, sondern auch noch von dem inneren Schrecken und Ungenügen, nun den Ansprüchen, die das Leben stellt, nicht mehr genügen und entsprechen zu können. Denn es gilt nur der etwas in unserer Gesellschaft, der jung, stark und gesund ist. Wer leidet, ist lästig und fühlt sich minderwertig.

Langsam ahnen wir, dass wir neuzeitlichen Menschen in unserem Freiheits- und Lebensbejahungsdrang etwas aufgegeben haben, was nun eine entscheidende Lücke bedeutet: eine Lücke an Hoffnung. Wenn unser Leben auf der Welt zu misslingen droht, gibt es keine Hoffnung mehr; wenn der Tod hineinschlägt, fallen wir ins Nichts.

Wenn mir Menschen, die im hohen Alter unter den langsam aber ständig sich verschlimmernden Krankheiten leiden, sagen, sie möchten endlich sterben, dann verstehe ich das gut. Sie wünschen sich, dass der Tod endlich das »Tor der bittern Leiden« zuschließt und sie herausreißt. Es

gibt viele Menschen, für die diese Sehnsucht nach dem Tod nicht etwas Unzeitgemäßes, sondern sehr qualvoll Drängendes ist.
Wenn Menschen in privaten Autorennen ihr eigenes und das Leben anderer auf's Spiel setzen, dann ist da keine Lebensfreude, sondern eine Todeswut dahinter.
Wenn Menschen in Drogen und Alkohol versuchen, den Alltag zu betäuben und sich künstliche Glückszeiten zu verschaffen, dann ist da eine große Verzweiflung am Leben dahinter.

Wir sind nicht so lebensbejahend, wie wir öffentlich tun. Wir lieben das Leben nicht so sehr, wie wir uns das einreden. Wir fürchten uns auch vor ihm. Manchmal möchten wir ausreißen, und sei es nur in einem Urlaub weit fort.

Nur: wir haben keine wirkliche Hoffnung!
Wir erwarten nicht wirklich noch etwas Neues.
Vielleicht geben wir manchmal zu früh auf. Es kann ja durchaus auch noch wunderbare Überraschungen geben, wenn wir sie nur zu sehen bereit sind.

Aber letztlich ist ja doch die Frage: Hoffen wir nur für dieses kleine Leben?
Paul Gerhardts Stärke, sein schwieriges Leben zu meistern und anderen Mut zu machen, kam aus einer Hoffnung, die über dieses Leben hinausreichte!
Es war die Hoffnung, dass es mehr als dieses Leben gibt.
Es war die Überzeugung, dass Gott weit größer ist, als dieses kleine Leben fassen kann.
Es war die Gewissheit, dass Gottes Fürsorge, die hier immer nur gebrochen erfahren werden kann, schließlich alles umfassen, alles Schwere auflösen und in ein wunderbares Aufgehobensein verwandeln wird.

Es ist diese Hoffnung, die ihn gleichermaßen das Gute mit Freude empfangen wie auch bereitwillig loslassen lässt.
So wie er auch das Schwere mutig tragen kann, weil er weiß, dass es nicht von Dauer ist.

Singen wir Strophe 10.

Den Schluss des Liedes bilden zwei Verse, die in ihrer Innigkeit fast ein Liebeslied sein könnten.
Es ist relativ selten bei Paul Gerhardt, dass er von Christus singt. Meist schreibt er von Gott selbst.
Hier aber ist Christus als der Hirte derjenige, an dessen Fürsorge sich die Gewissheit knüpft. Seine Hingabe am Kreuz begründet die Verbundenheit, die auch den Tod überdauert.
»Ich bin dein und du bist mein«. Diese liebevolle Verbundenheit wird am Schluss beschrieben. »Ich bin dein« kann er sagen, weil doch Christus mit seinem Blut eine solche bis in die tiefste Hingabe reichende Verbindung geschaffen hat, weil er zeigte, wie wichtig ihm die Liebe zu den Menschen war.
»Du bist mein« ist die Antwort, die die ausgestreckte Hand ergreift. Ja, sogar den andern als das alles erhellende Licht nicht aus dem Herzen lässt.
Die Beziehung zwischen Christus und dem Menschen ist kein Geschäft, wo einer von dem andern etwas verlangt, um die Freundschaft zu beweisen.

Es ist die herzliche Hingabe, wo einer vom andern weiß und einer dem andern zuspricht: Du wohnst in meinem Herzen und ich lasse dich nicht los, was auch geschehen mag. Im Leben nicht und im Tod nicht.
Solche Freundschaft beschreiben die Glaubenslieder Paul Gerhardts. Solche Verbundenheit hat die Kraft, uns in schönen und in schweren Zeiten glauben und hoffen zu lassen.
Amen.

Singen wir die 11. und 12. Strophe.

Friedhofsandacht zum Gedenktag an die Entschlafenen

Liebe Gemeinde!

Dieses Lied von Paul Gerhardt kann uns heute eine Hilfe sein, wenn wir an den Gräbern stehen und unserer Verstorbenen gedenken. Es kann uns helfen, das Leben angesichts des Todes mit anderen Augen zu sehen.

In der Trauer sind wir vom Schmerz um den Menschen erfüllt, von dem wir Abschied nehmen mussten. Wir trauern um das, was wir verloren haben.

Auch Paul Gerhardt kennt diesen Schmerz aus eigener Erfahrung. Zwei Töchter und zwei Söhne starben ihm und seiner Frau bereits im Kindesalter. Nur ein Sohn überlebte. Paul Gerhardt hat das große Sterben im Dreißigjährigen Krieg miterlebt. Viele Sterbende hat er als Seelsorger begleitet, vielen Trauernden beigestanden.

Er kennt die Trauer um das verlorene Leben naher Menschen. Und trotzdem bleibt er nicht darin gefangen. Er schaut nämlich auf das, was niemand ihm nehmen kann. Christus kann ihm niemand wegnehmen. Und den Himmel auch nicht, den Gottes Sohn ihm im Glauben beigelegt hat. Das Geborgensein bei Gott, den Zugang zu einem Leben in Gottes Gegenwart: das kann keine Macht der Welt dem Glaubenden rauben.

Auch im Blick auf das Leben folgt Paul Gerhardt nicht der üblichen Betrachtungsweise. Er sieht es nicht als sein Eigentum, über das er schrankenlos verfügen kann, sondern als eine befristete Leihgabe Gottes.

Das Leben so wahrzunehmen ist nicht modern. Es widerspricht einer in unserer Zeit sehr verbreiteten Haltung, die besagt: »Mein Leben gehört mir. Ich kann damit machen, was ich will. Ich entscheide selbst, wie ich lebe; ich will auch selbst entscheiden, wie ich sterbe, wenn es so weit ist«. Für diese Haltung ist das Sterbenmüssen im Grunde eine Kränkung. Der Tod kommt allemal zur Unzeit. Er wird als eine Beleidigung empfunden.

Dahinter steht eine große, uneingestandene Angst vor dem Tod, eine Angst davor, ins Nichts zu fallen. Aus dem Leben muss alles herausgeholt werden, weil mit dem Tod alles aus ist.

Paul Gerhardt dagegen vertritt denselben Standpunkt wie der fromme Mann Hiob, von dem die Bibel erzählt, dass er durch schreckliche Unglücksfälle seinen Besitz und seine Kinder verlor. Als Hiob davon erfährt, sagt er: »Der Herr hat's gegeben, der Herr hat's genommen; der Name des Herrn sei gelobt« (Hiob 1,21). Seine Frau widerspricht ihm und wirft ihm vor, dass es nichts nütze, fromm zu sein. Doch er antwortet: »Haben wir Gutes empfangen von Gott und sollten das Böse nicht auch annehmen?« (2,10).

Genauso sieht es der Lieddichter. Auch wenn Gott ihm alles nimmt, will er Ihn »dennoch fröhlich ehren«. Dieser fröhliche Trotz ist nur dem möglich, der sein Leben jederzeit als eine Gabe Gottes versteht – andernfalls bleibt nur ein verbissenes »Trotz alledem«, ein verzweifelttrotziges Aufbegehren gegen Schicksalsschläge und Verluste.

Mit welcher Haltung ein glaubender Mensch den Widrigkeiten des Lebens und auch dem Tod begegnet, sagt das Lied mit den folgenden Strophen (7 und 8).

Auch hier hören wir wieder dieses fröhliche »Dennoch«: selbst wenn der Tod ihn aufreiben will, soll der Mut eines Christen »dennoch gut und fein stille bleiben«. Das klingt nach stiller Ergebenheit, nach Passivität, meint aber eine innere Festigkeit des Gemüts, aus der große Widerstandskraft erwächst. Humor ist, wenn man trotzdem lacht. Glaube ist, wenn man trotzdem an Gott festhält, »unverzagt und ohne Grauen«.

Paul Gerhardt nimmt uns in seinem Lied mit hinein in die Überzeugung, die ihn selber trägt: dass kein Tod, d. h. keine Todesart uns töten kann. Das, was unsere Person und unsere Lebendigkeit ausmacht, der

Geist, geht im Tod nicht zugrunde. Er wird nur aus »tausend Nöten« herausgerissen.

Ja, der Tod wird beinahe wie ein Freund begrüßt, weil uns dann kein Leid, kein Geschrei, kein Schmerz mehr berühren kann. Der Tod schließt das Tor der Leiden. Er eröffnet aber auch den Weg, auf dem man zu himmlischen Freuden gehen kann.

Doch die moderne Skepsis wendet ein: Will uns der Lieddichter auf den Himmel vertrösten? Niemand weiß genau, ob es ihn gibt, heißt dann die trostlose Auskunft. Aber Paul Gerhardt weiß: Wer sich an Christus hält, der hat jetzt schon gewisse Aussicht auf den Himmel, auf ein Leben in liebevoller Gemeinschaft, das nicht von dieser Welt ist. Amen.

Gib dich zufrieden und sei stille (EG 371)

Trostargumente für Besuchskreise

Dieses Lied gehört zu den Paul-Gerhardt-Liedern, die von einem Psalmvers inspiriert sind: »Sei stille dem HERRN und warte auf ihn« (Ps 37,7). Man kann es als seelsorgliches Gespräch des Lieddichters mit einem Einzelnen (auch mit sich selbst) lesen, der mit seinem Leben unzufrieden ist. Diese Unzufriedenheit äußert sich in Sorgen, Misstrauen, Grämen, Seufzen und Klagen. Das Lied spricht nun nicht einfach dem Unzufriedenen gut zu, sondern es begegnet seinen Äußerungen argumentativ mit Trostgründen (dieselbe Struktur hat das Lied »Befiehl du deine Wege« EG 361). Jede Strophe bekräftigt am Schluss die Aufforderung, mit der das Lied beginnt: »Gib dich zufrieden!«

Besuchskreise haben es immer wieder mit Menschen zu tun, die mit ihrem Leben hadern, die unzufrieden sind mit ihrem Lebensschicksal, mit ihrer besonderen Situation (Alter, Einsamkeit, Armut, Krankheit u. a.), und anderen verbittert und misstrauisch begegnen. Oft fällt es den Besuchern schwer, auf die häufig wiederkehrenden Äußerungen angemessen zu reagieren. Sie versuchen zuzuhören und Verständnis zu zeigen, wissen aber nicht, was sie zu den vorgebrachten Klagen, Sorgen und vorwurfsvollen Fragen sagen sollen. Zumal dann, wenn die Besuchten über Gott reden, fühlen die Besucher sich oft hilflos und unsicher. Was soll man antworten, wenn z. B. alte und kranke Menschen erklären, Gott – wenn es ihn gäbe – kümmere sich nicht um sie? Oder: Sie hätten ihr Leben lang gearbeitet und sich bemüht, aber es sei ihnen nicht gelohnt worden. Oder: Warum gerade sie jetzt so leiden müssten?

Das Lied »Gib dich zufrieden und sei stille« bietet den Besuchern Trostargumente, an die sie sich selber halten, die sie aber auch im Gespräch vorbringen können. Es wäre missverstanden, wenn man aus ihm nur Aufrufe zur Beschwichtigung und zum Stillehalten heraushören würde. Denn das Lied beschränkt sich nicht auf den allgemeinen moralischen Appell, sich ins Unvermeidliche zu fügen. Vielmehr wird der unzufriedene Mensch in den 15 Liedstrophen jedes Mal auf unterschiedliche Weise aufmerksam gemacht für das, was Gott ihm zugute tut. Der Unzufriedene wird dazu angehalten, von Gott nicht kummervoll-besorgt, sondern groß zu denken und die Wirklichkeit seines Lebens nicht länger nur aus seiner eigenen Perspektive wahrzunehmen, sondern aus dem Blickwinkel Gottes. Wer die Strophen der Reihe nach durchgeht, findet darin Argumente, die dafür sprechen, Gott wirklich im biblischen Sinne den »Gott deines Lebens« sein zu lassen und sich in allen Lebenslagen Ihm anzuvertrauen.

Es lohnt sich daher, mit Besuchskreisen das Lied Strophe für Strophe zu meditieren, darüber zu sprechen und, nicht zuletzt, das vollständige Lied zu singen.

Die Strophen 1-5 sagen, wer Gott ist und wie Er handelt:

- Er ist der »Gott deines Lebens«, in dem die Fülle aller Freuden ruht. Gott ist Quelle, Sonne und Wonne. Ohne ihn müht sich der Mensch vergeblich (Strophe 1).
- Er ist »voll Lichtes, Trosts und Gnaden«, vor allem »treuen Herzens«. Damit erfasst der Lieddichter die lautere, verlässliche Beziehung, die Zugewandtheit Gottes zum Menschen. Gott tut keinem Menschen Schaden. Er kann »Kreuz, Angst und Not« wenden und ist auch Herr über den Tod (Strophe 2).
- Vor Ihm ist offenbar, wie es den Menschen ergeht. Er »sieht und kennet aus der Höhe / der betrübten Herzen Sorgen«. Gott verhält sich zum Leid der Menschen nicht teilnahmslos apathisch. Es ist Ihm nicht gleichgültig, sondern Er lässt sich davon betreffen, nimmt teil an unseren Tränen und unserem Sehnen (Strophe 3).
- Auch wenn kein Mensch auf der Erde mehr vertrauenswürdig wäre, so wäre doch auf Gott Verlass: »alsdann will er dein Treuster werden / und zu deinem Besten schauen«. Vielfach variiert Paul Gerhardt dieses Thema in seinen Liedern: Gott ist und sorgt für den Menschen! Er kennt nicht nur dein (offenkundiges) Leid und »heimlich Grämen«, sondern Er weiß auch die Zeit, dir dein Leid abzunehmen. Hier regt sich freilich seit der Aufklärung Widerspruch: Warum lässt Gott Menschen so lange leiden? Damit verbindet sich oft das Urteil, man selbst

oder andere hätten solches Leiden nicht ›verdient‹. Wer so urteilt, maßt sich an, selber bestimmen zu können, wem wie viel Leiden zukommt, d. h., er oder sie setzt sich an Gottes Stelle (Strophe 4).
- Noch einmal hebt das Lied hervor: Gott hört auch das Unausgesprochene, Seufzer und stilles Klagen. Was man keinem Menschen erzählen darf, kann man Gott »kühnlich sagen«. Dazu gehört also Kühnheit. In der Gebetskultur des mitteleuropäischen Christentums ist jedoch gerade die Klage verkümmert: man getraut sich nicht, Gott sein Leid zu klagen. Das hat zur Folge, dass nun umso mehr ein unfruchtbares Jammern und ein Sich-Beklagen voller Selbstmitleid wuchert. Als Argument für das Klagen bringt das Lied den Hinweis, dass Gott nicht fern ist und dass Er »bald und gern« die Bitten der Armen hört (Strophe 5).

Konfrontiert man das, was diese Strophen von Gott und Seinem Wirken sagen, mit dem, was Menschen, die mit ihrem Leben unzufrieden sind, von Gott denken, so wird deutlich: der Unzufriedene denkt von Gott gewöhnlich zu klein und zu eng. Er neigt in seinem Kummer dazu, sich einen kümmerlichen Gott vorzustellen, der dem Menschen keine Freude gönnt; dem es gleichgültig ist, wie viel Menschen erleiden; der keine Klagen hören will.

Die Strophen 6-10 sprechen den Einzelnen gezielt auf seine Lebenshaltung an

- Der Mensch soll sich nicht von seinem Elend bezwingen lassen, sondern unter allen Umständen an Gott festhalten. So wird er auch nicht von Fluten überrollt und fortgerissen. Und wer zu hoch mit Lasten beschwert wird, den hat Gott schon erhört (Strophe 6).
- Er soll sich auch nicht darum sorgen, wie er sein »armes Leben« erhalten und sich nähren kann. Denn, so das Gegenargument, Gott als Geber des Lebens »wird auch Unterhalt bescheren«. Er hat eine Hand, die »voll aller Gaben« ist. Der Besorgte dagegen hat den Eindruck, es reiche nicht zum Leben (Strophe 7).
- Paul Gerhardt verweist auf die Tiere, die jeden Tag getränkt und gespeist werden. Gott, der alle Geschöpfe nährt, wird auch dem Menschen geben, was er zum Leben braucht. Strophe 6 und 7 folgen da-

mit der Lehre Jesu: »Sorgt nicht um euer Leben, was ihr essen und trinken werdet ...« (Mt 6,25-34) (Strophe 8).
- Der Mensch soll auch nicht sagen, dass er kein Mittel sieht, aus seiner Notlage herauszukommen. Denn Gott hilft, »wenn die Not am größten«. Er führt uns gerade dann, wenn wir »ihn nicht mehr spüren«. Das eigene Erleben und Gespür sollte demnach nicht zum letzten Maßstab für Gottes Wirken gemacht werden (Strophe 9).
- In der Not meinen Menschen, die Hilfe bleibe lange aus. Dagegen hält das Lied: gerade das beängstigende Harren ist letztlich doch zu etwas gut. Es ist »dein Frommen«, d. h. zu deinem Nutzen, auch wenn du jetzt noch nicht siehst, wozu es gut ist. »Was langsam schleicht, fasst man gewisser ...« Hier wird der Vorzug der Langsamkeit darin gesehen, dass man gerade das, was nach eigenem Erleben viel Zeit braucht, umso gewisser erfasst. Man kann sich also auch darauf einrichten und empfindet es »desto süßer«, wenn das Übel endlich aufhört (Strophe 10).

Die Strophen 11-15 lenken den Blick auf das menschliche Miteinander und das Geschick aller Menschen

- Vielfach machen sich Menschen abhängig von dem, was andere über sie sagen. Besonders in Milieus mit hoher Sozialkontrolle ist dies häufig zu beobachten. Daher der seelsorgliche Rat, sich nicht zu Herzen zu nehmen, was die Menge der Leute über einen selbst an Geschichten erfindet und an Lügen verbreitet. Begründung: »Gott wird's hören und recht richten«. Wer viel auf das Gerede der Leute gibt, beweist nur, wie gering sein Gottvertrauen ist. »Ist Gott dein Freund und deiner Sachen; / was kann dein Feind, der Mensch, groß machen?« (vgl. dazu das Lied »Ist Gott für mich, so trete« EG 351, Strophe 1). Der Feind kann gegen mich nichts ausrichten, denn er ist nur ein Mensch; Gott aber ist für mich. Mit dieser Überlegung nimmt das Lied den Plänen und Erfindungen der Widersacher ihr Gewicht (Strophe 11).
- Auch der Feind hat das Seine, »wenn er's sehen könnt und wollte«. Das meint: er ist auch nicht besser dran als du! Nur sieht er eben nicht seine Lage, wie sie ist (und ähnelt darin dem Unzufriedenen). Es gibt kein vollkommenes Glück, sagt das Lied, und kein Haus ist

von Plagen verschont. Dieses Argument kann den Unzufriedenen veranlassen, auch seine Widersacher / Feinde menschlich und realistisch zu sehen. Die Meinung, es ginge anderen besser als ihnen selbst, die man gerade von Unzufriedenen hören kann, beruht meist auf Schwarzweißmalerei (Strophe 12).

- Hier weist der Lieddichter in grundsätzlicher Form auf etwas hin, worüber Unzufriedene sich leicht täuschen: »alle Menschen müssen leiden«. Im Leben lässt sich das Unglück nicht vermeiden – eine Einsicht, die allen modernen Utopien vom allgemeinen Glück Hohn spricht. Unwillkürlich denkt man an Erich Kästners Vers: »Sei'n wir mal ehrlich: / Leben ist immer lebensgefährlich«. Leiden treffen uns, solange wir leben. Dieses Geschick endet erst, wenn wir begraben werden (Strophe 13).
- Die beiden letzten Strophen eröffnen einen Ausblick auf die Ewigkeit, d. h. die Zukunft der Glaubenden bei Gott. Der »Ruhetag« (Sabbat) ist ein Bild für den Tag der Erlösung aus allen leiblichen Bindungen und aus »allem Bösen«. Der Tod erscheint als Befreier aus aller Qual. Damit wird zunächst die Vorstellung relativiert, Leid und Unglück würden niemals enden (Strophe 14).
- Zuletzt ist die Aussicht: Frieden (Schalom). Die in Frieden Verstorbenen werden sich nun »im Frieden freuen«. Sie werden den Ewigen sprechen hören: »Gib dich zufrieden!« So kommt am Ende heraus, dass Zufriedenheit eben darin besteht, sich hier und heute in Gott zu ergeben, in Ihm stille zu werden und die Fülle der Freuden zu finden, die über dieses Leben hinausreicht (Strophe 15).

Wach auf, mein Herz, und singe (EG 446)

Morgenmeditationen

Die Meditationen nehmen aus jeder Liedstrophe jeweils einen Satz(teil) heraus und stellen ihn als Gedanken über den Morgen. Die Meditationen können für einen Einzelnen oder als Andacht für eine Gruppe genommen werden. Jeder Abschnitt behandelt einen eigenen »morgendlichen Zustand«, sei es Müdigkeit, Angst oder Lebenslust, ist also am besten einzeln zu verwenden. Jeweils am Ende steht ein kurzes (Stoß-)Gebet.

1
Wach auf, mein Herz, und singe

»Wach auf«, drängt der Wecker, aber meine Glieder sind schwer.
Ich mag die Wärme des Bettes nicht gegen die Kühle des Bodens tauschen.
Die Schwerelosigkeit des Schlafes betört mich noch,
den Anforderungen des Tages zu entgehen.
»Wach auf«, drängen meine aufgeschreckten Gedanken, »die Arbeit ruft!«
Ich möchte mich wegdrehen und die Augen schließen,
Ich möchte träumen von Urlaub und Meer,
von Bergen und spielenden Sonnenstrahlen.
Ich möchte dem Flug der Vögel zuschauen
Und dem Plätschern des Wassers lauschen.

»Wach auf«, lockt mich das Rauschen der Blätter
Und das Morgenlicht vor meinem Fenster.
Die Welt ist erwacht und ruft mich heraus
Zum Schauen und Hören, zum Riechen und Schmecken,
Zum Berühren und Mitmachen.
»Wach auf, mein Herz«, lockt der beginnende Tag,
Es ist noch so vieles möglich,
Es gibt so manches zu staunen und neu zu sehen,
Es ist ein neuer Tag.

Es ist *dein* Tag, deine geschenkte Zeit.
Dein Herz kann aus ihm einen Tag der Freude machen,
Einen Tag der liebevollen Begegnungen,
Einen Tag des inneren Wachstums.
Dieser Tag ist ein Geschenk an dich,
Ein Geschenk, das du auspacken kannst:
Vieles kennst du an ihm, und vieles ist heute neu,
Du kannst dem Heute seinen eigenen Stempel aufdrücken,
Seine eigene Farbe geben,
Du kannst dich und andere überraschen;
Heute ist *dein* Tag.

Wach auf, mein Herz, und singe!
Begrüße den Tag mit einem freudigen Lied,
Gib dem Kummer seinen Raum mit klagenden Tönen,
Sammle deinen Mut mit tröstendem Gesang!
Wach auf, mein Herz, und singe!
Sing von der Schönheit der Erde und der Sehnsucht deiner Träume!
Sing von dem Schmerz des Lebens und dem Glück der Liebe!
Sing von der Fülle des Lebens und der Weite des Himmels!
Sing von der Herrlichkeit des Schöpfers
und der Freude, von ihm beschenkt zu sein!

Gott, wunderbarer Schöpfer, mach mein Herz offen und weit!

2
Die dunklen Schatten

Mühsam kämpfe ich mich aus schweren Träumen heraus.
Aus Träumen voller Angst und Unsicherheit,
Ohnmacht und Verfolgung.
Die dunklen Schatten der Vergangenheit haben mich eingeholt.
Ich war wieder klein und schwach wie ein Kind,
Ratlos und bedrängt wie ein Schulkind,
Mit leerem Kopf wie vor einer viel zu schweren Prüfung.
Ich fühlte mich wie in starkem Fieber,

Von dunklen Mächten in die Zange genommen,
Herumgewirbelt wie ein Blatt im Sturm.
Wie ein Ungeheuer stand übergroß meine Blamage vor mir,
Dem Spott der Menge war ich ausgesetzt
Und meiner eigenen Verachtung.
Meine alte Schuld
hat sich wie ein grinsendes Gerippe vor mich gestellt.
Nichts wieder gutzumachen!
Nichts zu beschönigen!
Mit Haut und Haar war ich den dunklen Schatten ausgeliefert,
Den Schatten der Vergangenheit,
Den Schatten meiner Ängste,
Den Schatten meiner Verlorenheit.

Ganz vorsichtig schiebt sich ein Lichtstrahl
Durch das Geflecht der Dunkelheit
Wie ein erster Strahl der Morgensonne am Horizont.
Du bist nicht allein, sagt er,
Ich habe über dich gewacht.
Die dunklen Schatten können dich nicht verschlingen,
Tröstet er, Ich bin stärker als sie.

Leise ist die Stimme noch,
Unerwartet sanft und schön,
Fast zu schön, um wahr zu sein.
Kann ich ihr glauben?
Gibt es Jemand, der mich beschützt und trägt?
Gibt es Jemand, der meine Schatten vertreibt
Und mein Leben wieder hell macht?
Verwandelt Er meine Schwachheit in Menschlichkeit
Und meine Ängste in Verständnis und Gelassenheit?

Zaghaft strecke ich meine Hand aus.
Gott, Licht in der Dunkelheit,
Halt mich!
Führ mich heraus!
Geh mit mir!

3
Lass dir nicht grauen

Heute fürchte ich mich vor dem kommenden Tag.
Es kommen Anforderungen auf mich zu,
Denen ich mich nicht gewachsen fühle.
Ich muss Menschen gegenübertreten,
Die mir nicht wohl gesonnen sind.
Ich fühle mich zu klein demgegenüber.
Ich bin nicht wortgewandt genug,
Die guten Einfälle kommen erst hinterher,
Wenn es schon zu spät ist.
Andere können sich besser darstellen;
Sie erscheinen eindrucksvoll,
Obwohl eigentlich nicht viel dahinter ist.

Ich habe das Gefühl,
Dass niemand mich wirklich versteht;
Dass keiner meine Stärken wahrnimmt,
Nicht einmal ich selber traue mir was zu.

»Lass dir nicht grauen«, sagst du, Gott.
Wie soll ich das können?
»Lass dir nicht grauen« –
Als käme es auf all das gar nicht an.
Als wären die Großspurigen in deinen Augen klein,
Und die Erfolgreichen in deiner Geschichte Eintagsfliegen.
Als sähest du in mir, was ich nicht sehe.
Als ginge ich an deiner Hand – und merke es nur nicht.
Als hättest du die Worte, die ich suche,
Und die Kraft, die mir fehlt,
Und ich bräuchte mich nur an deine Schulter lehnen, Gott,
Wie an einen großen alten Baum.

»Lass dir nicht grauen!«
Dein Wort klingt wie ein Zauberwort in meinen Ohren.

Wenn ich es höre,
Werden die unüberwindlichen Berge zu Hügeln
Und die bedrohlichen Menschen zu Figuren in einem Spiel.
»Lass dir nicht grauen!«
Der Zuspruch strömt wie ein warmer Regen über mich,
Spült wohltuend alle Verspannungen fort,
Ich wachse unter seiner beruhigenden Kraft.
Ich gehe in den Tag,
Ein wenig größer, ein wenig mutiger,
Mit einem Lächeln im Herzen:
Du lässt mich nicht allein!

Lass meine Furcht sich verwandeln in Stärke, Gott! Bleibe bei mir, was auch kommen mag!

4
Dein Wort, das ist geschehen

Dein Wort steht über meinem Leben wie eine lebendige Überschrift.
Wie am Anfang der Welt,
So hast du mich ins Leben gerufen,
Eine Frucht deiner Lust am Leben.

Dein Wort steht über meinem Leben.
In der Taufe hast du mir deine Freundschaft versprochen.
Du hast mich beschützt und geführt,
Als ich noch nichts von dir wusste.
Mein kindliches Herz hat dein Bild in sich getragen,
Ohne es in Worte fassen zu können.

Dein Wort ist mir begegnet,
Vertraut und fremd zugleich.
Ich wünschte mir, glauben zu können,
Und scheiterte an den vielen Worten,
Die lauter waren als deines,
Und den vielen Eindrücken,
Die mächtiger waren als dein Bild in mir.

Dein Wort ist mir begegnet
In rätselhaften Riten.
Ich spürte eine Lebendigkeit,
Die ich nicht fassen konnte.
Darum ging ich kopfschüttelnd weiter.
Das Schwingen deines Wortes verklang.

Dann lief das Leben anders als erhofft.
In meiner Verzweiflung fühlte ich mich von allen verlassen,
Auch von dir.
Da begegnete mir dein Wort.
Ärgerlich schob ich es fort. Was helfen schon Worte?

Viel später erst merkte ich,
Dass es seine Wahrheit wie einen Keim in mich gelegt hatte.
Eine Pflanze war daraus geworden, die nach meiner Pflege verlangte.
Sie hatte einen Hunger geweckt, der gestillt werden wollte.
Den Hunger nach mehr als dem Erreichbaren,
Den Hunger nach Sinn.

Dann erkannte ich,
Dass dein Wort mir wie ein Licht gewesen war im dunklen Tal.
Es hatte dafür gesorgt, dass ich nicht verzweifle.

Heute ist mir dein Wort
Ein Rätsel, dem ich mit Verwunderung nachspüre.
Dein Wort ist wahr geworden,
Ist zum Geschehen geworden selbst gegen meinen Widerstand.

Von Jahr zu Jahr mehr
Ist es mir ein Wegweiser in der Ratlosigkeit,
Ein Trost in der Bedrückung,
Eine Wahrheit über aller Wirklichkeit.

Lass dein Wort immer neu an mir geschehen!

5
Hier bring ich mein Gebet und Lieder

Ein Sonnenstrahl hat mich wachgekitzelt.
Das Leben strömt in mir bis in die Fuß- und Fingerspitzen.
Ich stehe auf und strecke mich der Luft entgegen.

Ich möchte meine Lebensfreude ausstreuen wie einen Strauß von Blüten.
Mein Lachen soll wie ein perlender Bach
Meine ganze Umgebung tränken,
Anstecken zu Staunen und Freude.

Die Rosen sind wie ein Bild meiner Seele,
Die sich an deiner Schöpfung freut.
Ihr Duft ist ein Ausdruck meiner Begeisterung,
Das Leben mit allen Sinnen zu spüren.

Meine Augen saugen das Bild deiner Schönheit ein,
Wie du dich in deiner Schöpfung spiegelst.
Im tiefen Atmen ziehe ich dich in mich,
Dass wir eins werden im Atem des Lebens.

Mein Seufzen ist mein Gebet für dich,
Meine Freude meine Liebeserklärung.
Ich singe, wo ich bin und wie ich kann,
Und jeder Ton ist mein Geschenk an dich.

Meine Liebe zu dir, Gott,
Erwacht mit diesem Tag neu.
Sie füllt mich aus mit Worten und Musik,
Mit Bewegung und fast erfüllter Sehnsucht.

Ich bringe dir, Geliebter,
Was aus mir quillt an Leben,
Das du mir so wunderbar geschenkt hast.
Deine Liebe und meine
Verbinden sich und werden ein Lob deiner Herrlichkeit!

Lass mich diesen Tag ein Feuerwerk deiner Liebe sein!

6
Du kannst ins Herze sehen

Zäh schiebt sich das Sonnenlicht durch den nebligen Morgen.
So zäh wie meine Kräfte durch meine Glieder fließen.
Schwer fällt das Aufstehen.
Ich möchte keinen Menschen sehen,
Kein Wort reden müssen.
Niemand soll mir einen Gruß abpressen.

Ich habe mich in mich zurückgezogen
wie eine Schnecke in ihr Haus.
Die Welt ist mir fremd wie ein unbekanntes Land.
Die Menschen reden,
Aber es ist mir eine fremde Sprache.
Sie lachen, aber ich kann keinen Grund erkennen.

Ich weiß nicht, wer ich bin.
Ich bin mir selber fern wie ein Fremder.
Mein Kummer ist sprachlos,
Meine Einsamkeit ist wie ein zerschlagenes Boot im weiten Ozean.
Meine Wut ist wie ein schleichendes Gift in meinen Adern.

Niemand ist, der mir helfen kann.
Ich wünschte, es käme jemand und könnte es, –
aber ich würde ihn doch nicht an mich heranlassen.
Ich fühle meine Stacheln, die mich umgeben als Schutz vor Verletzungen,
Und weiß doch auch, dass ich mich selber quäle
Mit meiner Angst und Abwehr,
Und meiner Isoliertheit nur noch höhere Mauern aufsetze.

Mein Gott,
Du kannst ins Herz sehen!
Schau mich an! Schau mich so an, wie niemand sonst mich anschaut:
Ohne Befremden, ohne Verletztheit, ohne Forderungen.
Schau mich an, Gott, mit deinen liebenden Augen!

Schau mich an
und taue mit deiner Wärme das Eis in meiner Seele auf!
Schau in mein Herz, Gott,
Und lass es sich verwandeln,
Dass es nicht mehr eine funktionierende Maschine ist,
Sondern ein lebendiges Teil meines Lebens.
Lass mein Herz,
Von deinem liebenden Blick lebendig gemacht,
Seine Sehnsucht herausschreien wie einen alten Schmerz.
Lass mein Herz,
Von deiner Güte besänftigt,
Die Verhärtungen aufweichen in einem Strom von Tränen,
Den du, Gott, aufnimmst wie einen kostbaren Schatz.
Lass mein Herz,
Getröstet mit deinen unglaublich verheißungsvollen Worten,
Den Glauben fassen als Strohhalm, der mich herausreißt
Aus dem Strudel des verwirrenden Lebens.
Lass mein Herz
Dich aufnehmen als den treuesten und liebevollsten Freund,
Den es nur geben kann.
Und dann, mit deinem Herz verbunden,
Das Leben neu lernen.

Du schaust in mein Herz, Gott, und verstehst mich! Das gibt mir Kraft.

7
Auf seinen Händen getragen

Vorsichtig tasten meine Schritte in den Morgen.
Meine Augen schrecken vor der Helligkeit zurück.
Meine Gedanken sind noch in den Träumen gefangen.

Was kommt so schrecklich selbstverständlich auf mich zu
An Anforderungen und Alltäglichkeiten?
Ich habe die Kleidung nicht gewollt, in der man mich sehen will.
Ich spüre das Lächeln nicht in mir, das man von mir erwartet.

Der Kaffeetisch überfällt mich mit seinem Angebot an den müden Magen.

Ein Duft zieht vorbei und weckt sanft meine Sinne.
Ein Lächeln ohne Forderung entspannt mich.
Langsam öffne ich mich dem kommenden Tag.

Ein Wort von dir
Lässt mich staunen und aufatmen.
Solltest du wirklich mit solcher Freundlichkeit
mich in den Tag begleiten?
Solltest du wirklich mit solcher frischen Liebe
Mich auf den Händen tragen
Wie ein Bräutigam seine Braut?
Sollte ich wirklich
Deinem Herzen so nah sein,
Ich, unter den Millionen Menschen?
Sollte ich wirklich
In deinen Augen so wichtig sein?

Ich möchte dir glauben, Gott,
Du Liebhaber des Lebens,
Du Liebhaber meines Lebens.

Ich will es wagen,
Mich von dir tragen zu lassen
Durch diesen Tag,
Durch diese Woche,
Durch mein Leben.
Wo könnte ich besser aufgehoben sein?

Liebender Gott, trag mich auf deinen Händen!

8
Sprich Ja zu meinen Taten

So wie die Dämmerung dem Licht weicht,
So weicht meine Müdigkeit dem beginnenden Tag.
Erholt und von schönen Träumen belebt
Sehe ich den kommenden Stunden
Voll Leichtigkeit entgegen.

Meine Kräfte sprudeln aus mir heraus
Wie eine Quelle aus der Tiefe des Waldbodens.
Die Aufgaben des Tages
Sind Lockrufe an meine inneren und äußeren Kräfte.

Das Gewimmel der Menschen in den Straßen
Fasziniert mich in seiner Buntheit und Lebendigkeit.
Ihre Stimmen, ihre Schritte hören sich an
wie ein Konzert übermütiger Musikinstrumente.
Ich stürze mich in das Meer der Menschen
Und schwimme in der Schaffensfreude.

Ich nehme meine Aufgaben an
Und möchte sie gut machen.
Ich stecke hinein, was ich habe:
Meine Freude, meine Phantasie, meine Kräfte, meine Hoffnungen.
Ich wachse mit ihnen
Und freue mich daran, die Welt ein Stück mitgestalten zu können.
Ich bin beschenkt
Mit der schöpferischen Kraft Gottes.
Seine Welt ist meine Welt geworden,
Und Seine Ziele versuche ich Tat werden zu lassen.
Ich stelle mich hinein in das noch immer wachsende
Schöpfungswerk Gottes,
Teil bin ich von ihm,
Aber zugleich auch Mitschaffende, Mitarbeitende.
Lass mich, Gott, dein wunderbares Werk

Mit meinen Kräften weitergestalten!
Sprich Ja zu meinen Taten
und kröne sie mit deinem Segen!

Ich nehme mit Freude den Lockruf des Lebens an.
Sprich du, Gott, zu meinem Tun dein Ja!

9
Mein Herz sei deine Hütte

Im jungen Licht des Morgens
Öffne ich mein Inneres wie eine Blüte.
Mit allen Sinnen
Nehme ich den neuen Tag auf:
Meine Augen sind fasziniert
von der Schönheit der sich verändernden Farben.
Meine Ohren lauschen
Auf die Geräusche der Wesen und Dinge.
Meine Finger tasten
Die Wärme und Struktur des Sichtbaren.
Wie vielfältig
Sind die Düfte der Erde!

Mein Herz weitet sich im Staunen
Über den Reichtum der Schöpfung.
Es schwingt mit in der Melodie
Der kosmischen Ordnung.
Die Freude erfüllt es mit solcher Macht,
Dass es fast schon schmerzt.

Dein Wort, Gott,
Macht mein Herz zittern,
Vor Glück und Erschrecken,
Dass du mir so nahe bist.
Es öffnet sich vorsichtig
Wie einem heimlichen Freund.

Was wird deine Liebe bei mir auslösen?
Wie unbegreiflich ist deine Leidenschaft,
Wenn sie sich in mir einnistet,
Wie gefährlich schön!

Und doch
Wünscht sich mein Herz nichts mehr
Als deine Hütte zu sein!
Dass du mit deinem Licht und deiner Wärme,
Deiner brennenden Leidenschaft
Und deiner schöpferischen Kraft
Mein Herz zu deiner Hütte machst,
Wo du wohnst und wirkst,
Bis meine Reise endlich
Ganz zu dir führt.

Lass mein Herz deine Hütte sein!

Lobet den Herren alle, die ihn ehren (EG 447)

Morgenmeditationen

Die Texte sind zur Meditation für mehrere Tage mit Gruppen gedacht, z. B. mit Kirchenvorstehern auf einer Klausurtagung oder mit einer Gruppe von Ehrenamtlichen. Jeder Text gibt kurze Impulse zur Meditation, bezogen auf einen Satz aus einer Liedstrophe, und schließt mit einem Gebet. Zu Beginn sollte die jeweilige Liedstrophe gesungen werden. Es empfiehlt sich, vor dem Gebet eine Zeit der Stille zu halten.

1
Lasst uns mit Freuden seinem Namen singen

Wenn der Tag damit beginnt,
dass wir Gott fröhlich loben,
wenn wir gern unsere Lippen öffnen,
um Ihn zu preisen
und Seinem Namen zu singen,
dann haben Griesgram und Verdruss
bei uns keinen Platz.
Begrüßen wir den Morgen mit Lobgesang!

Ja, Gott, es bereitet Freude, dir zu singen!
Ich will dich erfreuen durch Gesang.
Ich freue mich, dass ich da bin und dir singen darf,
Du, meine Hoffnung und meine Freude.

2
Der aus dem Schlaf uns fröhlich auferwecket

Manchmal fällt es uns schwer,
aus dem Bett zu kommen.
Wir haben keine Lust aufzustehen.
Aber Gott weckt uns fröhlich auf.

Er freut sich daran, uns aufzuwecken.
Wach und lebendig
will Er uns Menschen sehen,
weil Er sich freut an unserer Lebendigkeit.

Wie wunderbar ist dieser Morgen, Gott!
Du gibst mir das Leben,
diesen Tag schenkst du mir,
damit ich wach bin für deine Wunder.

3
Dass unsre Sinnen wir noch brauchen können

Die reifbedeckten Bäume im Nebel sehen können,
die kühle Morgenluft auf unserer Haut spüren,
mit den Händen das Gesicht eines geliebten Menschen berühren,
beim Frühstück den süßen Geschmack des Honigs genießen:
was für ein Segen!
Mit allen Sinnen das überwältigende Geschenk des Lebens
wahrnehmen –
wie gut das ist und wie schön!

Wie viele Möglichkeiten hast du mir gegeben, Gott,
wie viele Wege eröffnet,
das Leben in seiner Fülle
zu entdecken!

4
Dass wir in seinem Schoß gesessen

Es ist nicht selbstverständlich,
dass wir behütet leben.
Unversehens passiert beim Autofahren ein Unfall.
Unversehens geht ein Haus in Flammen auf.
Unversehens kann ein Sturm viele Menschen
obdachlos machen.

Wie vieles geschieht,
was wir nicht vorhergesehen haben!
Bei dir, Gott, bin ich geborgen.
In deinem Schoß kann mir nichts geschehen.

5
Dawider hat sein Engel sich gesetzet

Jeden Tag lesen wir von Gewaltverbrechen in der Zeitung.
Wer kann seines Lebens sicher sein?
Manche fürchten sich so sehr vor Dieben und Räubern,
dass sie ihre Türen mit Ketten und Sicherheitsschlössern verriegeln
und Gitterstäbe vor ihren Fenstern anbringen.
Es gibt gefährliche Leute,
denen wir uns ausgeliefert fühlen.
»Dawider hat sein Engel sich gesetzt«.
Dein Engel, Gott, hat mich vor bösen Angreifern geschützt.
Er hat mich vor Verletzungen bewahrt.
Dafür danke ich dir.

6
O treuer Hüter, Brunnen aller Güter

Hüter und Brunnen ist Gott.
Er achtet auf uns auf allen unseren Wegen, in allen Lebenslagen.
Aus Ihm können wir alle guten Gaben schöpfen.
Unerschöpflich ist Er in Seiner Güte.
Jeder sehnt sich danach, bei Ihm geborgen zu sein.
Was können wir Besseres erbitten,
als dass über unserem Leben Tag und Nacht
Seine Güte und Huld schweben?
Gott, behüte mein Leben auch in Zukunft!
Steh mir bei und behüte mich bei Tag und in der Nacht!

7
Durch dein Geleite auf unsern Wegen unverhindert gehen

Jeder Tag hält Überraschungen für uns bereit,
jeder Tag stellt Herausforderungen an uns.
Was wird heute auf uns zukommen?
Welche Aufgaben werden uns gestellt?
Wohin werden wir gehen?
Wem werden wir unterwegs begegnen?

**Geleite mich heute auf meinem Weg, Gott,
und bleibe mir zugewandt, wo ich auch bin.**

8
Treib unsern Willen, dein Wort zu erfüllen

Nach Gottes Wort leben und handeln –
das ist nur möglich, wenn wir es wollen.
Ist es uns wirklich ein Anliegen, Sein Wort zu erfüllen?
Darum müssen wir täglich neu ringen:
dass Sein Wille geschieht,
dass wir uns von Seinem Gebot den Weg weisen lassen.

**Gott, gib mir den Willen, das zu tun, was du willst,
und gib mir die Stärke, nach deinem Wort zu handeln.**

9
Richt unsre Herzen

Eigensinnig und eigenwillig ist unser Herz.
Es hat seine eigenen Gründe – und Abgründe.
So vieles regt sich darin.
Was erfindet das Herz, was bildet es sich alles ein!
So viele Gedanken und Bestrebungen haben darin Raum.
Christ sein heißt, dass unser Herz jeden Morgen neu
auf Gottes Zukunft ausgerichtet wird.

Gott, du weißt, was in meinem Herzen ist.
Läutere es von allem, was mich dir entfremdet,
damit ich bereit bin, dir zu begegnen.

10
Herr, du wirst kommen

Wir leben mit einer großen Hoffnung.
Wir leben in beständiger Erwartung,
dass Gott etwas unaussprechlich Schönes bereithält
für alle, die sich – immer wieder neu – hinwenden zu Ihm.
Eines Tages wird Er sie alle dahin bringen,
wo unaufhörlich Sein Lob erklingt.
Eines Tages treten wir dort ein
und werden Lobgesang.

Danach sehne ich mich, mein Gott,
dass du kommst.
Vereine mich mit allen, die dich loben.
Ja, komm, und lass mich werden,
was ich singe.

Die güldne Sonne (EG 449)

Liedpredigt

Liebe Gemeinde!

Was uns immer wieder an den Liedern Paul Gerhardts fasziniert, ist die Leichtigkeit, mit der er aus dem Erleben der Natur, wie wir sie täglich vor Augen haben, seine Glaubensüberzeugungen gewinnt.

»Die goldene Sonne« besingt er in diesem Lied, und wir können an diesen schönen Sommertagen sofort einstimmen in das Lob und die Freude über das Strahlen, das sie in unsere Tage bringt. Früh am Morgen schon kündigt ihre Helligkeit das Ende der Nacht an. Auch eine teilweise schlaflose Nacht wird erträglicher, wenn wir nicht noch stundenlang im Dunkeln liegen müssen, sondern die Morgenröte und der Vogelgesang den Tag begrüßen und uns ermuntern, auch diesen Tag hoffnungsvoll zu beginnen.

Auch schwere und sorgenvolle Vorhaben packen wir leichter an nach einem solchen Tagesanbruch. Sogar unsere persönlichen Schwächen, seien sie in unserm Körper oder in unserer seelischen Verfassung, erscheinen in einem milderen Licht als an trüben Tagen.

Das Aufstehen fällt leichter, schwere Träume sind verflogen und der Himmel mit seinem strahlenden Blau lädt uns ein, hinaufzusehen ins Weite. Und damit erhebt sich dann der Blick auch von den Kümmernissen des Tages zu dem größeren Ganzen, in dem wir aufgehoben sind.

Singen wir die zweite Strophe!

Der Blick in den Himmel ist ein Blick in die Weite der Unendlichkeit. Es ist ein Blick in das jahrmillionenalte Kreisen der Sterne. Es ist ein Blick in den verlässlichen Wechsel von Licht und Dunkel, von Sonne und Mond. Es ist ein Blick in die phantasievollen Gebilde der Wolken, die uns von der Bewegung des Windes erzählen.

Der Blick in den Himmel bewirkt in uns ein Staunen über eine uralte Ordnung, in die wir eingebettet sind.

Und darum wurde er für uns auch zum Anstoß, weiter zu denken, an einen Himmel, der nicht nur ein großer, ferner Raum ist, sondern das umfassende Ganze; der Himmel, der Gottes alles umgreifende Existenz umschreibt; der Anfang vor allem Sein, vor Wahrnehmen und Denken, der Himmel vor und nach aller Vergänglichkeit; Ewigkeit, die alle Zeit einschließt, und weiter und erfüllender ist als alles, was wir kennen.

Darum ist für uns das Wort »Himmel« bis heute ein Begriff für beides: für die sichtbare Weite ebenso wie für das wunderbar Unbegreifliche, für die zeitlich großartige Unermesslichkeit ebenso wie für die Ewigkeit, aus der alles kommt und wohin alles zurückkehrt.

Für Paul Gerhardt war der Himmel noch viel selbstverständlicher als für uns der Zukunftsort, wo Menschen hinkommen, »wenn sie mit Frieden von hinnen geschieden aus dieser Erden vergänglichem Schoß.« Die Erde ist ein Ort auf Zeit. Es hat keinen Zweck, sich an ihr festzuklammern. Der Blick in den Himmel ist die tägliche Erinnerung, dass unsere Zeit begrenzt, unsere Erwartung aber unvorstellbar groß ist.

Darum können und sollen wir Gott loben wie in der 3. Strophe.

Gott zu danken ergibt sich ganz selbstverständlich, wenn wir all das Großartige sehen, was Gott gemacht hat.

Wem man danken möchte, dem macht man ein Geschenk. Die Kinder, die am Muttertag ihren Dank aussprechen, schenken Blumen oder einen arbeitsfreien Tag. Und jemandem, den man liebt, schenkt man besonders Wertvolles oder mit besonderer Aufmerksamkeit Gestaltetes.

Was aber ist das, was man Gott schenkt als Dank?

Zu alttestamentlichen Zeiten waren das Opfergaben: junge männliche Lämmer oder duftendes, kostbares Weihrauch. Darauf spielt Paul Gerhardt an, wenn er sagt: Besser als solche Gaben sind unsere dankbaren Lieder und unsere erfreuten Gemüter. Das ist wie bei allen Geschenken: manchen Geschenken merkt man an, dass sie nur Verlegenheitslösungen sind, Dinge, die man eigentlich gar nicht braucht und nicht schön findet. Wirklich erfreuen tun uns Geschenke dann, wenn sie aus dem Herzen kommen. Und das kann auch eine Kinder-Kritzelzeichnung sein

oder ein gepflücktes Veilchen oder auch nur ein Besuch, ein Anruf oder eine Umarmung.
Gott möchte, dass wir ihn umarmen mit unserer Dankbarkeit; dass wir singen vor Freude; dass wir glücklich und vertrauensvoll sind in unserer Seele. Das ist der Dank, den er sich wünscht. Ein geöffnetes Herz. Denn er wünscht sich, dass wir jeden Tag aus seiner Hand annehmen. Denn wie unser Alltag aussieht, das ist ihm wichtig.

Davon singt die 4. Strophe.

Jeder Tag ist gefüllt mit seiner Gegenwart, in großen und in kleinen Dingen.
Die Konsequenz daraus ist nicht nur eine stille – oder auch gesungene – Dankbarkeit, sondern auch ein Leben, das diese Dankbarkeit ausdrückt. Wer sein Leben aus Gottes Hand nimmt, der weiß auch, dass er Verantwortung für andere hat, und dass wir durch unser Verhalten auch unseren Glauben leben und für andere erfahrbar machen müssen.
Darum steht in der Mitte des Liedes nun der Blick auf unser menschliches Zusammenleben. Wenn wir so beschenkt sind mit Gottes Gegenwart, dann sollen und können wir auch frei werden von Neid und Geiz, von Besitz- und Konsumgier, die uns in ihre Fallen locken. Dass unser Leben der Barmherzigkeit Gottes entspricht, darum bitten die nächsten beiden Strophen:

Ist das nicht schön gesagt: »Lass mich mit Freuden den Segen sehen, den du auf meinen Nächsten legst!« Können wir es wirklich *mit Freuden* sehen, wenn einem anderen etwas Schönes widerfährt, auch dann, wenn es mehr ist, als wir haben? Das ist eine große Herausforderung!
Dass dies gelingt, hängt auch daran, ob wir uns klar machen, wie unwichtig und vergänglich oft die Dinge sind, die wir eine Zeit lang so unbedingt meinen haben zu müssen.

Darum wendet Paul Gerhardt jetzt unseren Blick auf die Vergänglichkeit unseres Lebens.
Die 7. Strophe beginnt in unserem Gesangbuch: »Menschliches Wesen, was ist's gewesen?« Es ist eine Frage, die eine Antwort sucht. Eigentlich

hat Paul Gerhardt dies schon als Frage mit Antwort formuliert, und da klingt es noch direkter. Das letzte Wort ist die Antwort auf die Frage. Er schrieb: »Menschliches Wesen, was ist's? Gewesen.« Es ist im Nu vorbei.

Singen wir diese 7. Strophe.

Meist dauert heute bei uns das Sterben lange, und manch ein alter Mensch wünscht sich, es würde schneller und über Nacht stattfinden. Manch eine und einer ist müde geworden von einem langen Leben. Wie schnell und unvorhergesehen es kommen kann, erleben wir zum Glück eher selten, denn dies ist besonders erschreckend zu erleben.

Der Therapeut Peter Schellenbaum erzählt ein solches Erlebnis von einer Reise nach Indien:

Er saß am Ufer des Ganges und beobachtete Kinder beim Fußballspiel. Als sich der etwa 15-Jährige nach dem Ball bückte, wurde er von einer Schlange gebissen. Wimmernd lag er am Boden. Obwohl der Freund ihm die Wunde aussaugte und ein Arzt ihm eine Spritze gab, starb der Junge. Die Familie wurde benachrichtigt und schon kurz darauf wurde die Beerdigung vollzogen: sein noch wie schlafend wirkender junger Leichnam wurde verbrannt und in den Fluss geworfen. Familie, Spielkameraden und Nachbarn beten für seine Wiedergeburt. Vom Fußballspiel bis zum Ende der Verbrennung sind keine drei Stunden vergangen. So schnell hat sich das Leben verändert und nimmt doch weiter seinen Lauf.

Paul Gerhardt hat ähnliche Erfahrungen mit dem schnellen Tod durch Pest und andere Seuchen vor Augen, wenn er von der Vergänglichkeit spricht; wir denken eher an Unfälle und Naturkatastrophen, die Menschen aus ihrem scheinbar selbstverständlichen Leben herausreißen. Paul Gerhardt hat gelernt, dass Leben ein Geschenk ist und nichts bleibend Verlässliches ist.
Einzig verlässlich, so sagt er in der nächsten Strophe, ist Gott. Er und sein Wort und Wille sind das Bleibende in allem Wandel.

Wir singen die 8. Strophe.

Die güldne Sonne (EG 449) 211

Gott steht ohne alles Wanken. Ihn bringen nicht unsere Dummheiten zum Aufgeben, ihn lösen unsere Zweifel nicht auf, er hält an uns fest, wenn wir ihm meinen entwischen zu können.
Und darum ist er auch derjenige, der uns wirklich Zuverlässiges bieten kann. Sein Wort hängt nicht von menschlicher Fassungskraft ab, und sein Heil nicht von unserem Kommentar. So verlässlich ist seine Treuezusage, dass er in unserem Herzen die »tödlichen Schmerzen« heilen kann, allen tiefen Schmerz unserer Verlusterfahrungen, alle Bange und Traurigkeit, die der Tod mit solcher Unerbittlichkeit in unser Herz brennt. In allem Wandel und allem Verlieren bleibt doch Einer verlässlich und treu, und bei Ihm sind alle Sorgen aufgehoben.

In diesem Zutrauen können wir auch die Geschehnisse des Lebens auf uns zu kommen lassen.

Davon singen die nächsten Strophen. Wir singen Strophe 9+10.

Was das Leben bringen mag, – und Paul Gerhardt weiß sehr wohl, wie schwer das sein kann! – das stellt er vertrauensvoll in Gottes Willen.
Er hat gelernt, loszulassen. Vor allem das loszulassen, wovon wir so selbstverständlich meinen, das sei gut für uns, und ist es vielleicht gar nicht. Was wissen wir denn von uns? Wir kennen vielleicht unsere Wünsche und Bedürfnisse, wir fürchten uns vor Geschehnissen, denen wir uns nicht gewachsen fühlen und die uns schmerzen. Aber was uns wirklich gut tut – das merken wir oft erst hinterher. Das ist beim Einzelnen wie in der Gesellschaft. Welche Folgewirkungen die Erfüllung unserer Wünsche hat, merken wir erst, wenn das Leben unbemerkt eine Richtung genommen hat, die wir nicht beabsichtigten. Und wie wichtig schwere Erfahrungen für uns gewesen sein können, merken wir erst, wenn wir Jahre später merken, dass wir dem Leben gereifter gegenüberstehen.

Gott weiß besser, was wir brauchen. Und das Wichtigste ist, dass wir das Gute voller Dankbarkeit aus seiner Hand nehmen können; und dass wir im Schweren das Vertrauen nicht verlieren.
Darum nennt Paul Gerhardt die wichtigste Nahrung für sein Leben das

Hören von Gottes gutem Wort. Und dieses gute Wort ist geradezu eine Liebeserklärung:

»*Gott ist das Größte,*
das Schönste und Beste,
Gott ist das Süßte
und Allergewisste,
aus allen Schätzen der edelste Hort.«

Wer so von Herzen an Gott hängen kann, mit solchem Vertrauen das kleine Leben aus Gottes großer Hand annehmen kann, der wird auch mit schwierigen Situationen besser fertig. Denn der reibt sich nicht in Widerstand und Auflehnung gegen das Schicksal auf, sondern nimmt auch das Schwere als eine Aufgabe an, mit der Gott wohl etwas Wichtiges mit einem vorhat.

Und schließlich wissen wir ja auch, dass auch das Schwere ein Ende hat. Die Vergänglichkeit ist nicht nur ein Schrecken des schönen Lebens, sondern auch ein Trost in schwerer Zeit. Nichts ist von Dauer, was uns jetzt das Leben schwer macht. Es ist ein Wegstück, das wir zurückzulegen haben.

Und nun kommt Paul Gerhardt wieder auf die Sonne zurück, mit deren Anblick er das Lied begann: Kreuz und Elend sind wie Meeresbrausen und Windessausen. Das zieht vorbei, und dann leuchtet die Sonne wieder von einem strahlenden Himmel.

So wie wir am Himmel den Wechsel des Wetters sehen, so ist es auch mit den wechselnden Zeiten des Lebens: Irgendwann muss doch die Sonne wieder herauskommen.

Und noch mehr. Auch hier knüpft er wieder an Gedanken des Anfangs an.

So wie nach stürmischem Wetter die Sonne wieder scheinen wird, und wie nach Unglück und Kummer das Leben wieder seinen Reiz bekommt – so kommt auch nach diesem Leben in der Gottesfinsternis das himmlische Leben mit »Freude die Fülle« und nach aller Aufregung »selige Stille«. Wie ein wunderschöner, erholsamer Garten wird es sein, wo man alle Welt von vorher vergisst und nun endlich angekommen ist; da, wo man eigentlich und schon immer hingehört.

Die güldne Sonne (EG 449)

»Dahin sind meine Gedanken gerichtet«, schreibt Paul Gerhardt. So wie das Ziel der Wanderung das Licht schon auf den Weg wirft; so wie man in der Vorfreude auf ein schönes Ereignis auch die Strapazen in Kauf nimmt, so ist das Leben auf der schönen, aber auch mühseligen Erde bestimmt von dem Gedanken, wo eigentlich und in Ewigkeit wir zu Hause sind.

Und von daher strahlt das Licht wie eine Sonne in unser Leben, unsere Gedanken, unsere Träume.

Wohin sollten wir gehen, wenn nicht nach Hause?

Amen.

Wir singen die letzten beiden Strophen. Lied 449,11-12.

Nun ruhen alle Wälder (EG 477)

Abendmeditationen

1. Strophe:

Ruhe ist eingekehrt.
Garten und Wälder liegen in dunklem Blau-Schwarz verschmolzen.
Die Tiere haben sich zurückgezogen.
Selbst die Straßen sind weitgehend leer, die Läden geschlossen.
In meinem Haus haben sich alle zu Bett gelegt.
Die Kinder schlafen, und die Arbeit für heute ist erledigt.
Nun wünsche ich mir Ruhe für mein unruhiges Herz.
Ich will meine Sorgen ablegen können.
Traurigkeit und Enttäuschung sollen nicht mehr schmerzen.
Ich horche in die Stille und ahne die leise Stimme, die mich begleitet.
Die Dankbarkeit sendet ihr sanftes Licht über den vergangenen Tag.
Ganz langsam bahnt sich die Hoffnung einen Weg.
Die Freude wacht auf wie ein zwitschernder Vogel.
Ich spüre eine Kraft in mir, die in der Stille wohnt.
Mein Leben ist ein Ton in einem großen Lied.

Gott, lass mich in der Ruhe zu neuer Lebensfreude finden!

2. Strophe:

Eine dunkle Nacht hat einen hellen Tag vertrieben.
Wie ein verglühender Ball ist die Sonne versunken.
Im Dunkeln scheint es, als hat die Finsternis gesiegt.
Manchmal erscheint mir auch das Leben so.
Ein schlimmes Ereignis, ein böses Wort
Kann alle Freude auslöschen, kann mich in Verzweiflung stürzen.
Als gäbe es kein Glück mehr, keine Liebe, keine Hoffnung.
Die Dunkelheit in mir ist wie ein mächtiger Feind,
der mir den Blick verstellt, die Kräfte bindet,
die Sorgen wie einen unüberwindlichen Berg auftürmt.

Ich möchte zu dem Licht vordringen,
das du, Jesus, den Unglücklichen gebracht hast.
Wo dein gutes Wort die boshaften übertönt,
wo deine Freundlichkeit die kalten Herzen wirkungslos macht,
wo dein Frieden wie ein mildes Licht
alle Aufregung dämpft.
Ich ahne, dass dieses Licht auch in mir wohnt.

Jesus, lass dein Leuchten in mir alles überstrahlen!

3. Strophe:

Prächtig erstrahlt der Sternenhimmel in einer wolkenlosen Nacht!
Unermesslich weiter Raum,
millionenjahrealtes Bild des rätselhaft geordneten Universums.
Eine Sternschnuppe entlockt mir einen heimlichen Wunsch.
Was ich sehe, ist nur das dunkel-leuchtende Tor
Zu einer unendlichen Weite.
Und doch sind die Sterne
Mir liebe Wegbegleiter von Kindheit an,
haben sie manche Tränen und manche Wünsche mitgenommen
auf ihre große Bahn.
Sie haben mir von der ewigen Ordnung erzählt, die alles Leben bestimmt.
Sie haben Menschenschicksale und Gottes Plan zusammengebunden in
ihrem Bild.
Noch heute, wenn ich, von den Rätseln des Lebens verunsichert,
nachts ihre Bahn verfolge,
zeigt mir ihr ruhiges Kreisen,
dass auch ich eingebunden bin in ein großes Weltgeschehen.
Ich stehe wie sie unter der unergründlichen Weisheit Gottes.
Mein kleines, kurzes Leben hat seine Bedeutung nicht
In den Sorgen und Aufregungen, die mich umtreiben,
sondern in dem Aufgehobensein in Gottes Weisheit.
Aller Jammer, alle Sorgen, alle Anstrengungen
Münden letztlich doch in Gottes Sternenschönheit.

Geist Gottes, führe mich in die Weite deiner Weisheit!

4. Strophe:

Ich lege ab, was von der Anstrengung des Tages geblieben ist:
Die schweren Schuhe, die von harten Wegen zeugen;
Ich bewege meine Zehen, ich spüre meine Fersen auf dem Boden.
Die Kleider, verschwitzt von der Arbeit, befleckt oder gerissen;
Ich spüre meinen Körper, unbeengt und atmend.
Ich sehe mich, nackt und bloß, wie ich ins Leben kam,
gezeichnet von Jahren, vom Alter, von Erkrankungen.
Und doch noch immer schön,
in Gottes liebenden Augen schön.
Vieles hat das Leben mir geschenkt,
manches hat es mir genommen.
Eines Tages werde ich gehen,
nackt und bloß wie ich kam.
Dann sind die Gedanken von heute verflogen,
dann sind die Bemühungen von heute vergessen,
dann werde ich leicht sein und frei.
Dann werde ich vor Gott stehen
und es zählt nicht meine Leistung und nicht mein Versagen,
nicht mein Besitz und nicht meine Armut.
Es zählt nur mein sehnsuchtsvolles Herz
Und die Liebe, die ich schenkte.
Dann kleidet Christus mich neu
In den Mantel seiner Herrlichkeit.

Christus, schenke mir die Schönheit und Freiheit der Liebe!

5. Strophe:

Ich bin müde und erschöpft.
So viele Gedanken stürzen in der Stille auf mich ein.
Ärger frisst sich in meinen Magen,
Sorgen drehen ihre sinnlosen Kreise, ohne Ende, ohne Lösung.

»Hätte ich nur ...«, »Wäre ich nur ...«, flüstert es in mir.
Meine Füße sind müde vom Laufen und Stehen;
Immer dieselben Wege, immer der gleiche Trott.
Meine Hände haben so viel gehalten, so viel geschrieben, so viel bewegen müssen;
Hat es wirklich etwas Sinnvolles bewirkt?
Manchmal frage ich mich, ob ich so leben will,
manchmal erscheint mir alles Fragen zwecklos.
Es gibt Tage, da macht mir die Arbeit Freude,
aber oft ist sie nur einfach notwendige Plackerei,
um leben zu können.
Wann findet das Leben statt?
Wann lebe ich wirklich?
Ich horche auf mein Herz. Ich spüre, wie es schlägt.
Ich fühle seine ungeweinten Tränen.
Ich fühle seine klopfende, ungeduldige Sehnsucht.
Ich staune über seine kindliche Lebenslust.
Ich erschrecke über seine ungestüme Leidenschaft.
Ich bewundere seine Hartnäckigkeit,
bin beeindruckt von seiner tiefen Liebe zum Leben.
Ja, mein Herz lebt noch immer,
ich will ihm heraushelfen aus den Mauern des Alltags.
Es soll frei werden,
frei zum Lachen und Weinen,
frei zum Lieben und zum Loslassen,
frei für das Leben, Gottes unbändiges Leben.

Lebendiger Geist Gottes, mach mein Herz zum Leben frei!

6. Strophe:

Nur noch hinlegen!
Nur noch schlafen!
Endlich vergessen, endlich entspannen, endlich nichts mehr tun müssen!
Warum habe ich wieder über meine Kräfte gelebt?
Warum lade ich mir so viel Verantwortlichkeit auf?

Warum meine ich alle Erwartungen erfüllen zu müssen?
Warum fällt es mir so schwer, zu vertrauen?
Ausruhen dürfen.
Loslassen können.
Dahin möchte ich kommen. Bevor ich total ausgeschöpft bin.
Ich lege mich hin und höre auf meinen unruhigen Atem.
Meine Gedanken wirbeln wie Wolkenfetzen vorbei.
Langsam werde ich ruhiger.
Ich spüre eine Welle von Angst kommen – und lasse sie verebben im ruhigen Atem.
Ich höre eine Mahnung für den morgigen Tag – und lasse sie warten auf ihre Zeit.
Ich fürchte die Meinung anderer – und berge mich in Gottes Liebeswort für mich.
Langsam löst sich der Raum auf und die Zeit.
Es kommt eine Ruhe über mich, die alle Zeit umfasst:
Gestern und morgen, eingebettet in Gottes helfende Hand;
Mein Leben, sein ferner Beginn und das ungewisse Ende – eine Perle in Gottes Ewigkeit.
Nichts löst mich aus seinem Band.
In mir ist die Ruhe der getragenen Zeit.
In mir lebt die Ewigkeit. Und ich in ihr.

Gott, lass meine Zeit ruhen in deiner Unendlichkeit!

7. Strophe:

Ich bin so müde,
dass ich nicht mehr zuhören kann,
nicht mehr lesen, nicht mehr denken.
Alles verwirrt sich in meinem Kopf.
Mir entgleitet alles.
Ich selber entgleite mir.
Der Schlaf ist der kleine Bruder des Todes.
Was geschieht mit mir, dann, wenn ich mich verliere?
Werden Träume mich ängstigen, Erinnerungen mich verfolgen?

Werde ich wieder und wieder aufwachen, getrieben von Unruhe?
Wird mein Herz ruhig werden oder wird es sich auflehnen gegen den täglichen Stress?
Was bringt die Dunkelheit der Nacht, die Dunkelheit der Seele, die Verlorenheit des Geistes?
Schlafen heißt Loslassen.
Mein Kopf wird schweigen, meine Hände müssen hergeben.
Im Schlaf reist die Seele über Zeit und Raum.
Im Schlaf spielen Angst und Mut um die Wette.
Phantasie und Erschlaffung pusten mich wie eine Feder durch die Luft.
Ich weiß nicht, was geschehen wird.
Einer aber wacht auch dann.
Streicht Schuld und Verletzung mit sanfter Freundlichkeit glatter.
Träumt uns einen Weg hinaus aus dem Gefängnis des Verstandes.
Wacht über unserer Angst.
Wir tauchen in eine andere Welt.
Aber auch sie ist Gottes Welt, zauberhaft und voller Rätsel.
Und morgen werde ich aufwachen,
erholter, zurückgekehrt von einer Reise,
die ich mir nicht selber plante,
und werde neue Kraft haben für die Wege des Tages.

Geist Gottes, beflügele mich mit deiner Phantasie und Weite!

8. Strophe:

Ein Hauch von Kindheit weht aus diesem Vers zu uns herüber.
Geborgen in der Nähe geliebter Menschen
Klang in diesem Lied das Vertrauen auf noch größeren Schutz
In unser junges Leben.
Auch Eltern und Großeltern
Verließen uns für diese Nacht.
Aber sie stellten uns unter den Schutz größerer Mächte.
Wie ein kleines Küken
Sollten wir unter großen Flügeln bewahrt sein.

Und gegen jeden Angriff, jede Gefahr,
würde der Gesang der Engel eine Schutzwand bilden.
Dies Kind, dies einzigartige, besondere Kind
Sollte unverletzlich sein durch das Liebeslied Gottes.
Ich wünsche mir an manchen müden Abenden
Noch einmal dieses kindliche Vertrauen von damals.
Ich wünsche mir das Gefühl des Behütetseins.
Dann möchte ich nichts wissen
Von Krankheit, Gewalt und Tod.
Dann möchte ich mich verkriechen unter starke Flügel.
Dann möchte ich den Gesang der Engel hören können.
Und sie singen nur für mich!
Ich sinne der Zusage nach: Wir sind Gottes Kinder!
Ich singe diesen Vers und spüre noch immer das Vertrauen, das von ihm ausgeht.
Ich schaue das innere Bild von dem Küken unter dem Flügel und sehe: Auch das ist Wirklichkeit!
Ich erinnere mich, wie oft ich bewahrt wurde.
Ich summe den Ton in mir, der vom Vertrauen gefüllt ist.
Ich übe mich in dem Mut, Vertrauen zu wagen.
Heute Nacht und morgen Früh.

Jesus, birg mich unter dem Schatten deiner Flügel!

9. Strophe:

Ich denke an die Menschen, die meinem Herzen nah sind:
Ich denke an den Lebenspartner oder die -partnerin:
ich denke an die schönen gemeinsamen Stunden, die wir miteinander erlebt haben,
an Krisen, die wir miteinander gemeistert haben;
an Sorgen, wo einer den andern trug.
Ich lege diesen geliebten Menschen in Gottes Hand.
Ich denke an die Kinder:
noch klein und auf Geborgenheit und Hilfe angewiesen,
oder schon groß und eigene Wege gehend.

Sie sind ein wunderbares Geschenk und eine große Aufgabe.
Ich merke, dass ich manches nicht so gut mache, wie sie es brauchen könnten.
Auf vieles habe ich keinen Einfluss.
Ich lege diese jungen Menschen in Gottes Hand.
Ich denke an meine Eltern.
Ein langes Leben liegt hinter ihnen voller Arbeit und Sorgen.
Ich danke für das, was sie mir mitgegeben haben,
und bitte um Hilfe in ihrer zunehmenden Schwachheit.
Ich lege auch sie in Gottes Hand.
Ich denke an die Menschen, die mir Freund und Freundin sind.
Sie bereichern mein Leben mit ihrem Denken und Erzählen, ihrer Zuwendung und Treue.
Ich lege auch sie in Gottes Hand.
Ich bitte für sie alle um Frieden und Bewahrung in dieser Nacht.
Glaube, Hoffnung und Liebe sollen ihnen die Kraft geben für ihre Wege und uns verbinden für alle Zeit.

Ich weiß, mein Gott, dass all mein Tun *(EG 497)*

Liedpredigt

Ev.: Lk 5,1-11

Liebe Gemeinde!

In unserem Gesangbuch steht dieses Lied unter der Rubrik »Arbeit«. Es gehört zu den Lebensliedern »Vom christlichen Leben und Wandel«. Wie soll ein Christ sein Leben führen? Wie soll er an die Arbeit gehen? Davon handelt das Lied.

Paul Gerhardt geht nun aber nicht von allgemeinen Überlegungen aus, sondern er lässt sich von einem Bibelvers anleiten, von Worten aus einem Gebet: »Ich weiß, Herr, dass des Menschen Tun nicht in seiner Gewalt steht, und es liegt in niemandes Macht, wie er wandle oder seinen Gang richte« (Jer 10,23). Diese Gewissheit ist der Ausgangspunkt für das ganze Lied: Alles, was ich tue und ausführe, wirklich *alles* hängt ab von deinem Willen, Gott. Ich kann nichts Gutes tun, wenn du es nicht willst.

Damit ist sofort klar. Die Frage nach dem Sinn unseres Tuns lässt sich nicht außerhalb unserer Lebensbeziehung zu Gott beantworten. Wir können zwar darüber nachdenken, als ob es Gott nicht gäbe. Aber wir nehmen dann eine andere Haltung als der Lieddichter ein, ja wir setzen uns über die Einsicht der biblischen Beter hinweg, dass wir Menschen uns nur vor Gott, d.h. im Gebet vergewissern können, wer etwas Gutes, Lebensförderndes wirken kann.

Glück und Segen kommen nicht von uns selbst, sie kommen von Gott. Das Lied trägt uns an, dies einzugestehen, und richtet so unseren Blick von Anfang an auf Sein Handeln: »was du regierst, das geht und steht / auf rechten, guten Wegen« (Strophe 1). Und die Melodie entspricht dem Aufblick auf Gott, indem sie in der Höhe anfängt, zweimal wieder neu mit dem hohen »c« einsetzt, um dann in den beiden folgenden Teilen von dem Ton »g« zum tiefen »C« hinabzusteigen. Mit dieser Bewegung von oben nach unten wird musikalisch sinnfällig: unser Handeln führt nur zum Guten, wenn es anfängt mit Gott.

Was können wir mit unserem Tun und Werk letztlich ausrichten? Mit den folgenden Strophen gibt Paul Gerhardt uns zu bedenken, was die biblische Spruchweisheit seit je gewusst hat: Wir nehmen uns viel vor, aber wer kann für die Ausführung und gutes Gelingen garantieren?

Das Lied zeigt uns die Grenzen auf, die aller menschlichen Wirksamkeit gesetzt sind. Davon wollen viele zwar nichts hören, und gerade die erfolgreichen, selbstbewussten und einflussreichen Leute lassen sich nur ungern sagen, wo ihre Grenzen liegen. Aber der Lieddichter führt aus der Erfahrung gleich vier Beispiele ins Feld, von denen das Gesangbuch freilich nur zwei übrig gelassen hat:

Erstens: »Es steht in keines Menschen Macht, / dass sein Rat wird ins Werk gebracht / und seines Gangs sich freue« (Strophe 2). Niemand kann sich dafür verbürgen, dass sein Rat, und sei er noch so klug ausgedacht, auch in die Tat umgesetzt wird. In wie vielen Fällen erleben wir schmerzlich, wie selbst die besten Ratschläge nichts nützen, weil sie nicht ausgeführt werden. Ob in der Kindererziehung oder in Wirtschaftsunternehmen: keiner von uns kann behaupten, er habe die Macht, einen Rat so auszuführen, dass der erfreuliche Ausgang gewiss sei.

Zweitens: Der Mensch hält oft etwas für gut, was in Wahrheit schlecht ist, »oft sieht er auch für schädlich an, was doch Gott selbst erwählet« (CR 58,3). Unser Qualitätsbewusstsein ist keineswegs untrüglich. Gerade in der Einschätzung, was für das Leben gut ist, täuschen wir uns leicht.

Drittens: »Es fängt so mancher weise Mann / ein gutes Werk zwar fröhlich an / und bringt's doch nicht zum Stande; / er baut ein Schloss und festes Haus / doch nur auf lauterm Sande« (Strophe 3). Wenn das Fundament nicht trägt, nützt alles Weitere nichts. So mancher Unternehmensgründer hat sich schon übernommen, so manches Projekt kam über die Anfänge nicht hinaus, weil nicht zuerst für soliden Grund gesorgt wurde.

Und **viertens** (was wiederum im Gesangbuch fehlt): »Wie mancher ist in seinem Sinn / fast über Berg und Spitzen hin, / und eh er sich's versiehet, / so liegt er da und hat sein Fuß / vergeblich sich bemühet« (CR 58,5). Überflieger stürzen hart. Wie hochgemut hat einer schon in Gedanken alle Hindernisse übersprungen, und dann bleibt er an einer unscheinbaren Unebenheit hängen! An Kleinigkeiten ist schon manche Karriere und mancher Höhenflug jäh gescheitert.

Das alles beweist zur Genüge, dass wir uns selbst gefährlich überschätzen, wenn wir ans Werk gehen, ohne zuvor »des Höchsten Rat« (Strophe 2) einzuholen. Was demonstriert uns der Lieddichter? Dass wir Menschen sind – und keine Götter!

Sprechen wir gemeinsam die Strophen 2 und 3, als Bedenken, als nüchterne Lehre an uns selbst.

[Die Gemeinde spricht Strophe 2 und 3.]

In den nächsten beiden Strophen ruft das Lied eine höhere Weisheit zu Hilfe als die, die allein auf »Menschenrat« beruht. Jetzt wird es zum gesungenen Bittgebet. Das ist ein wichtiger, ein entscheidender Schritt: die Erleuchtung zu erbitten, die von innen her »der rechten Weisheit Kraft ... erwecket«, Verstand aus der Höhe, damit ich nicht mehr nur dem eigenen Willen ausgeliefert bin. Schließlich die ganz persönliche Bitte an Gott: »sei du mein Freund und treuer Rat, / was recht ist, zu erfüllen« (Strophe 5).

Was das Lied uns hier anträgt, ist die Ergebung in Gottes Willen und die Bitte um Seine Hilfe. Und damit fängt seltsamerweise die christliche Lebensführung an: dass ich *Gott* mein Leben führen, dass ich *Ihn* raten lasse, was zu tun sei. Das ist allerdings sonderbar. »Man muss doch selber etwas tun!«, wird uns gesagt. Oder sogar: »Betet nicht bloß, tut endlich etwas!«

Ich vermute, Paul Gerhardt hätte solche Appelle wenig überzeugend gefunden. Sie hätten ihm wie Selbstüberschätzung und Vermessenheit geklungen. Und sind sie das nicht auch? Unser Tun kann auch im besten Fall das Beten nicht überflüssig machen, und das Gebet ist niemals Ersatz für die Tat. Damit ich etwas Gutes tun kann, muss ich zuallererst aufhören, selber die letzte Instanz zu spielen, die entscheidet, was gut ist. Ohne das Gebet laufe ich von Anfang an Gefahr, dass mein Tun verfehlt ist und ich in die falsche Richtung arbeite.

Wir singen die Strophen 4 und 5.

Martin Luther sagte einmal: »Ich habe heute viel zu tun; darum muss ich viel beten«. Und die Regel der Benediktiner lautet bekanntlich: *Ora et labora* – Bete und arbeite! Im Gebet lasse ich mir von Gott die richtige Richtung für mein Planen und Tun zeigen. Ich lege Ihm gewissermaßen alles vor, damit Er mir das Richtige eingibt und ich Ihm zur Hand gehen kann. Im Lied übe ich mich darin, zu bitten, dass Gott mehr und mehr durch mich handelt:

So betet ein Mensch, der mit Gottes Willen übereinstimmen will. Er bittet Ihn um Rat für seinen eigenen Entschluss, damit er sich für das richtige Vorhaben entscheidet. Und diese Haltung kommt nicht von selbst zustande; sie erfordert tägliche Übung. Christlicher Glaube ist keine Theorie, sondern eine lebendige Beziehung. Eine Theorie kann man diskutieren, ohne mit ihr zu leben. Aber eine Beziehung ist nur lebendig, wenn man *in ihr* lebt.

Das Lied führt uns in die Beziehung zu Gott, es führt uns ins Gebet hinein. Hier üben wir uns in ein christliches Leben ein, das Gott Raum gibt. Wie gebe ich Gott in meinem Leben Raum? Indem ich Ihn anrede und bitte, sich mir zu erschließen. Indem ich mich auf Ihn ausrichte, auf Seine Liebe und Ehre bedacht bin und nichts anderes will und liebe als das, was Er liebt und will. Was Ihm gefällt, soll auch mir »gefallen und belieben« (Strophe 7).

Nur von einer Tat, zu der auf solche Weise der Entschluss gefasst wurde, kann man auch wollen, dass sie gelingt. Davon ist der Lieddichter überzeugt, wenn er bittet: »Ist's Werk von dir, so hilf zu Glück« (Strophe 8). Im Blick auf ein Werk, das ohne Seinen Rat getan werden sollte, wird Gott gebeten: »ist's Menschentum, so treib zurück / und ändre meine Sinnen«.

Singen wir die Strophen 6-8.

Mancher wird davor zurückscheuen, sich ohne Vorbehalt mit Gott einzulassen. Kann man denn so leben? Ist das nicht eine zu schwere Sache? Paul Gerhardt kennt die Widrigkeiten, die uns das Leben mit Gott schwer machen, und als erfahrener Seelsorger weiß er sie genau zu benennen. Mit drei Widrigkeiten ist auf jeden Fall zu rechnen:

Einmal könnte »dein und unser Feind« (CR 58,12) sich zu rächen beginnen an dem, was Gottes Herz gut gemeint hat. Doch die Gesangbuchrevisoren rechnen nicht mehr mit dieser Möglichkeit und schweigen lieber vom Teufel. Die Bedrängnis aber bleibt: Was ist, wenn uns ein Widersacher das Gute, das uns von Gott zugedacht ist, vergällt und madig macht?

Es könnte aber auch sein, dass uns eine Aufgabe »fast unmöglich deucht« (Strophe 9). Sind Kleinmut und Kleingläubigkeit nicht die meistverbreitete Art, sich selber das Leben schwer zu machen? Wenn ich kleinmütig bin, gebe ich auf, ohne auch nur den Versuch gemacht zu haben, etwas durchzuführen. Ich denke: »Das kriege ich nie hin!« – und dann kriege ich wirklich nichts hin. Wie kommt man da heraus?

Ein Großmarkt für Heimwerker wirbt mit dem Spruch »Geht nicht gibt's nicht!« Dahinter steht wohl der Glaube: Alles geht, wenn man nur will! Oder: Wo ein Wille ist, ist auch ein Weg. Paul Gerhardt setzt nicht auf derartige Selbsthilfeprogramme. Er leitet uns an, für uns selber Gottes Beistand in Anspruch zu nehmen: »Tritt du zu mir und mache leicht, / was mir sonst fast unmöglich deucht …«.

Die dritte Widrigkeit hängt mit der zweiten zusammen. Ist erst einmal der schwere Anfang gemacht, muss ich alsbald »ins tiefe Meer der Sorgen treten« (Strophe 10). In diesem Meer kann man ersaufen. Es gibt kein Halten mehr, wenn man sich ihnen überlässt. Da hilft nur die Bitte: »treib mich nur, ohn Unterlass / zu seufzen und zu beten«.

Im Gebet zu bleiben, unablässig an Gott dranzubleiben: darauf kommt es an. Das ist etwas anderes als Untätigsein oder Passivität. Es heißt im Gegenteil, an der Lebensbeziehung mit Gott arbeiten. In diesem Sinn ist das Gebet Beziehungsarbeit: eine Arbeit, die nicht erschöpft, sondern aus der gerade ungeahnte Stärke und befreiende Sprengkraft fließen.

Gewiss ist der Weg zum Guten nicht leicht zu gehen. Er kann »mit Dorn und Hecken ausgefüllt« (Strophe 12) sein, wo keiner ohne Blessuren hindurchgeht. Hören wir nicht auf diejenigen, die uns glauben machen wollen, alles im Leben müsste leicht, ohne Anstrengung zu schaffen sein! Der Weg zum Guten ist womöglich schmerzhaft. Er kostet Blut und Tränen. Doch wer ihn »freudig gehet, / kommt endlich, Herr, durch deinen Geist, / wo Freud und Sonne stehet«.

Auch wer das jetzt auf seinem Weg noch nicht glauben kann, weil ihn die Dornen stechen und weil er immer wieder in wilden Hecken hängen bleibt, soll in diese Liedstrophen mit einstimmen.

Singen wir die Strophen 9-12.

Zuletzt mündet das Lied in ein Bekenntnis und ein Gelöbnis. »Du bist mein Vater, ich dein Kind; / was ich bei mir nicht hab und find, / hast du zu aller G'nüge« (Strophe 13). Dieses Verhältnis der Kindschaft ist unverlierbar. Ich bekenne mich zu dem, auf dessen Namen ich getauft bin. Er hat genug für mich. Bei Ihm finde ich alles, was mir fehlt. Wer den Vater gefunden hat, weiß, wo er hingehört. Der hat seinen Stand. »Du bist mein Vater« – das kann einer sagen, der sich von Ihm gefunden weiß.

Der Mensch, der bei Gott alles gefunden hat, Freude und Sonne und vollkommenes Genügen, der gelobt, Ihn sein Leben lang zu loben. Er will nur noch in Übereinstimmung mit dem Vater leben. Es geht ihm nicht mehr um das eigene Tun und Wirken, sondern nur noch darum, Gottes Tun zu erzählen. Das kann er nicht für sich behalten. Hier greift der Lieddichter weit voraus, lässt die hocherfreute Seele in ihrer Erzählfreude ein Gelöbnis ablegen, das nur durch das zukünftige Leben eingelöst werden kann.

Eines ist aber schon heute möglich: von dem zu singen, von dem Glück und Segen kommen, und keine Arbeit anzufangen, ohne Gott um Rat und Hilfe zu bitten. Das bewahrt uns davor, unsere Arbeit zu wichtig zu nehmen. Das Wichtigste bei ihr ist dasselbe wie beim Gebet: die Bereitschaft, sich auf Gottes Willen einzulassen. Loben wir zuerst, was *Gott* tut, dann müssen wir uns keine allzu große Sorge mehr um unsere Arbeit machen. Wir können es Ihm überlassen, was Er daraus macht.

Und Gottes Friede, der höher ist als unsere Vernunft, bewahre unsere Herzen in Christus Jesus, unserem Herrn.

Geh aus, mein Herz, und suche Freud (EG 503)

Liedpredigt

Predigt

Liebe Gemeinde!

Dieses fröhliche Sommerlied ist wohl Ihnen allen von Jugend an bekannt. Aber wie das so ist, kennen wir meist nur die ersten drei Strophen und vielleicht noch die letzte, denn besonders viel wurde in den gewöhnlichen Gottesdiensten nicht gesungen. Aber es ist ein von Paul Gerhardt kunstvoll aufgebautes Lied aus 15 Strophen, ein Lied von der Schönheit des Sommers und der Freude des Singens, von Erde und Himmel, und wie alles zu einem großen Ganzen zusammengehört.
Jede Strophe besteht aus sechs Versen, wobei sich die beiden ersten und die vierten und fünften reimen, und genauso der dritte und letzte Vers. Das lässt das ganze so beschwingt und tänzerisch klingen, dass man sich fast dazu bewegen mag.

Das Lied beginnt mit der Ermunterung, dass das Herz sich doch der Freude öffnen soll in dieser »lieben Sommerzeit«. Manche tun das ganz von alleine. Sie schauen morgens aus dem Fenster, sehen den blauen Himmel und das helle Licht und haben gleich mehr Energie in sich. Andere muss man erst dazu anregen. Sie sehen das Licht draußen, aber vergraben sich ins dunkle Zimmer; sie sehen die anderen munter unter Bäumen sitzen und kommen sich ausgeschlossen vor. Erst, wenn jemand kommt und sagt: Komm, wir schauen uns diesen schönen Sommertag an!, dann lassen sie sich herauslocken und können es genießen.

Paul Gerhardt weiß, wie die Umstände einem manchmal alle Leichtigkeit nehmen können. Umso wichtiger ist, dass wir dann erst recht »die Freude suchen«, dass wir hinausgehen und die Schönheit des Sommertages anschauen. »Schau, wie die Gärten sich ausgeschmückt haben«, sagt er, »für mich und für dich«. Es ist die immer wieder faszinierende

Schönheit der blühenden Blumen, der verschiedenblättrigen Sträucher, der Bäume in verschiedenen Formen und Grüntönen. *(Vielleicht können manche nicht mehr gut laufen, andere nicht mehr gut hören, und auch das Sehen ist schwächer geworden; aber doch können wir die Schönheit der Gärten wahrnehmen, auf ganz vielfältige Weise.)*
»Für mich und für dich«, sagt er. Jeder Garten ist wie ein Geschenk. Ein Geschenk, das wir zu jeder Jahreszeit neu bestaunen können, aber im Frühling und Sommer ganz besonders. Ein Geschenk, das uns immer neu erfreut und überrascht.
Es ist eine Schönheit, die gerade wegen ihrer Lebendigkeit so anspricht. Auch menschliche Fähigkeit schafft schöne Dinge. So können Menschen schöne Kleider herstellen, etwa die Seidenstoffe eines Königs Salomo, die er durch Handel erworben hatte; vornehme, teure Dinge. Aber so immer neu erfreuen tut uns doch vor allem das Lebendige.

Und das sind nicht nur Blumen und Bäume. Das sind auch die Tiere.

Davon singen die dritte und vierte Strophe:

Die Freude der Tiere ist es, die Paul Gerhardt jetzt beschreibt. Wir sehen die Vögel vor uns, wie sie ihre Jungen im Nest füttern. Wir hören ihren Gesang: das Trällern der Lerche, das Gurren der Taube und den großartigen, abwechslungsreichen Gesang der Nachtigall. Wir beobachten ihren Flug und ihre Schritte, leicht und schnell, oder bedachtsam und gelassen. Nicht nur der Garten, sondern auch »Berg, Hügel, Tal und Felder« sind erfüllt von der Lebendigkeit der Tiere.
Sie erinnern sich an Spaziergänge und wie aufregend und faszinierend es ist, einem Reh im Wald zu begegnen, das fast lautlos den Weg kreuzt und vielleicht für eine Weile noch stehen bleibt und man den Blick der großen dunklen Augen erwidert. Oder das gut versteckte Vogelnest zu entdecken und die winzigen Schnäbelchen der Küken zu sehen, die lautstark ihren Hunger kundtun.
In solchen Momenten spüren wir die Großartigkeit der Schöpfung, in die wir einbezogen sind, ein Geschöpf unter so vielen verschiedenen.

In den nächsten Strophen begegnen wir noch weiteren Tieren, aber auch der Schönheit und Fruchtbarkeit der Landschaft.
Wir singen die Strophe 5-7:

Wieder sehen wir in inneren Bildern vor uns, was wir bei so manchen Spaziergängen oder Wanderungen genossen haben: den plätschernden Bach, der sich durch den Wald schlängelt, an den Rändern feiner Sand oder duftendes Grün; die Schafherde mit dem einsamen, meist Ruhe und Gelassenheit ausstrahlenden Hirten dabei, das Blöken der Schafe und das helle Meckern der Lämmer; das gleichmäßige Summen der Bienen, bis es im Blütenkelch genussvoll verstummt. *(Vor vier Wochen etwa konnte ich auf einem Spaziergang zufällig ein Bienenvolk in einen Baum einziehen zu sehen. Eine mächtige summende Wolke, hunderte von Bienen umschwirrten diesen Baum und schoben sich langsam durch den schmalen Spalt in die Höhle. Eine halbe Stunde später war der Einzug geschafft. Seitdem sind es immer etwa drei Dutzend, die von ihrem Flug zurückkommen oder sich gerade neu aufmachen. Das war ein eindrucksvolles Erlebnis.)*
Aber nicht nur dies mit der Erwartung des wilden Honigs, auch das Austreiben des Weinstocks und das Heranreifen des Getreides sind immer wieder schöne Anblicke. Ebenso wie die Beeren und Früchte, die so schönen Geschmack auf unsere Zunge bringen.
All das ist ein Zeichen, wie Gott »so überfließend labt«, mit wie vielen Herrlichkeiten er uns wohl tut, und dann, fast nebenbei, ja auch noch den Menschen mit so manchem Gut begabt, also nicht nur mit Dingen, sondern auch mit Fähigkeiten, mit »Begabungen«, mit Möglichkeiten, die er nutzen kann.

Und darum wendet Paul Gerhardt nun, genau in der Mitte des Liedes, den Blick auf den Menschen und darauf, was diese ganzen schönen Beobachtungen des Sommers nun mit mir zu tun haben.

Wir singen die 8. Strophe:

Diese ganzen schönen Sinneseindrucke des Sommers, was ich sehe und höre und rieche und schmecke – all das weckt mir meine Sinne auf. Der

Anblick der Blüten lässt mich selber aufblühen, die Düfte wecken Erinnerungen und Wohlgefühl, und die Tierstimmen lassen mich aufhorchen. Meine Sinne werden durch die Eindrücke munter und froh.

Und was tun wir, wenn wir von Lebensfreude ergriffen werden? Wir lächeln nicht nur eher, sondern wenn wir irgend können, möchten wir auch tanzen und singen und Purzelbäume schlagen. Nun lassen das die älteren Knochen nicht mehr so zu. Aber der Wunsch, mit unsern Stimmen die Freude auszudrücken, bleibt doch auch im Alter.

Für Paul Gerhardt war es vor allem das Singen, was aus dieser Freude quoll, und für manche von uns ist das noch immer so. »Ich singe mit, wenn alles singt«, denn Singen ist ansteckend. Wenn viele singen, wagt man auch bei einer nicht so guten Stimme mitzumachen, und das ist gut so.

»Wenn alles singt«, sagt Paul Gerhardt, und denkt dabei nicht nur an die Menschen. Sondern vor allem eben auch der Gesang der Tiere, ja die ganze Welt, sogar das Universum war für ihn eine wunderbar geordnete Musik. (Bis heute fragen die Wissenschaftler, ob denn im Universum nicht auch Klänge sind, und sie maßen vor einiger Zeit den Ton, in dem der Weltraum klingt.) Für Paul Gerhardt und seine Zeit war es weit mehr: Es ist die großartige Harmonie, die der ganzen Schöpfung zugrunde liegt. Die ganze Schöpfung ist ein wunderbarer Klang, diese alles umfassende Harmonie bringt auch mich zum Schwingen. Und so kommt es, dass der Gesang wie selbstverständlich aus dem Herzen quillt. Denn »Wes das Herz voll ist, des quillt der Mund über«, sagt schon eine Spruchweisheit.

Ich lasse in der Freude meine Lebendigkeit aus dem Herzens rinnen, denn es läuft einfach über davon. Und eine der schönsten Formen dafür ist der Gesang.

Nach dieser Beschreibung der Freude, die zum Lied wird, überlegt Paul Gerhardt weiter, was denn das Erleben dieser herrlichen Natur für ihn bedeutet. Und er entdeckt, dass sie sowohl ein Sinnbild ist für die Größe Gottes als auch Grund für eine unverbrüchliche Hoffnung.

Und es ist gerade diese alles umfassende Ordnung und Schönheit, die für uns ein Hinweis darauf ist, dass es mehr gibt als das, was wir in dieser Welt kennen und erleben. Aber unser Erleben ist zugleich ein Hinweis auf das Größere.

Davon singt die 9. Strophe.

Nach der Beschreibung der Schönheit der Natur und der Freude des Menschen weitet sich nun der Blick über die Zeit hinaus. Die Erde kann schön sein, aber doch immer nur begrenzt. Letztlich kann ihre Schönheit nur hinweisen auf die göttliche Schönheit, die wir hier nur ansatzweise erleben. Aber die Erde bietet den Anlass für diese Erwartung.
Es gibt auf dieser »armen Erde«, wo auch so viel Mühsal nötig ist, wo Menschen es sich gegenseitig schwer machen, wo Krankheit und Verlust Erwartungen enttäuschen, da gibt es doch immer wieder so viel Schönheit; da geht es uns »lieblich«, sei es bei einem schönen Essen oder bei einer jungen Liebe oder bei einer treuen Freundschaft oder im Anblick der Natur. Es gibt immer wieder diese wunderbaren Momente, wo wir etwas ahnen von der Großartigkeit des Ganzen; wo uns kleine Erfahrungen aufleuchten wie ein hoffnungsvolles Licht, wo Traurigkeit überwunden wird.
Und wenn doch schon hier auf der Erde, wo so manches bruchstückhaft bleibt, es so viel Schönes gibt – wie soll es dann erst im Himmel sein. Wo alle Vergänglichkeit und Bosheit und Schwachheit nicht mehr existiert. So ist es überhaupt mit dem Leben, meint Paul Gerhardt. Das ganze Leben ist nur ein Hinweis auf das, was Gottes Herrlichkeit eigentlich ist und was uns nur oft getrübt wird.
Das Vollkommene kommt erst noch, das steht noch aus. Aber wir können es schon ahnen.
Nach dieser Welt kommt der Himmel, wo alles Geahnte Wirklichkeit wird.
Und Paul Gerhardt redet von dem Himmel mit den Bildern, die Menschen immer wieder für den Inbegriff der Schönheit und des glücklichen Lebens verwenden: Von einem goldenen Schloss mit einem königlichen Thron und einem herrlichen Garten.

Wir singen die 10. + 11. Strophe.

Es ist das uns allen noch immer vertraute Bild der singenden Engelschöre, das hier gemalt wird, und das so manchen Spott schon über sich ergießen lassen musste. Das ist kein Bild mehr, das heute überzeugt (auch wenn ich persönlich durchaus Freude an dieser Vorstellung haben kann). Wir heutigen Menschen reden nicht mehr von einem solchen Himmel, er erscheint uns kindisch und unernsthaft. Wir aufgeklärten Menschen heute meinen, wir bräuchten keinen Himmel mehr.
Aber den Traum vom schönen, glücklichen Leben träumen wir noch immer. Wir nennen ihn nur anders. Es ist der Traum vom Schlaraffenland, wo alles Essen uns in den Mund wächst und wir nichts zu tun brauchen für unser Glück. Und da das normalerweise nicht geht, haben wir den Tourismus entwickelt. Da können wir es uns bequem machen und lassen andere für uns arbeiten, wenigstens für kurze Zeit. Aber auch im eigenen Land soll das möglich sein. Darum ist der Traum nach Reichtum und Gewinn so weit verbreitet. Das wäre der Himmel auf Erden, so heißt es. Die Jagd nach Reichtum und Gewinn ist bis heute die säkularisierte und keineswegs verantwortungsvollere Weise, sich den Himmel auf Erden zu verschaffen. Manche haben Staatstheorien entwickelt, nach denen alle Menschen gleiche Rechte haben und gleich wohlhabend werden sollten, und sind dann selber doch ihrem eigenen Wunsch nach Macht und Reichtum verfallen.
Der Wunsch nach einem schönen Himmel ist geblieben. Wir haben ihn nur in die Gegenwart geholt und haben darum auch die Gnade verloren und die Demut. Wir machen ihn uns, und wir verschaffen ihn uns auf Kosten anderer.
Aber ist das dann der Himmel, den wir uns erhofften? Dieser Himmel auf Erden macht uns nicht wirklich glücklich.

Bei Paul Gerhardt ist der Himmel ein anderer. Er teilt nicht auf in arm und reich. Er ist nicht der bequeme Weg zur Fettleibigkeit. Er ist auch nicht ein Eigentum, das man dauernd schützen müsste, weil es durch den Neid anderer gefährdet ist.

Der Himmel, den Paul Gerhardt erwartet, ist für alle offen. Er ist Inbegriff von Freude, von umfassendem Erkennen, von Loben und Danken. Niemand kann ihn sich selber schaffen. Er ist ein Ausdruck der Herrlichkeit Gottes, und alle Schönheit, die wir kennen, ist ein Hinweis darauf. In diesem Himmel gründet die Hoffnung, die mich meinen Weg tapfer gehen lässt; aus diesem Himmel wächst mir die Kraft, die mich das Schwere ertragen lässt; von diesem Himmel strahlt die Freude herüber, die mein Leben hier hell macht, auch wenn ich es nicht leicht habe.

Die neuzeitlichen Menschen haben den Himmel auf die Erde zu holen versucht und haben ihn dabei immer wieder zertreten.
Der Himmel, von dem diese Lieder erzählen, steht so zeitlos über unserer Welt wie der Mond. Eine ruhige und gelassene Hoffnung, dass das Ganze auf Gott hin zuläuft.
Es ist keine Weltflucht.
Es ist die Perspektive, die mein kleines Leben in einem anderen Licht erscheinen lässt.
So wendet sich Paul Gerhardt wieder dem Leben auf der Erde zu.

Wir singen die 12. + 13. Strophe.

Gerade weil Paul Gerhardt diese große Hoffnung hat, die ihn trägt, kann er nun mit neuer Freude sich dem Leben zuwenden. Noch ist er eingezwängt in des »Leibes Joch«, wie er sagt. Wie passend dieser Ausdruck ist, weiß erst der wirklich, dessen Körper von Krankheit geplagt wird. Der mit seinem Willen laufen möchte und spürt, wie der Körper ihn an der Stelle festhält; der mit seinen Gedanken das Leben entdecken möchte, über Gespräche und Bücher und Filme – und kann nicht mehr reden, oder nicht mehr gut sehen, und der Geist bekommt kaum noch Anregungen von außen. Oder das Herz wünscht sich Kontakte, aber die Schmerzen werfen einen immer wieder auf sich selbst zurück. Gerade im Alter kann der Körper wie ein Joch empfunden werden, in dem man gefangen ist und am liebsten ausbrechen möchte.

Für Paul Gerhardt ist die Schönheit der Natur und die Hoffnung auf das Himmelreich Grund, auch hier schon die Freude zu behalten und dem Gesang Raum zu geben. Überall gibt es Möglichkeit und Grund zum Singen und zum Loben Gottes.
Dass wir das aber bemerken und in uns wach halten, das ist nicht selbstverständlich. Allzu leicht verstummen wir wieder im Gefühl von Schwere und Hoffnungslosigkeit.
Darum bittet Paul Gerhardt in der 13. Strophe um Gottes Segen.
So wie Gottes Segen auf der Natur liegen muss, damit die Felder gedeihen und die Früchte reifen, so braucht auch unser Geist, unsere Wahrnehmung Gottes Segen, damit wir inmitten des Alltags die Freude nicht verlieren, damit wir, auch wenn wir eher eine Topfpflanze als eine Gartenblume sind, das Blühen nicht vergessen.

So, wie es draußen Sommer geworden ist und die Früchte zum Reifen kommen, so soll Gott es auch Sommer in uns werden lassen, damit unsere Früchte reifen, die Früchte unseres Lebens.
Wir können unsere Kinder und Enkel als solche Früchte sehen, die wir hervorgebracht haben und an deren Entwicklung wir uns freuen.

Aber Paul Gerhardt meint noch andere Früchte, »Glaubensfrüchte« nennt er sie. Was sind das für Früchte? Ich denke, das ist so etwas wie Gelassenheit in aller Unruhe; das ist Hoffnung, auch wenn die Zukunft eingeschränkt erscheint; das ist Freude, die sich an kleinen Dingen noch entzünden kann. Das ist Vertrauen in Gott, weil er uns heil machen kann, auch wenn wir krank sind.

Das ist nicht leicht, das ist geradezu ein Stück geistiger Arbeit, ein langsames Lernen. Das hat man später nicht so sehen wollen und hat den Text vereinfacht: Wir finden in unserem Gesangbuch die Formulierung »dass er … viel Glaubensfrüchte ziehe«. Das klingt ein wenig, als würden die Früchte sich von alleine entwickeln. Paul Gerhardt hat eigentlich geschrieben »… viel Glaubensfrücht'erziehe«, d. h., das hat etwas mit Erziehung, mit Lernen zu tun.

Gottes Wege mit uns wollen uns erziehen zum Leben im Glauben. Wir sind nicht selbstverständlich von alleine froh und gelassen und hoffnungsvoll. Manchmal müssen wir es erst lernen, indem wir erkennen, dass wir uns nur oberflächliches Vergnügen verschafft haben, aber die Freude erst mit dem Wahrnehmen wächst. Manchmal müssen wir die Gelassenheit erst lernen, nachdem wir lange Zeit vergeblich mit dem Kopf durch die Wand wollten; manchmal lernen wir die Hoffnung erst, wenn sich der schnelle Erfolg nicht einstellt.

Gottes Segen ist es, wenn wir die Freude spüren, und auch im schweren Leben Glaube und Hoffnung entwickeln.
Dann werden wir wie ein Baum, der auch in dürren Zeiten mit seinen tiefen Wurzeln Wasser aufspürt; dann werden wir wie eine Blume, die für andere ein wohltuendes Geschenk Gottes ist. Und dann wird unser Aufbruch zu unserer letzten Reise nicht ein Abbruch, ein Verlieren sein, sondern die Vervollkommnung unserer Freude und der Übergang zum größten und schönsten Gesang, in den wir dann dankbar einstimmen.

Singen wir noch die letzten beiden Strophen (14+15).

Ich bin ein Gast auf Erden (EG 529)

Trostbriefe an eine 84-jährige Frau

Erster Brief

Liebe Frau A.!

Als ich von Ihrer Krankheit erfuhr, bin ich sehr erschrocken. Nun hatten Sie gerade die eine überwunden, da trifft Sie die nächste. Ich kann mir vorstellen, wie enttäuscht und verzweifelt Sie sind, dass nun schon so lange und immer wieder neu die Krankheiten Ihre Kräfte rauben. Nur den Tag zu überstehen mit den Schmerzen und der Kraftlosigkeit, ist schon eine harte Aufgabe. Und dann noch die Enttäuschung, dass, kaum haben Sie neue Pläne gefasst für kleine Reisen oder auch nur die alten gewohnten Vorhaben wieder aufzunehmen, dieses gleich wieder in Frage steht.

Ich verstehe auch, dass Sie in dieser Verzweiflung sagen: Ich wünschte, es wäre endlich vorbei und ich wäre tot! Ich denke, fast jeder von uns würde in so viel Erschöpfung so reden. Wie betroffen waren Sie, als Ihre Nachbarin, die sich nicht als Christin versteht, Ihnen daraufhin vorhielt, so dürften Sie als Christin nicht reden. Nun fühlten Sie sich schlecht, weil Sie von einer Nichtchristin zum rechten Christsein sich ermahnt sahen. Zu all dem also auch noch das schlechte Gewissen, ein miserables Vorbild zu sein, ja, geradezu ein schlechtes Beispiel eines Christen.

Nun denke ich aber zum Einen, dass Frau M. Ihnen eigentlich keinen Vorwurf machen wollte, sondern diese Entgegnung einfach aus ihrer Hilflosigkeit Ihrem Unglücklichsein gegenüber entstand. Frau M. ist eine außerordentlich tatkräftige und hilfsbereite Frau; das ist ihre große Stärke. Dafür können so veranlagte Menschen schlechter mit den seelischen Nöten anderer umgehen, weil sie sich davon irritiert fühlen. Was soll man da *tun*, wenn jemand so traurig ist? Ich denke, ihr Abwehren Ihres Wunsches nach dem Ende war vielmehr so etwas wie ein Schulterklop-

fen, wie ein »Kopf hoch, nur nicht aufgeben!«. Sie wollte vielleicht einfach damit verhindern, dass Sie in Ihrer Traurigkeit versinken.
Vielleicht hat sie schon auch die Vorstellung, Christen müssten eigentlich immer lebensfroh und zufrieden sein. Oder die Hoffnung, wieder gesund zu werden, gehöre zu der christlichen Hoffnung dazu.
Ich denke, das ist ein naives Bild vom Glauben. So einfach ist das nicht.

Und so komme ich zu dem Zweiten:
Wir leben in dieser Welt mit ihrer Schönheit, aber auch mit ihren Schwierigkeiten. Es gibt wunderbare Zeiten, wo es viel zu danken gibt und wir das hoffentlich auch tun. Und es gibt schwere Zeiten, wo wir manchmal keinen Weg mehr sehen und wo wir um Hilfe beten und auf eine Besserung hoffen. Auch das ist gut so.
Aber es gibt eben auch Situationen oder Entwicklungen in unserem Leben, – und ich denke, gerade das Alter gehört da entschieden dazu! –, da erkennen wir, dass dieses Leben nicht alles sein kann. Wir sind nur Gast hier, ein Gast auf einer langen, spannenden oder auch zermürbenden Reise. Ein Gast, der von weither gekommen ist, und schließlich wieder weiterzieht. Ein Gast, der eigentlich woanders zu Hause ist.

Kennen Sie dieses eindrucksvolle Lied von Paul Gerhardt, das diesen Gedanken zum Thema hat? Es ist das Lied 529. Dort heißt es in der ersten Strophe:

Ich bin ein Gast auf Erden und hab hier keinen Stand;
Der Himmel soll mir werden, da ist mein Vaterland.
Hier reis ich bis zum Grabe; dort in der ew'gen Ruh
Ist Gottes Gnadengabe, die schließt all Arbeit zu.

Ich meine, Sie dürfen sehr wohl auch sagen, Sie haben genug von der Plage hier und wünschten tot zu sein. Gerade als Christin! Denn gerade wir wissen doch, dass dieses Leben eine Wanderschaft und eine Aufgabe ist, derer wir auch mal müde werden können. Und wo als kleines, tröstendes Licht aufleuchtet: Es gibt eine Heimat, wo ich endlich erlöst und befreit bin. Dort möchte ich sein. Wer möchte nicht nach einer langen Reise endlich wieder daheim ankommen?!

Ich wünsche Ihnen, dass Sie Ihre Müdigkeit mit dieser Hoffnung füllen können!

Herzlich Ihre F. M.

Zweiter Brief

Liebe Frau A.!

Das ist das Bedrückende an einer so lang dauernden Krankheit, dass wir schließlich den Eindruck haben, es gibt nichts anderes mehr als die Belastung der Erkrankung und schließlich sogar das Gefühl, das ganze Leben sei nur eine Kette problematischer Voraussetzungen, schwieriger Entwicklungen und belastender Zwischenfälle gewesen. Die Kindheit und Jugend hat nicht die Möglichkeiten geboten, die andere hatten; die Beziehungen in der Familie waren schwieriger und weniger harmonisch als erhofft; der Beruf nicht so erfüllend, wie er sein sollte, und schließlich der Ruhestand nicht so ruhig und entspannt, wie das Wort meinen lässt. Denn jetzt machen sich zunehmend die Altersschwächen bemerkbar. Was war das Leben überhaupt?

Das Lied von Paul Gerhardt, das ich im letzten Brief erwähnte, geht so weiter:

Was ist mein ganzes Wesen von meiner Jugend an
Als Müh und Not gewesen? Solang ich denken kann,
Hab ich so manchen Morgen, so manche liebe Nacht
Mit Kummer und mit Sorgen des Herzens zugebracht.

Mich hat auf meinen Wegen manch harter Sturm erschreckt;
Blitz, Donner, Wind und Regen hat mir manch Angst erweckt;
Verfolgung, Hass und Neider, ob ich's gleich nicht verschuld't,
Hab ich doch müssen leiden und tragen mit Geduld.

Wir machen uns stets neu die Vorstellung, das Leben müsste dafür da sein, uns glücklich zu machen. Und dabei denken wir erst mal an die

Erfüllung unserer Wünsche. Aber welche Generation hat das je erlebt? In gewisser Weise vielleicht schon die nach 1950 Geborenen, jedenfalls mussten sie noch keine Kriegszeiten erleben. Aber wie sehr die kummervolle Familiengeschichte, die Abwesenheit der Väter und die Enttäuschung der Mütter, die Verflachung des Lebens auf den Konsum hin auch dieser Generation gegen allen äußeren Schein das Herz hat vertrocknen lassen, das sehen wir bisher nur indirekt an der steigenden Zahl der Therapiebedürftigen, der Ehescheidungen und der verschiedenen Suchterkrankungen (wozu ich auch das stundenlange Fernsehen oder Computerspielen zähle).
Wie sehr gehören zu jedem Leben »Kummer und Sorgen« dazu! Und doch ist das nicht das entscheidende Kriterium, ob ein Leben lebenswert ist. Sogar trotz diesem allen kann jemand von einem glücklichen Leben sprechen oder zumindest von einem zufriedenen. Denn es hatte doch stets auch diese Elemente von Gesundheit und Freude, von Sehnsucht und von Liebe (und sei es eine unerwiderte!).

Vielleicht müssen wir vielmehr den Blick darauf wenden, wo wir in allem uns selber treu waren; wo wir schwere Herausforderungen gemeistert haben; wo wir gegen alle Erwartung dann doch wieder Glück gefunden haben ...
Es mag Ihnen jetzt so scheinen, als sei alles nur eine Kette unglücklicher Umstände. Aber ich sehe auch noch das Leuchten in Ihren Augen vor mir, wenn Sie von Ihren Enkeln und Urenkeln erzählten oder von schönen Reisen – und auch von den schönen Stunden, die wir in eifrigem Gespräch miteinander verbracht haben. Ich bin sicher, wenn es Ihnen wieder ein wenig besser geht, werden Sie auch wieder die Vielfalt und den Reichtum Ihres Lebens sehen können.
Ich wünsche mit Ihnen, dass es bald so sei!

Herzlich Ihre F. M.

Dritter Brief

Liebe Frau A.!

Verzagen Sie nicht wegen Ihrer Schwäche! Es ist ja ganz natürlich, dass die ständigen Schmerzen Ihnen Ihre Energie rauben! Was mich aber in all dem besonders bekümmert, sind die Vorwürfe, die Sie sich selber wegen Ihrer Schwachheit immer wieder machen. Manchmal scheint es mir, als würden Sie sich zu all der äußeren Schwierigkeit noch wie zur Strafe eine innere dazuladen. Reicht es nicht, dass Sie so viel Energie in das Gesunden stecken müssen? Warum dann noch die eigenen restlichen Kräfte mit Vorwürfen und Selbstentwertung blockieren?! Ich denke, in Ihnen ist ein viel größeres Reservoir an Kräften und Fähigkeiten, als Sie sich zutrauen. Denn eine anstrengende und herausfordernde Geschichte schlaucht nicht nur, sondern lässt einen auch ungeahnte Fähigkeiten entwickeln. Und die haben Sie ganz sicher!

In dem Lied von Paul Gerhardt geht es nach dem Blick auf die eigene schwere Geschichte zurück in die Geschichte der früheren Generation:

So ging's den lieben Alten, an deren Fuß und Pfad
wir uns noch täglich halten, wenn's fehlt am guten Rat;
Sie zogen hin und wieder, ihr Kreuz war immer groß,
Bis dass der Tod sie nieder legt in des Grabes Schoß.

Ich habe mich ergeben in gleiches Glück und Leid;
Was will ich besser leben als solche großen Leut?
Es muss ja durchgedrungen, es muss gelitten sein;
Wer nicht hat wohl gerungen, geht nicht zur Freud hinein.

Ich denke daran, wie Sie mir von der langen Sterbezeit Ihrer Mutter erzählten, und wie sie sich damals immer wieder die Andachten von Spurgeon vorgelesen wünschte. Ganz abgesehen von der Entwicklung, die das in Ihnen auslöste, war dieses hartnäckige Festhalten Ihrer Mutter an den sehr persönlichen und entschiedenen Besinnungen Spurgeons sicher auch ein eindrucksvolles Zeugnis ihres Umgangs mit Leiden und

Ich bin ein Gast auf Erden (EG 529)

Tod: Sie gab ihre vertrauensvolle Zuwendung an Gott nicht auf. Kein Schmerz, keine äußere Hoffnungslosigkeit und auch nicht das Widerstreben der Angehörigen konnte sie davon abhalten, darin ihren Trost und ihre Kraft zu finden.

Ich habe den Eindruck, diese selbe Hartnäckigkeit, oder vielleicht besser: Treue steckt auch in Ihnen. Es mag Sie manchmal die Müdigkeit übermannen. Aber es gibt auch weiterhin dieses bohrende Fragen, dieses sehnsüchtige Suchen, dieses dankbare Festhalten an dem Glauben, was ich so sehr an Ihnen schätze. Ich denke wohl, dass auch die Behinderungen des Alters Ihnen dies nicht werden nehmen können!

Aber die »Alten« sind ja bei Paul Gerhardt nicht nur die Eltern, sondern alle Glaubenszeugen, die den eigenen Glauben bildeten oder fördern. Das finde ich in unsern Gesprächen so bereichernd, dass Sie durchaus Ihre »Glaubenspaten« haben, von denen Sie sich inspirieren lassen, sei es nun Dietrich Bonhoeffer oder Peter Hahne oder Michael Albus. Gemeinsam oder auf verschiedenen Wegen machen wir uns bekannt und vertraut mit Glaubensgeschwistern, die mit ihren schweren Erfahrungen im Glauben umzugehen gelernt haben und damit auch uns Mut machen. Wir sind nicht allein auf unserem Weg. Andere sind uns vorausgegangen, andere gehen als Zeitgenossen auf einer Spur neben uns. Der Glaube ist die zeitgemäße Auseinandersetzung mit dem Leben in dieser geschichtlichen Epoche, der Frage nach Gott und unserer persönlichen Integrität.

Wenn Sie sich selber zu müde fühlen, nehmen Sie die guten Worte aus dem alten Schatz der Glaubenden zu Hilfe. Manchmal sind sie der einzige Halt, den wir noch haben. Nach der Tiefe der Krise wachsen uns dann selber wieder Worte zu: durchlebte Erfahrungen, errungene Überzeugungen. Wahrscheinlich können wir auch nur so anderen wieder weiterhelfen auf ihrem Weg.

Auch diese Fähigkeit steckt in Ihnen. Lassen Sie sie neu durch das Schwere hindurch reifen.

In herzlicher Verbundenheit

Ihre F. M.

Chorkonzert mit Paul-Gerhardt-Liedern

mit verbindenden Texten

Das Paul-Gerhardt-Jahr bietet Gelegenheit, die Lieder dieses großen Lieddichters in unterschiedlichen Zusammenhängen vorzustellen. Eine besonders reizvolle Form dafür ist das Konzert, in dem Chor, Solisten und Gemeinde im Wechsel beteiligt sind.
Der folgende Vorschlag stellt einige ausgewählte Lieder in thematischen Sinneinheiten und nach musikalischen Gesichtspunkten zusammen. Dieses Gestaltungsprinzip ermöglicht, die Lieder in ungewohnten Beziehungen zum Leben wahrzunehmen. So ergeben sich Kombinationen, die für den Hörer interessanter sind und ihn mehr herausfordern als eine Anordnung, die dem Kirchenjahr folgt.
Die auf ein Thema bezogenen Einheiten können je nach den örtlichen Gegebenheiten verändert werden.

Vertrauen

»Befiehl du deine Wege« gehört zu den bekanntesten Liedern von Paul Gerhardt. Es will den Einzelnen dazu bewegen, sich der Vorsehung Gottes anzuvertrauen und auf allen Lebenswegen von ihm führen zu lassen. Wir hören (und singen) dieses Lied zuerst mit der für uns fremdartigen Originalmelodie von Johann Georg Ebeling, danach mit der heute gebräuchlichen Melodie von Bartholomäus Gesius im Chorsatz von Johann Sebastian Bach. Ebeling war als Nachfolger von Johann Crüger Kantor an St. Nicolai in Berlin und gab 1666/67 unter dem Titel ›Geistliche Andachten‹ die erste Gesamtausgabe der Dichtungen Paul Gerhardts heraus.

1. Befiehl du deine Wege EG 361 (Gemeinde: 3-5.9-10)
   Melodie: Bartholomäus Gesius 1603.
2. Befiehl du deine Wege (Orgel, Chor unisono: 1-2. Gemeinde: 6-7)
   Melodie: Johann Georg Ebeling 1667/68 (nach: EKG 307). Orgelbegleitung in: Choralbuch zum evangelischen Kirchengesangbuch, Nr. 218.
3. Befiehl du deine Wege (Chor: 8.11-12)
   Melodie: Bartholomäus Gesius 1603, Satz: Johann Sebastian Bach (Paul-Gerhardt-Chorheft 1976, 23)

Liebe und Leiden / Passion

Manche geistlichen Lieder haben eine eigenartig verwickelte Vorgeschichte. So ist es auch bei dem Passionslied »O Haupt voll Blut und Wunden«. Die Melodie, mit der das Lied bekannt wurde, stammt von Hans Leo Haßler und gehört von Hause aus zu einem Liebeslied. Erst später wurde sie mit dem Liedtext von Paul Gerhardt verbunden. Besonders weit bekannt wurde die Vertonung der Sterbestrophen aus diesem Lied in der Matthäus-Passion von Johann Sebastian Bach. Den Text seines Passionsliedes hat Paul Gerhardt nicht frei erfunden, sondern einer alten Vorlage entnommen, dem lateinischen Hymnus »Salve caput cruentatum«. Der Hymnus wurde lange Zeit fälschlich Bernhard von Clairvaux zugeschrieben. In Wirklichkeit stammt er aber, wie wir heute wissen, von Arnulf von Löwen, einem Zisterzienserabt, der im 13. Jahrhundert in Villers (Brabant) lebte. Paul Gerhardt hat seinen Hymnus in strophischer Form, jedoch mit anderem Versmaß als das Original, nachgedichtet.
Dietrich Buxtehude hat den lateinischen Text vertont in seinem siebenteiligen Kantatenzyklus »Membra Jesu nostri patientis sanctissima«. Dem Zyklus liegt das Passionssalve des heiligen Bernhard von Clairvaux an die Gliedmaßen Jesu zugrunde, das Paul Gerhardt vollständig nachgedichtet hat. Die siebte Kantate enthält die lateinische Vorlage zu seinem Passionslied. Buxtehudes Vertonung ist, darin Gerhardts Lied vergleichbar, ein ein-

drückliches Beispiel evangelischer Passionsmystik. Der Hörer wird ganz in die meditative Schau des Angesichts Jesu hineingenommen.

4. Mein Gmüt ist mir verwirret (Solostimme und Orgel, Strophen 1-5)
   Melodie: Hans Leo Haßler 1601, Text: trad. (16. Jh.)
5. O Haupt voll Blut und Wunden EG 85 (Chor: 1+3, Gemeinde: 2+4)
   Melodie: Hans Leo Haßler, geistlich Görlitz 1613 »Herzlich tut mich verlangen«, Satz: Fritz Dietrich 1936 (nach: Paul-Gerhardt-Chorheft 1976, 10)
6. O Haupt voll Blut und Wunden (Chor: 9-10)
   Satz: Johann Sebastian Bach, aus: Matthäus-Passion (Paul-Gerhardt-Chorheft 1976, 11)
7. Salve caput cruentatum
   10-strophiger lateinischer Hymnus von Arnulf von Löwen [fälschlich Bernhard von Clairvaux zugeschrieben] (abgedruckt in: Geistliches Wunderhorn, 280f. Sollte auszugsweise im Cantus Gregorianus erklingen). Die erste Strophe wurde später verändert. Ursprünglich lautet der Anfang: Salve Jesu reverende ...
8. Dietrich Buxtehude, Membra Jesu nostri patientis sanctissima (Die allerheiligsten Gliedmaßen unseres den Tod am Kreuz erleidenden Jesus) BuxWV 75, Kantate Nr. 7: Ad faciem: Salve caput cruentatum. Wo es möglich ist, sollte das Stück an dieser Stelle des Konzerts aufgeführt werden. Es erfordert 5 Vokalstimmen, zwei Violinen als Melodieinstrumente und basso continuo.

Trost

»*Ist Gott für mich, so trete*« *ist eines jener Lieder, in denen der Lieddichter, angeregt von einem Text des Apostels Paulus, die lutherische Lehre von der Rechtfertigung allein durch den Glauben an Jesus Christus in dichterischer Form zur Sprache bringt. In den von Ebeling herausgegebenen ›Geistlichen Andachten‹ trägt das Lied die Überschrift »Christliches Trost- und Freudenlied«. Verbreitet hat es sich bei uns mit einer weltlichen Melodie aus England, in den lutherischen Kirchen des angelsächsischen Sprachraums dagegen mit der Melodie des Liedes »Valet will ich dir geben« (EG 523) von Melchior Teschner.*

Das folgende Lied steht nicht in unserem Gesangbuch. Es fehlte auch schon im evangelischen Kirchengesangbuch. »Nicht so traurig, nicht so sehr« ist ein für Paul Gerhardt charakteristisches Trostlied. Wir hören es in einer Arie für Solostimme und Orgelbegleitung (oder: Cembalo) aus dem Schemelli'schen Liederbuch von Johann Sebastian Bach. Die ursprünglich für dieses Lied vorgesehene Melodie (Zahn) ist heute nicht mehr gebräuchlich.

9. Ist Gott für mich, so trete gleich alles wider mich EG 351 (vgl. Röm 8,31-39)
Melodie: England um 1590, geistlich Augsburg 1609, Satz: Gerhard Schwarz (Paul-Gerhardt-Chorheft 1976, 22)

Kann gesungen werden auf die Weisen »Wie lieblich ist der Maien« (EG 501) und »O Haupt voll Blut und Wunden« (EG 85). In lutherischen Kirchen wird auch die Melodie des Liedes »Valet will ich dir geben« (EG 523) von Melchior Teschner verwendet.

10. Nicht so traurig, nicht so sehr (Solostimme / Orgel, Strophen 1-2)
Melodie und Satz: Johann Sebastian Bach, BWV 489 (nach: Geistliche Lieder und Arien für Singstimme und Basso continuo Nr. 53)

Melodie von Johann Crüger in: Johannes Zahn, Die Melodien der deutschen evangelischen Kirchenlieder, Nr. 3361.

Freude

Freude ist eines der Grundmotive und Lebensthemen, die bei Paul Gerhardt immer wiederkehren. Seine Lieder wecken Freude. Sie ermuntern das Herz, sich zu freuen und Freude zu suchen. Johann Crüger, der Berliner Kantor, mit dem Gerhardt eng zusammenarbeitete, hat dem Osterlied »Auf, auf, mein Herz, mit Freuden« eine beschwingte Melodie gegeben, die einem italienischen Tanzrhythmus folgt. Der Chor singt zunächst einen Satz von Johann Crüger. Danach folgt eine Vertonung von Arnold Mendelssohn, der bis zu seinem Todesjahr 1933 mehr als 40 Jahre als »Kirchenmusikmeister« des Großherzogtums von Hessen und bei Rhein in Darm-

stadt wirkte. Mendelssohn sieht vor, dass das Lied im Wechsel von Chor, Kinderchor und Gemeinde gesungen wird.
Freude wecken will auch Paul Gerhardts schöner Morgensegen »Die güldne Sonne voll Freud und Wonne« und das wohl bekannteste Gerhardt-Lied überhaupt: »Geh aus, mein Herz, und suche Freud«. Aber merkwürdig: kein anderes Lied unseres Gesangbuchs hat eine so umfangreiche Melodiegeschichte. Immer neu hat man versucht, eine Melodie zu finden, die zu Gerhardts »Sommergesang« passt. Die erste Melodie von Ebeling ist offenkundig für das häusliche Singen und Musizieren gedacht, nicht für die Gemeinde. Im Evangelischen Kirchengesangbuch hat man dem Lied die litaneiartige Melodie eines Engelliedes von Nikolaus Herman gegeben, mit der es nur selten gesungen wurde. Singen wir sie heute einmal, um zu erfahren, wie dadurch die Stimmung und Atmosphäre des Liedes geprägt werden! Ungewohnt ist auch der Chorsatz von Michael Praetorius, der dem Lied tänzerischen Schwung verleiht. Die heute so populäre Melodie, mit der sich das Lied für die meisten verbindet, kam erst im 19. Jahrhundert in die Gesangbücher. Sie wurde ursprünglich für ein Frühlingslied von Ludwig Hölty geschrieben und stammt von August Harder. Zu dem Sommergesang von Paul Gerhardt passt sie nur, wenn jeweils die vierte Zeile jeder Strophe wiederholt wird.

11. Auf, auf, mein Herz, mit Freuden EG 112 (Chor: 1-3)
    Melodie und Satz: Johann Crüger [italienischer Tanzrhythmus] (nach: Geistliches Chorlied Nr. 47)
12. Auf, auf, mein Herz, mit Freuden
    Satz: Arnold Mendelssohn [für 4-stimmigen Chor, Kinderchor, Gemeinde und Orgel] (nach: MGkK 1907, 119-123)
13. Die güldne Sonne voll Freud und Wonne (Morgen-Segen) EG 449
    Melodie und Satz: Johann Georg Ebeling (Paul-Gerhardt-Chorheft 1976, 28f.; Geistliches Chorlied Nr. 84)
14. Geh aus, mein Herz, und suche Freud (Solostimme mit Begleitinstrument)
    Melodie: Johann Georg Ebeling 1667/68 (nach: Geistliches Wunderhorn, 262)
15. Geh aus, mein Herz, und suche Freud
    Melodie: Nikolaus Herman (nach EKG 371). Orgelbegleitung im Choralbuch zum Evangelischen Kirchengesangbuch, Nr. 100.

16. Geh aus, mein Herz, und suche Freud
    Melodie und Satz: Michael Praetorius (nach: Geistliches Chorlied Nr. 86)
17. Die Luft ist blau, das Tal ist grün (Chor: 1-2)
    Melodie: August Harder, Text: Ludwig Hölty
18. Geh aus, mein Herz, und suche Freud EG 503
    Melodie: August Harder (nach: EG 503)

Abschied / Abend des Tages / Lebensabend

Das wunderbare Abendlied »Nun ruhen alle Wälder« verdankt seine Melodie einem weltlichen Chorstück, das sofort nach seiner Entstehung außerordentlichen Ruhm gewann: »Innsbruck, ich muss dich lassen« des flämischen Meisters Heinrich Isaac. Das Motiv und die Stimmung des wehmütigen Abschieds ermöglichen es, die Melodie bald auf ein geistliches Sterbelied und später auf das Abendlied von Paul Gerhardt zu übertragen. Wir hören das Lied zuerst in einem Chorsatz aus dem 17. Jahrhundert, der die Melodie unverändert lässt, danach in der Vertonung von Johann Sebastian Bach. Bei ihm wird die Melodie beweglicher, und der Satz wirkt vor allem durch seine reiche Harmonisierung und die Melodiebögen von Bass und Mittelstimmen.

Vom Abend des Tages führt uns das nächste Lied zum Abend des Lebens. »Ich bin ein Gast auf Erden« wird auf dieselbe Weise gesungen wie »O Haupt voll Blut und Wunden«. Dieses Lied ist erfüllt von Sehnsucht nach der Heimat »dort droben«. Der Dichter und Sänger, des Lebens müde geworden, bittet Gott: »Komm, mach ein selig Ende / An meiner Wanderschaft«.

19. Innsbruck, ich muss dich lassen (Chor)
    Melodie und Satz: Heinrich Isaac 15. Jh. (nach: Ars Musica IV, 136), geistlich zuerst in dem Sterbelied »O Welt, ich muss dich lassen« (EG 521)
20. Nun ruhen alle Wälder EG 477 (Chor: 2-3, Gemeinde: 4-7)
    Melodie: Heinrich Isaac 15. Jh. (bei Bartholomäus Gesius 1605), Satz: Christoph Demantius 1620 (nach: Paul-Gerhardt-Chorheft 1976, 30) oder Satz: Bartholomäus Gesius (nach: EG 477)

21. Nun ruhen alle Wälder (Chor: 1+8+9)
    Melodie: Heinrich Isaac 15. Jh., Satz: Johann Sebastian Bach (nach: Ars Musica IV, 150)

    Eine neuere Vertonung: Helmut Barbe, Liedmotette zu »Nun ruhen alle Wälder« für 5-stimmigen Chor (Strube Verlag München). Zum Text von Paul Gerhardt vgl. Simon Dach, Klage Sions über den Vorzug Ihres Bräutigams Jesu Christi, 1642 (in: W. Tümpel, Das deutsche evangelische Kirchenlied des 17. Jahrhunderts, Bd. III, Gütersloh 1906, 75)

22. Ich bin ein Gast auf Erden (vgl. Ps 119) EG 529
    Melodie: Hans Leo Haßler (= O Haupt voll Blut und Wunden)

Lob und Dank

Viele Lieder von Paul Gerhardt sind so wie dieses sehnsüchtig nach der Ewigkeit und der Freude des Himmels. Singen bedeutet für ihn, sich auf das ewige Leben auszurichten, auf den »Himmelssaal«, wo man mit ewiger Freude lobsingt. So soll dieses Konzert mit Lob und Dank ausklingen. Denn das ist der Grundton, das Grundverhältnis, an dem der Dichter unbeirrt trotz aller Leiden und Widrigkeiten festhält. Mit dem Ruf »Du meine Seele, singe« ermuntert er sich selbst und dichtet den 146. Psalm nach, der von Gottes Barmherzigkeit erzählt. »Sollt ich meinem Gott nicht singen« erklingt in zwei Vertonungen von Johann Sebastian Bach und Arnold Mendelssohn. Dieser Lobgesang beginnt übrigens bei Gerhardt nicht, wie im revidierten Gesangbuchtext, mit einer Ermahnung, »dankbar« zu sein. Im Originaltext steht vielmehr: »Sollt ich meinem Gott nicht singen, / Sollt ich ihm nicht fröhlich sein?« Und wie mit einem cantus firmus, in dem Gerhardt einen starken Glaubensgrund bekräftigt, schließt jede Strophe – bis auf die letzte – mit dem Kehrvers: »Alles Ding währt seine Zeit, / Gottes Lieb in Ewigkeit«.

23. Du meine Seele, singe (vgl. Ps 146) EG 302
    Melodie und Satz: Johann Georg Ebeling (nach: Paul-Gerhardt-Chorheft 1976, 16)

24. Sollt ich meinem Gott nicht singen EG 325
    Melodie: Johann Schop 1641, Satz: Johann Sebastian Bach BWV 413
25. Dazu Max Reger, aus den Choralvorspielen op. 67, oder: Ernst Pepping, Choralvorspiel aus dem Kleinen Orgelbuch
26. Sollt ich meinem Gott nicht singen
    Melodie: Johann Schop 1641, Satz: Arnold Mendelssohn 1926 (nach: Arnold Mendelssohn, Motetten und Liedsätze zum Kirchenjahr, 20f.).

Zur Ehre Gottes und Jesu Christi zu singen ist für Paul Gerhardt das höchste Zeichen der Dankbarkeit, das ein Christ geben kann: »Ich preise dich und singe, / Herr, deine Wundergnad, / Die mir so große Dinge / Bisher erwiesen hat; / Denn das ist meine Pflicht, / In meinem ganzen Leben / Dir Lob und Dank zu geben, / Mehr hab und kann ich nicht.« Wer dem Namen des Herrn glaubt, begreift es als ein natürliches Tun, Gott zu loben: »Lobet den Herren / Alle, die ihn ehren! / Lasst uns mit Freuden seinem Namen singen / Und Preis und Dank zu seinem Altar bringen! / Lobet den Herren!« Lieder nur zu dichten, vom Lobgesang nur zu sprechen genügt Gerhardt nicht. Jeden Tag, vom Morgen bis zum Abend, wendet sich sein Herz zu Gott, um ihm zu singen: »Ich will dir mit der Morgenröt / Ein täglich Opfer bringen, / So oft die liebe Sonn aufgeht, / So ofte will ich singen / Dem großen Namen deiner Macht, / Das soll auch in der späten Nacht / Mein Werk sein und Geschäfte.« Paul Gerhardt lehrt uns nicht nur, Gott singend zu <u>loben</u>; er lehrt uns, aus dem gesungenen Gotteslob zu <u>leben</u>.

27. Ich singe dir mit Herz und Mund EG 324 (Chor: 1-4+7. Gemeinde: 10-13)
    Melodie: Nun danket all und bringet Ehr (EG 322), Satz: Johann Crüger (nach EG 325)

Ausführende: *Sprecher, Gemischter Chor, 5 Vokalstimmen, Instrumentalensemble (2 Violinen, basso continuo), Kinderchor, Gemeinde, Orgel*

Jubiläumsgottesdienst im Paul-Gerhardt-Jahr

mit einem kurzen Lebenslauf von Paul Gerhardt

Als geeigneter Termin empfiehlt sich der Sonntag Lätare (18. März). Dies ist der erste Sonntag nach dem Geburtstag des Lieddichters (12. März). Alternativ kann der Gedenkgottesdienst auch an Pfingsten stattfinden – der normalerweise vorgesehene Gedenktag (27. Mai) fällt in diesem Jahr auf den Pfingstsonntag – oder am 4. November, dem Sonntag des Reformationsfestes.

Der folgende Gottesdienstentwurf orientiert sich an der Ordnung für Heiligentage, an denen herausragender Zeugen des Glaubens gedacht wird. Das Gedenken an diesem Tag hat nach reformatorischem Verständnis drei Aufgaben zu erfüllen: 1. Dank für Gottes Barmherzigkeit und dafür, dass er der Kirche diesen Lehrer und Zeugen Paul Gerhardt gegeben hat; 2. Stärkung des Glaubens an seinem Beispiel und 3. Anregung zur Nachfolge in Glaube, Liebe und Geduld des Heiligen bzw. Glaubenszeugen (vgl. Apologie zum Augsburger Bekenntnis, Art. XXI). Diese Gesichtspunkte sind auch heute für ein evangelisches Paul-Gerhardt-Gedenken in ökumenischer Weite verbindliche Richtschnur.

Musik zum Eingang

Lied »Lobet den Herren alle die, ihn ehren« (EG 447,1-6)

Eröffnung und Votum

»So seid ihr nun nicht mehr Gäste und Fremdlinge, sondern Mitbürger der Heiligen und Gottes Hausgenossen« (Eph 2,19).
Vor 400 Jahren wurde der Lieddichter Paul Gerhardt geboren. Er hat in schweren, leidvollen Zeiten seinen Glauben an Jesus Christus bezeugt. Durch seine Lieder hat er ungezählte Menschen ermutigt und getröstet. Sie sind in den Kirchen lebendig bis heute.
Ein Heiliger ist ein Mensch, der Gottes Kraft bezeugt. Er verkündet mit seinem ganzen Wesen und Leben, dass Gott lebt. Ein solcher Mensch ist Paul Gerhardt gewesen. Er verkündet durch seine Lieder, dass Gott lebt. Wir gedenken heute dieses Mannes. Und wir können das nicht besser tun als so, dass wir auf seine Stimme hören: auf das Zeugnis des Glaubens, das er uns durch seine Lieder gibt. In ihnen ist Paul Gerhardt für uns gegenwärtig.
Im Namen des Vaters und des Sohnes und des Heiligen Geistes.
G: Amen.
Eingangspsalm (Ps 89,2.6-8) mit »Du meine Seele, singe« (EG 302,1)
G: Du meine Seele, singe,
wohlauf und singe schön
dem, welchem alle Dinge
zu Dienst und Willen stehn.
Ich will den Herren droben
Hier preisen auf der Erd;
ich will ihn herzlich loben,
solang ich leben werd.
L: Lasst uns beten mit den Worten des 89. Psalms: –
Ich will singen von der Gnade des HERRN ewiglich / und seine Treue mit meinem Munde verkünden. /
Die Himmel werden, HERR, deine Wunder preisen /
und deine Treue in der Gemeinde der Heiligen. /
Denn wer in den Wolken könnte dem HERRN gleichen / und dem Herrn gleich sein unter den himmlischen Mächten? /
Gott ist gefürchtet in der Versammlung der Heiligen, / groß und furchtbar über alle, die um ihn sind.
G: Ehr sei dem Vater und dem Sohn ... (EG 177.2)

Sündenbekenntnis

L: »Ihr sollt heilig sein; denn ich bin heilig«, spricht der Herr, unser Gott.
Wir sind es nicht. Wir sind Sünder, angewiesen auf sein Erbarmen:[164]
L: Kyrie eleison. G: Herr, erbarme dich.
L: Christe eleison. G: Christus, erbarme dich.
L: Kyrie eleison. G: Herr, erbarme dich.

Gnadenzusage

L: »Ihr seid reingewaschen, ihr seid geheiligt, ihr seid gerecht geworden durch den Namen des Herrn Jesus Christus und durch den Geist unseres Gottes«.
Wir hören es und danken Gott:[165]
L: Ehre sei Gott in der Höhe
G: und auf Erden Fried,
den Menschen ein Wohlgefallen. (EG 180.1)
Eingangsgebet
L: Lasst uns beten: –
Heiliger, ewiger Gott,
durch die Taufe hast du uns eingefügt
in den vielstimmigen Chor deiner Heiligen,
die dich rühmen im Himmel und auf der Erde:
Ihre Gemeinschaft stärke uns in den Wirren der Welt
und wecke in uns die Freude auf den Tag,
an dem wir zusammen mit allen Erlösten
dich preisen ohne Ende.
Dir sei Ehre in Ewigkeit.[166]

---

164. Gottesdienstbuch. Gebete, Lesungen, Lieder für die Sonn- und Feiertage des Kirchenjahres. Hrsg. von Christian Zippert, Gütersloh 1990, 168.
165. Ebd.
166. Evangelisches Gottesdienstbuch. Agende für die Evangelische Kirche der Union und für die Vereinigte Evangelisch-Lutherische Kirche Deutschlands. Hrsg. von der Kirchenleitung der VELKD und im Auftrag des Rates von der Kirchenkanzlei der EKU, Berlin 1999, 439.

G: Amen.
   Schriftlesung (2 Kor 1,3-7)
L: Lesung aus dem zweiten Korintherbrief, im ersten Kapitel:
   (Worte der Heiligen Schrift)
G: Gott sei Lob und Dank.
   Lied »Jesu, meine Freude« (EG 396,1-6)
   Apostolisches Glaubensbekenntnis
   Schriftlesung (Mk 8,31-35)
L: Das Evangelium dieses Sonntags steht geschrieben im Evangelium nach Markus, im achten Kapitel:
   (Worte der Heiligen Schrift)
G: Lob sei dir, Christus.
   Lied »Ist Gott für mich« (EG 351,1-5+9)

Predigt

(*Zu Beginn der Predigt sollte in knapper Form die Lebensgeschichte Paul Gerhardts vergegenwärtigt werden.*
Der folgende Entwurf ist für zwei Sprecherinnen / Sprecher und eine/n Prediger/in gedacht.)

S 1: Am 12. März 1607 wird Paul Gerhardt in Gräfenhainichen geboren, einem kleinen Ort in Thüringen, zwischen Wittenberg und Bitterfeld.
   Seine väterlichen Vorfahren sind Bauern, die Mutter stammt aus einer Pastorenfamilie.
   Er hat einen Bruder und zwei Schwestern.
   1619 stirbt der Vater, zwei Jahre später die Mutter.
   Mit gerade 14 Jahren ist Paul Gerhardt Vollwaise.
   Vom April 1622 bis Dezember 1627 besucht er die klösterliche Fürstenschule in Grimma.
S 2: Seit Januar 1628 ist er Student in Wittenberg, später Hauslehrer.
   Er muss lange Zeit studiert haben, mindestens 14 Jahre. Noch 1642/43, als er als Hauslehrer nach Berlin geht, nennt er sich selbst einen Studiosus Theologiae.

In Berlin findet er Kontakt zu Johann Crüger, dem Kantor von St. Nikolai.
1647 werden die ersten achtzehn Lieder von Paul Gerhardt gedruckt. Sie erscheinen in Johann Crügers Gesangbuch.

S 1: Paul Gerhardt ist 44 Jahre alt, als er seine erste Stelle als Propst in Mittenwalde in der Mark Brandenburg erhält. Er wird sie bis 1657 verwalten.
In dieser Zeit gibt Johann Crüger ein Gesangbuch heraus, das später in vielen Auflagen nachgedruckt wird. Es heißt »Praxis pietatis melica – Übung der Gottseligkeit in christlichen und trostreichen Gesängen«. 82 Liedtexte sind von Paul Gerhardt, viele hat Crüger vertont.

S 2: Am 11. Februar 1655 heiratet er Anna Maria Berthold. Fünf Kinder werden dem Paar geboren. Doch zwei Töchter und zwei Söhne sterben bereits im Kindesalter. Nur der Sohn Paul Friedrich überlebt seine Eltern.
Im Juli 1657 wird Paul Gerhardt als Pfarrer an St. Nikolai nach Berlin berufen.
Fünf Jahre später – Johann Crüger war gerade gestorben – beginnt in Berlin ein Kirchenstreit, der heute kaum noch zu verstehen ist. Die lutherischen Geistlichen leisten Widerstand gegen die Kirchenpolitik des Kurfürsten Friedrich Wilhelm, der den reformierten Einfluss stärken wollte.
Eine Folge dieses Streits: Paul Gerhardt wird Anfang Februar 1666 aus St. Nikolai entlassen, 1667 wieder in sein Amt eingesetzt. Schließlich verzichtet er selbst darauf, es weiter auszuüben.

S 1: Crügers Nachfolger, der junge Johann Georg Ebeling, gibt in Berlin unter dem Titel »Geistliche Andachten« 120 Lieder von Paul Gerhardt heraus. Doch der so geehrte Dichter wird von nun an kein geistliches Lied mehr schreiben.
1668 stirbt seine Ehefrau Anna Maria, gerade 46 Jahre alt.
Im Oktober des folgenden Jahres wird er auf eine Pfarrstelle in Lübben an der Lausitz berufen, wo er in kümmerlichen Verhältnissen lebt. Seine Schwägerin Sabine Fromm führt ihm bis zu ihrem Tod 1674 das Haus.

S 2: Am 27. Mai 1676 ist Paul Gerhardt in Lübben gestorben.

Ein Porträt in der dortigen Kirche, das ihn in Lebensgröße als Pastor mit Bibel und Kruzifix zeigt, trägt diese lateinische Unterschrift: »Paulus Gerhardus Theologus in Cribo Satanae tentatus / et devotus postea obiit Lubena A[nn]o 1676 aetatis 70«. Zu deutsch: »Paul Gerhardt, der Theologe, erprobt im Sieb Satans, danach fromm gestorben zu Lübben im Jahre 1676, im 70. Lebensjahr«.

Ich will singen von der Gnade des HERRN ewiglich / und seine Treue mit meinem Munde verkünden für und für (Ps 89,2).

Liebe Gemeinde!

Paul Gerhardt hat von der Gnade Gottes gesungen. Er hat das in seinen Liedern getan – ein Leben lang. Wie der Psalmbeter lobte er Gott aus der Tiefe der Not. Aber wir sagen viel zu wenig, wenn wir davon nur in der Vergangenheitsform sprechen. Denn er lobt Gott *heute*. Wo immer seine Lieder gesungen werden, erklingen Worte und Weisen, die uns *heute* zum Loben auffordern, Worte und Weisen, in denen die Stimme dieses Dichters und Sängers *heute* lebendig wird.

»Ich will singen von der Gnade des HERRN ewiglich / und seine Treue mit meinem Munde verkünden für und für«. Paul Gerhardt lebt dieses Wort, er macht es wahr in seinen Liedern.

»Ich will singen ...« Das ist ein Gelöbnis. Wer zum Lob Gottes singt, hat sich dazu entschlossen. Er *will* Gott loben. Es ist sein Wille, dies zu tun, und er sagt es sich selbst und anderen vor, erklärt verbindlich: dafür stehe ich ein, das gelobe ich, daran will ich mich jeden Tag halten. Denn nichts versteht sich weniger von selbst, als von Gottes Gnade zu singen. Paul Gerhardt weiß das. Er weiß, dass es immer wieder neu den Willen dazu braucht. Wo kein Wille ist, Gott zu loben, hat man sich schon vom Belieben oder vom Zufall abhängig gemacht.

Wie oft begegnet uns daher in seinen Liedern die Aufforderung zum Loben! Er fordert sich selbst zum Singen auf: »Du meine Seele, singe, / wohlauf und singe schön / dem, welchem alle Dinge / zu Dienst und

Willen stehn« (CS 108,1). Und dann fährt er fort: »*Ich will* den Herren droben / hier preisen auf der Erd, / *ich will* ihn herzlich loben, / solang ich leben werd«. Oder: »Wohlauf, mein Herze, sing und spring / und habe guten Mut, / dein Gott, der Ursprung aller Ding, / ist selbst und bleibt dein Gut« (CS 101,13). Oder: »Wach auf, mein Herz, und singe / dem Schöpfer aller Dinge, / dem Geber aller Güter, dem frommen Menschenhüter« (CS 35,1).

Als erfahrener Seelsorger kennt dieser Lieddichter aber auch die Hindernisse, die uns das Singen zum Lob Gottes erschweren oder uns ganz davon abhalten. Vor allem unser Herz, dieses unergründliche, eigensinnige Ding, das immerfort in uns pocht und schlägt, hat seine liebe Not damit, sich zu Gott zu erheben. Es ist oft so befangen, so von seinen eigenen Neigungen und Beschwerden eingenommen, dass es sich gar nicht zum Loben verstehen will.

Da spricht Paul Gerhardt eindringlich zu Herzen. Einfach und fest fordert er dich auf: »Befiehl du deine Wege / und was dein Herze kränkt / der allertreusten Pflege / des, der den Himmel lenkt ...«. Und dann, noch einmal, in demselben Lied: »Auf, auf, gib deinem Schmerze / und Sorgen gute Nacht! / Lass fahren, was dein Herze / betrübt und traurig macht! ...« (CS 84,1+7).

Oder er spricht direkt zu dir, liebes Herz, um dich aus deiner Traurigkeit herauszurufen: »Geh aus, mein Herz, und suche Freud / in dieser lieben Sommerzeit / an deines Gottes Gaben ...« (CS 40,1). Oder er fordert sich selbst auf: »Fröhlich soll mein Herze springen / dieser Zeit, / da vor Freud / alle Engel singen ...« (CS 5,1). Und an Ostern heißt es: »Auf, auf, mein Herz, mit Freuden, / nimm wahr, was heut geschicht! / Wie kommt nach großem Leiden / nun ein so großes Licht!« (CS 26,1).

»Ich will singen von der Gnade des HERRN ...« Daran hält Paul Gerhardt fest: dass Gott uns *gnädig* zugewandt ist, dass Er uns die *Treue* hält. Daher die Festigkeit, mit der er gerade den betrübten Herzen Mut zusprechen und sie trösten kann: »Gib dich zufrieden und sei stille / in dem Gotte deines Lebens; / in ihm ruht aller Freuden Fülle, / ohn ihn mühst du dich vergebens. / Er ist dein Quell / und deine Sonne, / scheint täglich hell / zu deiner Wonne. / Gib dich zufrieden«. Die beiden folgenden Strophen sagen noch genauer, wie Gott zu uns Menschen steht: »Er ist voll Lichtes, Trosts und Gnaden, / ungefärbten treuen Herzens ...«

Das ist es: Gottes Herz schlägt für uns! Daher kann das Lied Seine innige Beziehung zu den Leidenden dem Einzelnen ganz seelsorglich zusprechen: »Wie dirs und andern oft ergehe, / ist ihm wahrlich nicht verborgen, / Er sieht und kennet aus der Höhe / der betrübten Herzen Sorgen. [...] Er hört die Seufzer deiner Seelen / und des Herzens stilles Klagen, / und was du keinem darfst erzählen, / magst du Gott gar kühnlich sagen, / er ist nicht fern, / steht in der Mitten, / hört bald und gern / der Armen Bitten. / Gib dich zufrieden!« (CS 94,1-3+5).

Dieser Lieddichter kann so wunderbar trösten, weil er das Herz Gottes kennt und unbeirrt auf Seine Barmherzigkeit setzt, deren Hoheslied die Psalmen singen. Er weiß, wer »aller Herz und Willen lenkt« (CS 44,1): der Vater, der uns in Jesus Christus Sein liebendes Herz zeigt. So ermuntert ein Lied im Selbstgespräch: »Sollt ich meinem Gott nicht singen, / sollt ich ihm nicht dankbar sein? / Denn ich seh in allen Dingen, / wie so gut er's mit mir mein. / Ist doch nichts als lauter Lieben, / das sein treues Herze regt, / das ohn Ende hebt und trägt, / die in seinem Dienst sich üben ...« (CS 99,1).

»Ich will singen von der Gnade des HERRN ... und seine Treue ... verkünden ...« Wie z.B. dieses Loblied verkündet: »Wohl dem, der einzig schauet / nach Jakobs Gott und Heil; / wer dem sich anvertrauet, / der hat das beste Teil, / das höchste Gut erlesen, / den besten Schatz geliebt, / sein Herz und ganzes Wesen / bleibt ewig unbetrübt« (CS 108,4).

Lobsingen ist – vor dem Reden – die vornehmste Form, die frohe Botschaft von Gottes Treue zu verkünden. Und das tut Paul Gerhardt. Er ist gerade in diesem Sinn ein wahrhaft *orthodoxer* lutherischer Theologe. Heißt doch Orthodoxie zuerst »richtiger Lobpreis« und setzt voraus, dass aus dem richtigen Lobpreis die richtige Lehre und Verkündigung hervorgeht. Die Wärme, die Kraft der Lieder, die Paul Gerhardt geschrieben hat, kommt aus seinem Gegründet- und Geborgensein in der orthodoxen Dogmatik.

Hier ist ein Theologe, der Gottes Treue auf so innige, anrührende Weise verkünden kann wie in dem weihnachtlichen Anbetungslied »Ich steh an deiner Krippen hier«, wo das Jesuskind selbst den Betrübten tröstet: »Wenn oft mein Herz im Leibe weint / und keinen Trost kann finden, / da ruft mir's zu: / Ich bin dein Freund, / ein Tilger deiner Sünden! / was trauerst du, mein Brüderlein? / Du sollst ja guter Dinge sein, / ich zahle deine Schulden« (CS 6,7).

Er kann aber auch Gottes Treue so kraftvoll verkünden wie im Morgenlied »Die güldne Sonne«: »Alles vergehet, / Gott aber stehet / ohn alles Wanken; / seine Gedanken, / sein Wort und Willen hat ewigen Grund, / sein Heil und Gnaden, / die nehmen nicht Schaden, / heilen im Herzen / die tödlichen Schmerzen, / halten uns zeitlich und ewig gesund« (CS 37,8).

Ein andermal hören wir das Bekenntnis: »Ich hab in Gottes Herz und Sinn / mein Herz und Sinn ergeben ...« (CS 73,1). Wer solchen festen Grund gefunden hat wie unser Lieddichter, der kann auch andere zum Loben ermuntern: »Lobet den Herren / alle, die ihn ehren! / Lasst uns mit Freuden seinem Namen singen / und Preis und Dank zu seinem Altar bringen! / Lobet den Herren!« (CS 36,1).

»Ich will singen von der Gnade des HERRN ewiglich / und seine Treue mit meinem Munde verkünden für und für«. Auf die Ewigkeit ist dieses Gelöbnis ausgerichtet, auf ewig währenden Lobpreis. Und auch das zeichnet die Lieder Paul Gerhardts aus, dass er unaufhörlich Gott loben will. Im Ausblick auf den Himmel sagt er: »Da will ich herrlich singen / von deinem großen Tun ...« (CS 128,14). Sehnsüchtig ruft er aus: »O wär ich da, o stünd ich schon, / ach, süßer Gott, vor deinem Thron / und trüge meine Palmen, / so wollt ich nach der Engel Weis / erhöhen deines Namens Preis / mit tausend schönen Psalmen!« (CS 40,11). Eines seiner letzten Lieder ist »Kommt und lasst uns Christum ehren«, ein Weihnachtslied für die Gemeinde. Es schließt mit der Bitte: »Schönstes Kindlein in dem Stalle, / sei uns freundlich, bring uns alle / dahin, da mit süßem Schalle / dich der Engel Heer erhöht« (CS 8,8).

Freuen wir uns, dass wir Paul Gerhardt haben: einen Dichter und Sänger, der uns zum Loben bewegt! Hören wir auf das, was er uns verkündet! Und singen wir seine Lieder so, dass wir werden, wovon wir singen: Menschen, die auf die Gnade und Treue Gottes vertrauen. Denn: »Es weiß ein Christ und bleibt dabei, / dass Gott sein Freund und Vater sei ...« (CS 74,10). Amen.

Lied »Zieh ein zu deinen Toren« (EG 133,8+11-13)
Abkündigungen
Dankopfer

Dank- und Fürbittengebet[167]

Lasst uns beten: –
Gott, unser Vater, wir danken dir,
dass du uns zu Mitbürgern der Heiligen
und deinen Hausgenossen gemacht hast.
Wir beten dich an:
Ehre sei dir, Herr, und Preis und Dank.
Wir loben dich, Herr,
du hast allezeit deiner Kirche Beter
und Lobsänger erweckt
und hast ihnen Worte und Weisen geschenkt.
Paul Gerhardt lobte dich aus der Tiefe.
In schwerem Leid hielt er dir die Treue
und vertraute darauf,
dass du regierst und alles zum Guten führst.
So stärkte er mit seinen Liedern viele im Glauben.
Er hat die Menschen in Kummer und Leid
angesprochen und getröstet.

167. Vgl. Gottesdienstbuch, 170.

Er rief ihre Herzen zur Freude auf,
zum Singen und Springen,
und nährte ihre Sehnsucht nach dem Himmel,
nach Himmelsfreuden.
Wir beten dich an:
Ehre sei dir, Herr, und Preis und Dank.
Ja, wir loben dich, Herr,
denn du hast dem Dichter Paul Gerhardt
treue und fleißige Kantoren zur Seite gegeben,
Johann Crüger und Johann Georg Ebeling.
Sie erfanden schöne Melodien,
die von den Gemeinden und von Einzelnen
überall gesungen werden.
So dienten sie mit ihrer Musik
dem Werk Paul Gerhardts.
Wir beten dich an:
Ehre sei dir, Herr, und Preis und Dank.
Wir danken dir, Herr,
für diese Menschen, die dein Lob singen
und uns deine Gegenwart bezeugen.
Lass uns unsere Stimmen mit ihnen vereinen,
mit ihnen und allen, die vor deinem Thron stehen,
Menschen aus allen Völkern und Sprachen,
vereint mit den Chören der Engel,
und dein Lob singen.
Wir beten dich an:
Ehre sei dir, Herr, und Preis und Dank.
Wir bitten dich, Herr,
der du die ganze weite Welt in Händen hast
und Menschenherzen wenden kannst:
gib, dass wir es von Paul Gerhardt lernen,
dich zu loben,
unsere Wege und alles, was unser Herz kränkt,
deiner Pflege und Lenkung anzuvertrauen,
dich fröhlich zu ehren,
nicht nur an guten Tagen,

sondern auch dann, wenn du uns alles nimmst,
woran wir hängen.
Wir beten dich an:
Ehre sei dir, Herr, und Preis und Dank.
Herr, mach uns würdig, dir zu dienen,
dir täglich darzubringen, was wir haben,
und dir dankbare Lieder zu singen,
bis wir einst in der Gemeinschaft der Heiligen
einziehen in dein ewiges Reich,
wo wir dein Angesicht schauen
im Haus der ewigen Wonne.

Vaterunser
Lied »Ich singe dir mit Herz und Mund« (EG 324)
   (*Es wäre schön, wenn alle Strophen dieses Liedes gesungen werden könnten, etwa im Wechsel von Chor und Gemeinde.*)
Sendungswort und Segen
Musik zum Ausgang

Literatur- und Musikhinweise

Abkürzungen werden wie folgt verwendet:

BBKL = Biographisch-Bibliographisches Kirchenlexikon, 22 Bde., Neuhausen 1990ff.
CS = Paul Gerhardt: Wach auf, mein Herz, und singe. Vollständige Ausgabe seiner Lieder und Gedichte, hrsg. von Eberhard von Cranach-Sichart, Wuppertal 2004
HM = Homiletische Monatshefte. Für Predigt, Katechese, Gottesdienst, Göttingen 1924ff.
KD = Barth, Karl: Kirchliche Dogmatik, 13 Bde. u. Registerband, Zürich 1932ff.
MfGkK = Monatsschrift für Gottesdienst und kirchliche Kunst, Göttingen 1896ff.
MGG = Musik in Geschichte und Gegenwart, 14 Bde. und 2 Suppl. Bde., Kassel u. a. 1949ff.
MGG^2 = Musik in Geschichte und Gegenwart 2. Aufl., Personenteil 18 Bde., Kassel u.a. 1999ff.
MuK = Musik und Kirche. Zeitschrift für Kirchenmusik, Kassel 1930ff.
RE = Realencyclopädie für protestantische Theologie und Kirche, 21 Bde., Leipzig 1896ff.
RGG^4 = Religion in Geschichte und Gegenwart, 4.Aufl., 8 Bde., Tübingen 1998ff.
TRE = Theologische Realenzyklopädie, 36 Bde., Berlin-New York 1977ff.

1. Zu Paul Gerhardt allgemein

Bassewitz, Gerd von / Bunners, Christian: Auf den Spuren Paul Gerhardts. Eine Bildreise, Hamburg 1996

Bautz, Friedrich Wilhelm: Gerhardt, Paul, in: BBKL 2 (1990), Sp. 219-223

Bideau, Alain: Paul Gerhardt (1607-1676). Pasteur et poète (Collection CONTACTS, Série III, Etudes et documents, Volume 60), Bern 2003

Blankenburg, Walter: Art. Gerhardt, Paul[us], in: MGG Bd.4, Kassel-Basel 1955, Sp. 1790-1797

Bunners, Christian: Art. Gerhardt, Paul, in: RGG⁴ Bd.3 (2000), Sp. 728-730

Ders.: Paul Gerhardt. Weg, Werk, Wirkung, Berlin 1993, ²1994

Gerhardt, Paul: Geistliche Lieder [Teilausgabe]. Mit einem Nachwort von Gerhard Rödding, Reclam-UB 1741, Stuttgart 1991

Ders.: Wach auf, mein Herz, und singe. Vollständige Ausgabe seiner Lieder und Gedichte, hrsg. von Eberhard von Cranach-Sichart, Wuppertal 2004

Grosse, Sven: Gerhardt, Paul, in: MGG² Personalteil Bd.7 (2002), Sp. 775-779

Hesselbacher, Karl: Paul Gerhardt. Sein Leben – seine Lieder, hrsg. von Siegfried Heinzelmann, Neukirchen ¹¹2004 (*Eine populäre Darstellung des Lieddichters, die zuerst 1936 unter dem Titel »Paul Gerhardt, der Sänger des fröhlichen Glaubens« erschien.*)

Jenny, Markus / Nievergelt, Edwin (Hrsg.): Paul Gerhardt. Weg und Wirkung, Zürich 1976

Palmer, Christian: Art. Gerhardt, Paulus, in: RE 6 (1897), 561-565

Pältz, Eberhard H.: Art. Gerhardt, Paul, in: TRE 12 (1984), 453-457

Petrich, Hermann: Paul Gerhardt. Ein Beitrag zur Geschichte des deutschen Geistes, Gütersloh 1914

Rößler, Martin: Paul Gerhardt, in: Liedermacher im Gesangbuch, Bd.2, Stuttgart 1990, 9-43 = Neuausgabe in einem Band, Stuttgart 2001, 423-469

2. Spezielle Literatur

Albrecht, Christian: Johann Georg Ebeling 1637-1676, in: Markus Jenny / Edwin Nievergelt (Hrsg.), Paul Gerhardt. Weg und Wirkung, Zürich 1976, 32-41
Axmacher, Elke: Johann Arndt und Paul Gerhardt. Studien zur Theologie, Frömmigkeit und geistlichen Dichtung des 17. Jahrhunderts (Mainzer Hymnologische Studien 3), Tübingen-Bern 2001
Dies.: Paul Gerhardt als lutherischer Theologe, in: 450 Jahre evangelische Theologie in Berlin, hrsg. von Gerhard Besier und Christof Gestrich, Göttingen 1989, 79-104
Bautz, Friedrich Wilhelm: Art. Ebeling, Johann Georg, in: BBKL 1 (1990), Sp. 1441
Blankenburg, Walter: Art. Crüger, Johannes, in: MGG Bd.2, Kassel-Basel 1952, Sp. 1799-1814
Ders.: Die Lieder Paul Gerhardts in der Musikgeschichte, in: Walter Blankenburg, Kirche und Musik. Gesammelte Aufsätze zur Geschichte der gottesdienstlichen Musik, hrsg. von Erich Hübner und Renate Steiger, Göttingen 1979, 93-104
Böttler, Winfried (Hrsg.): Paul Gerhardt. Erinnerung und Gegenwart. Beiträge zu Leben, Werk und Wirkung (Beiträge der Paul-Gerhardt-Gesellschaft, Bd.1), Berlin 2006
Brodde, Otto: Zur Typologie der Paul-Gerhardt-Lieder, in: Kerygma und Melos, hrsg. von Walter Blankenburg u. a. (FS Christhard Mahrenholz), Kassel u. a. 1970, 333-341
Bunners, Christian: Singende Frömmigkeit. Johann Crügers Widmungsvorreden zur »Praxis pietatis melica«. Oskar Söhngen zum 80. Geburtstag, in: Jahrbuch für Berlin-Brandenburgische Kirchengeschichte 52 (1980), 9-24
Ders.: So lass die Englein singen ... Das Singen und die letzten Dinge bei Paul Gerhardt und in seinem Umkreis, in: Weichenhan / Überschär (Hrsg.), LebensArt und SterbensKunst bei Paul Gerhardt, 41-70
Fischer, Albert / Tümpel, W.: Das deutsche evangelische Kirchenlied des siebzehnten Jahrhunderts, Bd. 3, Gütersloh 1906
Grosse, Sven: Gott und das Leid in den Liedern Paul Gerhardts (FKDG 83), Göttingen 2001

Henkys, Jürgen: »Wer so stirbt, der stirbt wohl«. Paul Gerhardt, Martin Luther und die ars moriendi, in: Ders., Singender und gesungener Glaube. Hymnologische Beiträge in neuerer Folge, Göttingen 1999, 134-139

Heymel, Michael: Eine Paul-Gerhardt-Monographie [Besprechung von: Christian Bunners: Paul Gerhardt. Weg – Werk – Wirkung, Berlin 1993], in: MuK 64 (1994), Heft 4, 233-235

Ders.: Lieder aus der Seele [Besprechung von: Angelus Silesius: Heilige Seelen-Lust. Reprint der fünfteiligen Ausgabe Breslau 1668. Hrsg. von Michael Fischer und Dominik Fugger (Documenta Musicologica. Erste Reihe: Druckschriften-Faksimiles XLI). Kassel 2004], in: MuK 75 (2005), Heft 5, 384-385

Holze, Friedrich: Zwischen Schöpfungslob und Widerstand. Paul Gerhardt – ein Liederdichter in dürftiger Zeit, in: Der Kirchenchor 50 (1990), Heft 2, 17-28

Hommel, Hildebrecht: Antikes Erbgut im evangelischen Kirchenlied, in: Theologia Viatorum. Jahrbuch der Kirchlichen Hochschule Berlin 1948/49, 122-136

Killy, Walther: Paul Gerhardt. Glaube, Schwermut, Dichtung, in: Markus Jenny/Edwin Nievergelt (Hrsg.), Paul Gerhardt. Weg und Wirkung, Zürich 1976, 8-16

Lehmann, Hartmut: Ach, dass doch diese böse Zeit sich stillt in guten Tagen ... Paul Gerhardt in seiner Zeit, in: Susanne Weichenhan/Ellen Überschär (Hrsg.), LebensArt und SterbensKunst bei Paul Gerhardt (Berliner Begegnungen 3), Berlin 2003, 11-39

Sauer-Geppert, Waltraud-Ingeborg: Sprache und Frömmigkeit im deutschen Kirchenlied. Vorüberlegungen zu einer Darstellung seiner Geschichte, Kassel 1984

Dies.: »Trost« bei Paul Gerhardt, in: MuK 46 (1976), 53-62

Smend, Julius: Paul Gerhardt und Gerhard Tersteegen, in: ders., Vorträge und Aufsätze zur Liturgik, Hymnologie und Kirchenmusik, Gütersloh 1925, 99-109

Ders.: Zum Paul Gerhardt-Jubiläum, in: MfGkK 12 (1907), Heft 3, 73-77

Spitta, Friedrich: Paul Gerhardts Lieder und die Musik, in: MfGkK 12 (1907), Heft 3, 84-90

Stock, Alex: Poetische Dogmatik. Christologie. 2. Schrift und Gesicht, Paderborn u. a. 1996, 158-163 [Kap.11: Haupt voll Blut und Wunden]

Weichenhan, Susanne/Überschär, Ellen (Hrsg.), LebensArt und SterbensKunst bei Paul Gerhardt (Berliner Begegnungen 3), Berlin 2003

Zahn, Johannes: Die Melodien der deutschen evangelischen Kirchenlieder, 6 Bde., Gütersloh 1889-1893

3. Zu einzelnen Paul-Gerhardt-Liedern im EG

Axmacher, Elke/Fischer, Michael: Ein Lämmlein geht und trägt die Schuld, in: Liederkunde zum EG, Heft 5, Göttingen 2002, 60-70

Bunners, Christian: Fröhlich soll mein Herze springen, in: Liederkunde zum EG, Heft 10, Göttingen 2004, 23-27

Ders.: Wie soll ich dich empfangen, in: Liederkunde zum EG, Heft 2, Göttingen 2001, 7-10

Franz, Ansgar: O Haupt voll Blut und Wunden, in: Geistliches Wunderhorn. Große deutsche Kirchenlieder, hrsg. von Hansjakob Becker u. a., München 2001, 275-290

Fornaçon, Siegfried: »Ist Gott für mich«. Aus der Geschichte einer Melodie, in: MuK 23 (1953), Heft 3, 103-106

Gnädinger, Louise: Ein Lämmlein geht / und trägt die Schuld. Eine Interpretation, in: Markus Jenny/Edwin Nievergelt (Hrsg.), Paul Gerhardt. Weg und Wirkung, Zürich 1976, 16-22

Henkys, Jürgen: Gib dich zufrieden und sei stille, in: Geistliches Wunderhorn. Große deutsche Kirchenlieder, hrsg. von Hansjakob Becker u. a., München 2001, 299-309

Ders.: Zieh ein zu deinen Toren, in: Liederkunde zum EG, Heft 5, Göttingen 2002, 91-96

Lehnertz, Marlies: Vom hochmittelalterlichen katholischen Hymnus zum barocken evangelischen Kirchenlied. Paul Gerhardts »O Haupt voll Blut und Wunden« und seine lateinische Vorlage, das »Salve caput cruentatum« Arnulfs von Löwen, in: Hansjakob Becker/Reiner Kaczynski (Hrsg.), Liturgie und Dichtung. Ein interdisziplinäres Kompendium I. Historische Präsentation, St. Ottilien 1983, 755-773

Michel, Stefan: Fröhlich soll mein Herze springen. Aufforderung zur Weihnachtsfreude, in: Marc M. Kerling/Stephan Chr. Fritz (Hrsg.), Heut erstrahlt der Krippe Glanz. Gedanken zu den schönsten Advents- und Weihnachtsliedern, Mainz 2005, 189-195

Möller, Christian: Geh aus, mein Herz, und suche Freud [Liedpredigt zu EG 503], in: Ders. (Hrsg.), Ich singe dir mit Herz und Mund. Liedauslegungen, Liedmeditationen, Liedpredigten. Ein Arbeitsbuch zum Evangelischen Gesangbuch, Stuttgart 1997, 267-272

Ders.: Gib dich zufrieden und sei stille [Liedmeditation zu EG 371], in: Ders. (Hrsg.), Ich singe dir mit Herz und Mund. Liedauslegungen, Liedmeditationen, Liedpredigten. Ein Arbeitsbuch zum Evangelischen Gesangbuch, Stuttgart 1997, 194-199

Reich, Christa: Geh aus, mein Herz, und suche Freud, in: Geistliches Wunderhorn. Große deutsche Kirchenlieder, hrsg. von Hansjakob Becker u. a., München 2001, 262-274

Dies.: Ich steh an deiner Krippen hier, in: Geistliches Wunderhorn. Große deutsche Kirchenlieder, hrsg. von Hansjakob Becker u. a., München 2001, 249-261

Spitta, Friedrich: »Lobet den Herren alle, die ihn fürchten«, in: MfGkK 12 (1907), Heft 3, 105-107

Ders.: Über den Ursprung des Paul Gerhardtschen Liedes »Nun ruhen alle Wälder«, in: MfGkK 19 (1914), 212-216

4. Zur Wirkungsgeschichte

Barth, Karl: Kirchliche Dogmatik, 13 Bde. u. Registerband, Zürich 1932ff.

Bonhoeffer, Dietrich: Widerstand und Ergebung, hrsg. von Eberhard Bethge, Neuausgabe München 1970, passim; jetzt auch: Widerstand und Ergebung. Briefe und Aufzeichnungen aus der Haft, hrsg. von Christian Gremmels, Gütersloh 1998 (= Dietrich Bonhoeffer Werkausgabe Bd.8)

Fangmeier, Jürgen: Karl Barth und Paul Gerhardt, in: »Wie soll ich dich empfangen?« Karl Barth (1886-1968). Bündner Vorträge 2003 und Beigaben (Karl Barth-Gesellschaft e.V. Schriftenreihe Heft 9), Bünde 2004, 12-24

Fontane, Theodor: Wanderungen in der Mark Brandenburg, Bd.4, Spreeland, hier Kap. Mittenwalde, hrsg. von Gotthard Erler und Rudolf Mingau, Berlin 1997

Grass, Günter: Das Treffen in Telgte. Eine Erzählung, Darmstadt-Neuwied 1979

Klepper, Jochen: Unter dem Schatten deiner Flügel. Aus den Tagebüchern 1932-1942, Taschenbuchausgabe (dtv 1207), München 1976

Scherer, Wilhelm: Geschichte der deutschen Literatur, Berlin 1899

5. Lieder in Predigt, Seelsorge und musikalischer Praxis

Gitarrenbuch zum Evangelischen Gesangbuch. 2 Bde. mit Gitarrensätzen zu Liedern des Evangelischen Gesangbuchs. Im Auftrag der EKD hrsg. von Herbert Beuerle u. a., Strube-Verlag (VS 7051), München 1995

Heymel, Michael: In der Nacht ist sein Lied bei mir. Seelsorge und Musik, Waltrop 2004

Ders.: Predigtmeditation zu Kantate (Kol 3,12-17), in: HM 73 (1997/98), Heft 7, April 1998, 290-295

Ders.: Seelsorge mit Liedern von Jochen Klepper, in: HM 79 (2003/04), Heft 2, November 2003, 87-92

Ders.: Trost für Hiob. Musikalische Seelsorge, München 1999

Muntanjohl, Felizitas: Ich will euch tragen bis zum Alter hin. Gottesdienste, Rituale und Besuche in Pflegeheimen, Gütersloh 2005 (*Das Buch enthält u.a. einen Abschnitt über die Bedeutung der Musik für Besuche bei Sprachlosen.*)

Reich, Christa: Evangelium: klingendes Wort. Zur theologischen Bedeutung des Singens, Stuttgart 1997

Spoerri, Theophil: Geschichten vom Übergang. Erfahrungen bei der Begleitung sterbender Menschen, Basel 1994, ²2004

Ders.: Spitalseelsorge als Anachronismus. Ein Bericht, Basel 2004 (*Enthält ein Kapitel über das Lieder am Kranken- und Sterbebett.*)

6. Tonträger

Bach, Johann Sebastian: Geistliche Lieder und Arien aus Schemellis Gesangbuch. Georg Jelden, Bariton, Heinz Schnauffer, Orgel, 1974/94, Christophorus, CHE 0060-2 (*Enthält Strophen aus mehreren Liedern von Paul Gerhardt.*)

Bach, Johann Sebastian: Ich hab in Gottes Herz und Sinn (BWV 92), in: Kantaten BWV 91-93. Gächinger Kantorei, Bach-Kollegium Stuttgart, Helmut Rilling, Hänssler edition 92.029, 1999 *(Dieser Choralkantate liegt ein nicht in das EG aufgenommenes 12-strophiges Lied von Paul Gerhardt zugrunde.)*

Befiehl du deine Wege. Die schönsten Lieder von Paul Gerhardt, 2000, Hänssler (*Preisgünstige CD mit 15 Liedern.*)

Buxtehude, Dietrich: Membra Jesu Nostri (BuxWV 75). Concerto Vocale, René Jacobs, 1990/2003, Musique d'abord, Harmonia Mundi, HMA 1951333

Hoffnung kann das Herz erquicken. Lieder, die nicht veralten. Hessische Kantorei, Leitung: Christa Reich, 1994, MAS 329 [zu beziehen bei: Prof. Dr. Christa Reich, Martin-Luther-Str.11, 61118 Bad Vilbel] (*Enthält 5 Lieder von Paul Gerhardt.*)

Kaiser, Sarah: Gast auf Erden. Paul Gerhardt neu entdeckt, 2003, Gerth Music, LC 12055 (*Enthält 13 Lieder von Paul Gerhardt in modernen Arrangements im Jazz-Stil.*)

Mit Paul Gerhardt durch das Kirchenjahr. Uwe Friedrichsen, Helge Adolphsen, Chor, Orchester und Orgel von St. Michaelis zu Hamburg (1996), Reise- und Versandbuchhandlung des Rauhen Hauses Hamburg, Best.-Nr. 6 6316-5

Leises Lob. Choräle auf der Gitarre. Wolfgang Hinteregger, 2001, ERF-Verlag, CD 31.288.137 (*Auf dieser CD sind zwei Choräle von Paul Gerhardt zu hören:* »Sollt ich meinem Gott nicht singen« *und* »Befiehl du deine Wege«.)

Reger, Max: Choralkantaten zum Kirchenjahr. Bachchor Mainz, Diethard Hellmann, 1988/94, Christophorus, CHE 0049-2 (*Enthält* »O Haupt voll Blut und Wunden«. *Choralkantate für zwei Solostimmen, gemischten Chor, Violine, Oboe und Orgel Nr. 3 aus den* ›Choralkantaten zu den Hauptfesten des Kirchenjahres‹ *[Zum Karfreitag].*)